演習国際私法
CASE 30

30 Exercises on Private International Law

櫻田嘉章 佐野寛 神前禎 編著

は し が き

　本書は，初学者（学部生，法科大学院生，社会人）が，国際私法の基本的な知識を習得するための演習書として編まれました。それは，まず，これまで国際私法のゼミナール用，あるいは自習用の教材として，本書の前身である『演習国際私法』（有斐閣，新版，1992）が使われていたわけですが，以来の相次ぐ国際私法法制の改定や，国際裁判管轄法制の整備，判例の充実により，もはや，十分に対応できるものではなくなったことから，新たな演習書が必要であろうと考えたことによります。また，国際私法は，初学者にとっては，とかくむずかしく，面白くない，といわれることから，それらを克服するための演習書が必要であろうと考えたからでもあります。

　たとえば，日本人と外国人の夫婦がわが国で離婚をしたいというときに，普通であれば民法により協議離婚も認められそうです。しかし，外国人夫の本国の法がわが国の民法と違う規定をもっていると，夫の本国では協議離婚がみとめられないということになるかもしれません。果たしてこの問題に適用されるのが日本法でよいのか，という選択を迫られることが起こります。この離婚の準拠法を決めるというのがわが国の国際私法の役割であるわけですが，国際私法自体が離婚の許否を決めるわけではありません。そこで，問題は離婚の許否であるのに，まず準拠法を決めて，その準拠法により離婚の許否を決するというプロセスが，とかく具体的に頭に描きにくいことによる場合が多く，国際私法はむずかしい，ということになります。また，直ちに結果につながらない抽象的な論理でありがちで，直接に人間的興味をひくものではなく，面白くない，わからないということにもなりそうです。

　国際私法の勉強も，外国語の学習と同様に，現実から離れて，

書物あるいは講義による学習によるのが普通だと思います。しかしこれは，自動車の運転技術や交通法規を本や講習を通じて勉強するようなもので，教習所での実技訓練や，その後の路上運転が実際には必要とされるように，書物や講義を通じた国際私法の勉強の成果も，事例に当たると必ずしもうまく使えないものになりがちです。そこで，事例に当たって実際に使ってみる訓練が必要でしょう。国際私法の初学者のみなさんには，まず，その基本的知識を着実に身につけ，それを実際に使えるようにすることが大事で，国際私法の学習においても実技訓練，路上運転を行う，それが演習の役割であろうと思います。願わくば，この演習書を通じて，国際私法の基本的知識を習得し，国際私法的発想を身につけていただければ，編者としては，望外のよろこびです。

そこで，本書では，まず，広い意味での国際私法である，国際裁判管轄，外国判決の承認，知的財産権，総論，各論を含めた，その基本的知識をカヴァーする30項目を選んで，それぞれの項目ごとに基本的な設問を置き，かつ，その項目について解答の基礎となるべき解説を施しました。さらに例題をもうけて，本書の目的である国際私法の基本的知識の習得に役立つように工夫しています。つまり，事例問題の解答・解説を通じて，国際私法の知識を確実なものとし，次いで，その知識が使えるものとなるように工夫しているつもりです。学問の世界に正解はないけれども，基礎的知識を前提とすれば，事例問題は一人で十分に解決することができるようになるはずです。

国際私法の学習の成果が実際に使えるということですが，これには二つあります。一つは，学習される知識というものは，それだけでは英語力の向上に必ずしもつながらない英単語の知識と同じように，それを実際に使えなければ宝の持ち腐れでしょう。そこで，まず，各項目に掲げられている問題の解答を試み，自らの知識が使えるかどうかを確認し，そのあとで解説を読むことで，自分の知識を確実なものとすることとし，そのうえで，再度起案

するとともに，例題に挑み，自らの知識を事例にあてはめて，その解決に使えるものとすることです。そうでなければ，単なる物知りに終わるでしょう。いま一つの使えるということは，起案です。事例問題の解答は，実際に書いてみなければ，知識を使ったことにはならないのであって，相手を説得するつもりで書くことによって，知識は整理され，実際に使えるものとして身につくと思います。

　グローバル化の進展に伴って私法生活の法的規律が問題となるケースが増えており，広い意味での国際私法の実際的な重要性はますます増しています。編者は，本書を通じて，ひとりでも多くの人に国際私法を理解し，関心をもってもらいたいと願っており，本書が国際私法の学習を志すすべての人たちのお役に立てば幸いです。

2016年9月

編者を代表して
櫻 田 嘉 章

略　目　次

PART 1　各論（人事・財産法）

No. 1　行為能力 …………………………………………………… 3
No. 2　後見開始の審判等・後見等 ……………………………… 12
No. 3　失踪の宣告 ………………………………………………… 22
No. 4　法人・会社 ………………………………………………… 32
No. 5　代　理 ……………………………………………………… 43
No. 6　物　権 ……………………………………………………… 51
No. 7　契約1（契約一般） ……………………………………… 63
No. 8　契約2（法律行為の方式） ……………………………… 72
No. 9　契約3（消費者契約・労働契約） ……………………… 78
No. 10　不法行為一般・その他法定債権 ……………………… 86
No. 11　生産物責任・名誉毀損 ………………………………… 98
No. 12　知的財産権 ……………………………………………… 109
No. 13　債権・債務関係 ………………………………………… 121

PART 2　各論（家族法）

No. 14　婚姻の成立 ……………………………………………… 133
No. 15　婚姻の効力 ……………………………………………… 140
No. 16　離　婚 …………………………………………………… 148
No. 17　実親子関係 ……………………………………………… 158
No. 18　養親子関係 ……………………………………………… 169
No. 19　親子関係と子の奪取 …………………………………… 179
No. 20　相続・遺言 ……………………………………………… 189

PART 3　総　論

No. 21	性質決定	201
No. 22	連結点の確定（国籍・常居所）	211
No. 23	不統一法国	223
No. 24	反　致	235
No. 25	公　序	245

PART 4　国際民事手続法

No. 26	国際裁判管轄１（財産関係事件総説等）	261
No. 27	国際裁判管轄２（契約履行地管轄等）	272
No. 28	国際裁判管轄３（管轄合意等）	281
No. 29	身分関係事件の国際裁判管轄	289
No. 30	外国判決の承認・執行	300

目 次

はしがき　i

◆ PART1　各論（人事・財産法）◆

No.1　行為能力 ——————————————— 3

問　題 ··· 3
解　説 ··· 4
1　行為能力の準拠法　*4*
　(1)　本国法主義の原則　*4*　　(2)　行為能力の準拠法によるべき問題　*4*
　(3)　関連規定　*6*
2　取引保護規定　*6*
　(1)　総説　*6*　　(2)　不動産取引についての例外　*7*
3　解答例　*8*
4　例題の検討　*10*
例　題 ·· 10

No.2　後見開始の審判等・後見等 ——————————— 12

問　題 ·· 12
解　説 ·· 13
1　後見開始の審判等の国際裁判管轄と準拠法　*13*
　(1)　後見開始の審判等の国際裁判管轄　*13*　　(2)　後見開始の審判等の準拠法　*14*
2　外国の裁判のわが国における効力　*15*
3　後見の準拠法　*16*
　(1)　総説　*16*　　(2)　親権の準拠法との関係　*17*
4　解答例　*18*
5　例題の検討　*20*

| 例　題 | …………………………………………………………………………… | 20 |

No. 3　失踪の宣告 ——————————————— 22

| 問　題 | …………………………………………………………………………… | 22 |
| 解　説 | …………………………………………………………………………… | 23 |

1　失踪の宣告の国際裁判管轄　23
　(1)　国際裁判管轄に関する規定　23　　(2)　失踪の宣告の国際裁判管轄　24
2　失踪の宣告の準拠法　25
3　外国における宣告のわが国における効力　26
4　解答例　27
5　例題の検討　29

| 例　題 | …………………………………………………………………………… | 30 |

No. 4　法人・会社 ——————————————— 32

| 問　題 | …………………………………………………………………………… | 32 |
| 解　説 | …………………………………………………………………………… | 33 |

1　法人をめぐる国際私法上の問題　33
　(1)　概説　33　　(2)　法人の従属法　33　　(3)　従属法の適用範囲　35
2　外国法人に対する規制　38
　(1)　内外法人の区別　38　　(2)　外国法人の認許　38
　(3)　外国法人の権利享有　39　　(4)　外国法人の監督　39
3　解答例　40
4　例題の検討　41

| 例　題 | …………………………………………………………………………… | 42 |

No. 5　代　理 ——————————————————— 43

| 問　題 | …………………………………………………………………………… | 43 |

解　説 ·· 44
1　国際私法における代理　44
　(1)　代理の意義　44　　(2)　代理の法律関係　44　　(3)　法定代理　45
2　任意代理　46
　(1)　準拠法の決定　46　　(2)　準拠法の適用　47　　(3)　無権代理・表見代理　47
3　解答例　48
4　例題の検討　50
　例　題 ·· 50

No. 6　物　権 ──────────────────────── 51

　問　題 ·· 51
　解　説 ·· 52
1　物権およびその他登記すべき権利の準拠法　52
2　物権等の準拠法（通則法 13 条 1 項）　53
　(1)　物権　53　　(2)　その他登記すべき権利　53　　(3)　目的物の所在地法主義　53
　(4)　所在地法主義の妥当範囲　54　　(5)　所在地の変更と既存の物権　55
3　物権変動の準拠法　56
　(1)　物権およびその他登記すべき権利の得喪（通則法 13 条 2 項）　56
　(2)　物権変動と物の所在地の変更　56
4　物権準拠法の適用　57
　(1)　各種の物権　57　　(2)　債権的法律行為との関係　57
　(3)　取得時効および相続　58
5　担保物権の準拠法　58
6　解答例　60
7　例題の検討　61
　例　題 ·· 61

| No. 7 | 契約1（契約一般） ———————————— 63 |

| 問　題 | 63 |
| 解　説 | 64 |
1　当事者自治の原則　*64*
2　当事者による法選択　*65*
3　最密接関係地法への客観的連結　*66*
4　特徴的給付の理論に基づく最密接関係地法の推定　*67*
5　ウィーン売買条約などの統一私法条約との関係　*68*
6　解答例　*68*
7　例題の検討　*70*
| 例　題 | 71 |

| No. 8 | 契約2（法律行為の方式） ———————————— 72 |

| 問　題 | 72 |
| 解　説 | 73 |
1　法律行為の方式の準拠法　*73*
2　通則法10条および34条の対象　*74*
3　通則法10条における隔地的法律行為の行為地　*74*
4　通則法34条における隔地的法律行為の行為地　*75*
5　解答例　*75*
6　例題の検討　*76*
| 例　題 | 77 |

| No. 9 | 契約3（消費者契約・労働契約） ———————————— 78 |

| 問　題 | 78 |
| 解　説 | 79 |
1　当事者による消費者契約・労働契約の準拠法の指定　*79*

(1) 当事者自治原則 *79*　　(2) 強行規定の適用による消費者・労働者の保護 *79*
   2　消費者契約・労働契約の準拠法指定がない場合 *80*
   3　消費者契約の方式の準拠法 *81*
   4　能動的消費者等の扱い *81*
   5　解答例 *82*
   6　例題の検討 *83*
 例　題 ──────────────────────────── *84*

No. 10　不法行為一般・その他法定債権 ──────── *86*

 問　題 ──────────────────────────── *86*
 解　説 ──────────────────────────── *87*
   1　不法行為の準拠法 *87*
      (1) 原則＝結果発生地法 *87*　　(2) 例外＝加害行為地法 *88*
      (3) 通則法17条の事項的適用範囲 *88*
   2　不法行為に関する公序による制限 *88*
      (1) 日本法の累積適用 *88*　　(2) 通則法22条をめぐる解釈論 *89*
   3　例外規定の適用 *90*
      (1) 例外規定の目的と留意点 *90*　　(2) 通則法20条の解釈論 *91*
   4　不当利得の準拠法 *92*
      (1) 原因事実発生地法 *92*　　(2) 例外規定等による柔軟な準拠法決定 *93*
   5　解答例 *93*
   6　例題の検討 *95*
 例　題 ──────────────────────────── *96*

No. 11　生産物責任・名誉毀損 ────────────── *98*

 問　題 ──────────────────────────── *98*
 解　説 ──────────────────────────── *99*
   1　生産物責任の準拠法 *99*

(1) 法適用通則法18条の意義　*99*　　(2) 原則的連結：「生産物の引渡地法」　*100*
　　(3) 例外的連結：「生産業者等の主たる事業所所在地法」　*100*
　　(4) 被害者がバイスタンダー（bystander）の場合　*101*
　　(5) 例外条項の適用　*102*　　(6) 準拠法の選択（当事者自治）　*102*
　　(7) 公序による制限　*102*
2　名誉毀損の準拠法　*103*
　　(1) 通則法19条の意義　*103*　　(2) 被害者の常居所地法　*104*
3　解答例　*105*
4　例題の検討　*106*
例　題　·· *107*

No. 12　知的財産権 ——————————— *109*

問　題 ··· *109*
解　説 ··· *110*
1　知的財産権をめぐる法適用関係の概要　*110*
　　(1) 属地主義の原則　*110*　　(2) 国際条約の存在　*111*
2　特許権侵害の準拠法　*112*
　　(1) 具体的な準拠法決定のあり方　*112*　　(2) 準拠法の適用範囲　*112*
3　著作権侵害の準拠法　*114*
　　(1) 具体的な準拠法決定のあり方　*114*　　(2) 準拠法の適用範囲　*114*
4　知的財産権譲渡の準拠法　*115*
　　(1) 譲渡契約等債権行為と物権類似の支配関係の変動との峻別　*115*
　　(2) 譲渡契約等債権行為の準拠法　*116*
　　(3) 物権類似の支配関係の変動に関する準拠法　*116*
5　解答例　*116*
6　例題の検討　*118*
例　題 ·· *119*

No. 13 債権・債務関係 ——— 121

問　題 ……………………………………………………………… 121
解　説 ……………………………………………………………… 122
1　債権・債務関係の全体像　*122*
2　債権譲渡の準拠法　*123*
3　債権質の準拠法　*125*
4　債権者代位権（および債権者取消権）の準拠法　*126*
5　相殺の準拠法　*127*
6　解答例　*128*
7　例題の検討　*129*
例　題 ……………………………………………………………… 130

◆　PART2　各論（家族法）　◆

No. 14 婚姻の成立 ——— 133

問　題 ……………………………………………………………… 133
解　説 ……………………………………………………………… 134
1　婚姻の成立の準拠法　*134*
2　婚姻の実質的成立要件の準拠法　*134*
3　方　式　*136*
　(1) 総説　*136*　(2) 準拠法　*136*　(3) 婚姻の無効および取消し　*137*
4　解答例　*137*
5　例題の検討　*138*
例　題 ……………………………………………………………… 139

No. 15 婚姻の効力 ——— 140

問　題 ……………………………………………………………… 140
解　説 ……………………………………………………………… 141

1　婚姻の一般的効力　*141*
2　婚姻の財産的効力（夫婦財産制）　*142*
  (1)　準拠法の決定　*142*　　(2)　内国取引保護　*143*　　(3)　準拠法の適用範囲　*144*
3　解答例　*144*
4　例題の検討　*145*
例　題 ··· *146*

No. 16　離　婚 ─────────────── *148*

問　題 ··· *148*
解　説 ··· *149*
1　離婚の準拠法　*149*
  (1)　原則（27条本文）　*149*　　(2)　例外（日本人条項・27条ただし書）　*149*
2　離婚準拠法の適用範囲(1)──離婚の方法　*150*
  (1)　裁判所以外の機関の関与を要求する場合　*151*
  (2)　裁判所の関与を要求する場合　*151*
3　離婚準拠法の適用範囲(2)──離婚に伴う財産給付　*152*
  (1)　夫婦財産の清算　*152*　　(2)　離婚後の扶養　*153*
  (3)　離婚による慰謝料　*153*
4　解答例　*154*
5　例題の検討　*155*
例　題 ··· *157*

No. 17　実親子関係 ─────────────── *158*

問　題 ··· *158*
解　説 ··· *159*
1　嫡出親子関係の成立　*159*
  (1)　法適用通則法における親子関係に関する規定　*159*
  (2)　嫡出親子関係の成立の準拠法によるべき問題　*159*

  (3)　嫡出親子関係成立の準拠法はどのようにして決まるのか　*160*
  (4)　渉外的代理出産により出生した子の親子関係　*161*
 2　非嫡出親子関係の成立　*162*
  (1)　非嫡出親子関係の成立の準拠法と29条　*162*
  (2)　非嫡出親子関係の成立の準拠法によるべき問題　*162*
  (3)　非嫡出親子関係の成立の準拠法はどのようにして決まるのか　*163*
  (4)　セーフガード条項　*164*
 3　親子関係の存否確認　*164*
 4　準　正　*165*
  (1)　準正と30条　*165*　(2)　準正の準拠法によるべき問題　*165*
  (3)　準正の準拠法はどのようにして決まるのか　*165*
 5　解答例　*166*
 6　例題の検討　*168*
例　題 ··· *168*

No. 18　養親子関係 ──────────────── *169*

問　題 ··· *169*
解　説 ··· *170*
 1　養子縁組の準拠法　*170*
  (1)　養親の本国法主義　*170*　(2)　夫婦共同養子縁組の準拠法　*170*
 2　公的機関の関与　*171*
 3　セーフガード条項　*172*
  (1)　養子となるべき者または第三者の承諾または同意　*172*
  (2)　公的機関の許可その他の処分　*174*
 4　離縁の準拠法　*175*
 5　解答例　*175*
 6　例題の検討　*177*
例　題 ··· *178*

| No. 19 | 親子関係と子の奪取 ──────────── 179 |

問　題 ·· 179
解　説 ·· 180
1　親子間の法律関係の準拠法　*180*
　(1)　親子間の法律関係の準拠法によるべき問題　*180*
　(2)　親子間の法律関係の準拠法はどのようにして決まるのか　*182*　　(3)　反致　*183*
2　親子間の法律関係と行為能力との関係　*183*
3　ハーグ子奪取条約およびその実施法　*184*
4　解答例　*185*
5　例題の検討　*187*
例　題 ·· 187

| No. 20 | 相続・遺言 ──────────────── 189 |

問　題 ·· 189
解　説 ·· 190
1　相続財産の構成　*190*
　(1)　総説　*190*　　(2)　学説　*190*　　(3)　裁判例　*192*
2　遺産管理の準拠法　*193*
3　遺言の準拠法の適用範囲　*194*
4　遺言の方式の準拠法　*194*
5　解答例　*195*
6　例題の検討　*197*
例　題 ·· 198

◆　PART 3　総　論　◆

| No. 21 | 性質決定 ───────────────── 201 |

問　題 ·· 201

解 説 ·· 202
1 性質決定一般　*202*
2 問題 1（離婚の際の子の親権・監護権の決定）　*203*
3 問題 2（物権と相続）　*204*
4 問題 3（先決問題）　*206*
　(1) 先決問題はどのような場合に問題となるか　*206*　(2) 判例・学説　*206*
　(3) 本問の事案の解決　*207*
5 例題の検討　*208*
例 題 ·· 209

No. 22　連結点の確定（国籍・常居所）——————— 211

問 題 ·· 211
解 説 ·· 212
1 問題 1（常居所の決定ほか）　*212*
　(1) 小問(1)の場合の常居所の決定　*212*　(2) 外外重国籍者の本国法の決定　*213*
　(3) 小問(2)の場合の常居所の決定　*213*
2 問題 2（通則法 27 条の解釈ほか）　*215*
　(1) 小問(1)(2)（通則法 27 条本文とただし書の関係ほか）　*215*
　(2) 小問(3)（変更主義）　*217*　(3) 小問(4)（最密接関係地法ほか）　*218*
3 問題 3（難民の本国法）　*219*
4 例題の検討　*220*
例 題 ·· 221

No. 23　不統一法国 ——————————————— 223

問 題 ·· 223
解 説 ·· 224
1 不統一法国に属する者の本国法　*224*
　(1) 総説　*224*　(2) 通則法 38 条 3 項　*224*　(3) 同一本国法の決定　*225*

2　人際私法　*226*
　(1)　総説　*226*　　(2)　通則法40条　*226*　　(3)　人的不統一法国と同一本国法　*227*
3　分裂国家に属する者の本国法　*228*
　(1)　総説　*228*　　(2)　わが国の判例・学説の状況　*228*
4　解答例　*229*
5　例題の検討　*232*
例　題 ··· *233*

No. 24　反　致　*235*

問　題 ··· *235*
解　説 ··· *236*
1　反致の成立要件　*236*
　(1)　「当事者の本国法によるべき場合」　*236*
　(2)　「その国の法に従えば日本法によるべきとき」　*237*
2　部分反致　*237*
3　通則法41条ただし書　*238*
　(1)　段階的連結と反致　*238*　　(2)　選択的連結と反致　*239*
　(3)　セーフガード条項と反致　*239*
4　反致の種類　*240*
　(1)　隠れた反致　*240*　　(2)　二重反致と間接反致　*241*　　(3)　転致　*242*
5　解答例　*242*
6　例題の検討　*243*
例　題 ··· *244*

No. 25　公　序　*245*

問　題 ··· *245*
解　説 ··· *246*
1　公序則の意義　*246*

(1) 公序側が必要である理由　246　　(2) 公序の概念　247
　(3) 公序則発動の基本姿勢　248
2　公序則発動の要件　249
　(1)「外国法によるべき場合において」　249
　(2)「その規定の適用が」公序に反すること　249
　(3) 外国法規定の適用結果が「公の秩序又は善良の風俗に反するとき」　250
3　公序則発動の効果　252
　(1)「これを適用しない」　252　　(2) 外国法適用排除後の処理　253
4　先決問題と公序　254
5　懲罰的損害賠償と公序　254
6　解答例　255
7　例題の検討　257
例　題 ･･･ 257

◆ PART 4　国際民事手続法 ◆

No. 26　国際裁判管轄1（財産関係事件総説等）──── 261

問　題 ･･･ 261
解　説 ･･･ 262
1　国際裁判管轄と裁判権免除　262
　(1) 概観　262　　(2) 対外国民事裁判権法　262
2　国際裁判管轄　263
　(1) 総説　263　　(2) 営業所所在地管轄　264　　(3) 事業活動地管轄　265
　(4) 財産所在地の国際裁判管轄　266　　(5) 特別の事情の考慮　266
　(6) 国際航空運送契約における特別な管轄規定　266
3　解答例　267
4　例題の検討　271
例　題 ･･･ 271

| No. 27 | 国際裁判管轄 2（契約履行地管轄等） | 272 |

問　題 ··· 272
解　説 ··· 273
1　契約債務履行地の管轄　273
2　不法行為地の管轄　274
3　管轄原因事実の証明　275
4　併合請求の管轄　275
5　専属管轄　276
6　解答例　277
7　例題の検討　280
例　題 ··· 280

| No. 28 | 国際裁判管轄 3（管轄合意等） | 281 |

問　題 ··· 281
解　説 ··· 282
1　国際裁判管轄の合意　282
2　応訴による国際裁判管轄　283
3　国際裁判管轄の決定と消費者・労働者の保護　283
　⑴　消費者契約・個別労働関係民事紛争に関する国際裁判管轄　283
　⑵　国際裁判管轄の合意と消費者・労働者の保護　284
4　保全命令事件の国際裁判管轄　284
5　解答例　285
6　例題の検討　286
例　題 ··· 287

| No. 29 | 身分関係事件の国際裁判管轄 | 289 |

問　題 ··· 289

解　説 ·· *290*

1　身分関係事件の国際裁判管轄総論　*290*

2　離婚事件の国際裁判管轄　*290*

　⑴　最高裁昭和 39 年判決と平成 8 年判決　*290*

　⑵　昭和 39 年ルールに残された課題　*291*　　⑶　新たなルール形成の試み　*292*

3　親子関係事件の国際裁判管轄　*293*

　⑴　親子関係存否に関する事件　*293*　　⑵　養子縁組事件　*294*

　⑶　子の親権者指定・変更等に関する事件　*294*

4　扶養関係事件の国際裁判管轄　*295*

5　相続関係事件の国際裁判管轄　*295*

6　解答例　*296*

7　例題の検討　*297*

例　題 ·· *298*

No. 30　外国判決の承認・執行 ─────────────── *300*

問　題 ·· *300*

解　説 ·· *301*

1　外国判決の承認・執行　*301*

2　承認要件　*301*

　⑴　承認対象性　*301*　　⑵　間接管轄　*302*　　⑶　送達　*303*　　⑷　公序　*305*

　⑸　相互の保証　*306*

3　身分関係上の形成判決と非訟事件裁判　*307*

　⑴　身分関係上の形成判決　*307*　　⑵　身分関係上の非訟事件裁判　*307*

4　解答例　*308*

5　例題の検討　*310*

例　題 ·· *310*

事項索引　*311*

判例索引　*317*

執筆者紹介

(50音順)

織田有基子　*Yukiko Oda*
日本大学教授

＊神前　禎　*Tadashi Kanzaki*
学習院大学教授

国友明彦　*Akihiko Kunitomo*
大阪公立大学名誉教授

＊佐野　寛　*Hiroshi Sano*
岡山大学名誉教授

高杉　直　*Naoshi Takasugi*
同志社大学教授

長田真里　*Mari Nagata*
大阪大学教授

林　貴美　*Takami Hayashi*
同志社大学教授

＊は編者

釜谷真史　*Mafumi Kamatani*
西南学院大学教授

北澤安紀　*Aki Kitazawa*
慶應義塾大学教授

＊櫻田嘉章　*Yoshiaki Sakurada*
京都大学名誉教授
甲南大学名誉教授

嶋　拓哉　*Takuya Shima*
北海道大学教授

多田　望　*Nozomi Tada*
西南学院大学教授

中野俊一郎　*Shunichiro Nakano*
神戸大学教授

樋爪　誠　*Makoto Hizume*
立命館大学教授

━━━━━━━━━━━━ 凡　例 ━━━━━━━━━━━━

i　裁判例等の略語

▶ 裁判所

最大判(決)	最高裁判所大法廷判決(決定)
最判(決)	最高裁判所判決(決定)
高判(決)	高等裁判所判決(決定)
地判(決)	地方裁判所判決(決定)
家判(審)	家庭裁判所判決(審判)
支判(決)	支部判決(決定)

▶ 判例集

民集	最高裁判所民事判例集
刑集	最高裁判所刑事判例集
民録	大審院民事判決録
高民集	高等裁判所民事判例集
下民集	下級裁判所民事裁判例集
家月	家庭裁判月報
判時	判例時報
判タ	判例タイムズ
金判	金融・商事判例

ii　法令名の略語

法適用通則法　または　**通則法**　　法の適用に関する通則法
※条数のみで引用したところもある。

その他は原則として有斐閣『六法全書』の略語例に依った。

iii　文献略語

池原：池原季雄『国際私法(総論)（法律学全集）』（有斐閣，1973）
折茂：折茂豊『国際私法(各論)〔新版〕（法律学全集）』（有斐閣，1972）
神前＝早川＝元永：神前禎＝早川吉尚＝元永和彦『国際私法〔第3版〕』（有斐閣，

2012)

木棚=松岡=渡辺：木棚照一=松岡博=渡辺惺之『国際私法概論〔第5版〕』（有斐閣，2007）

小出・逐条解説：小出邦夫『逐条解説 法の適用に関する通則法〔増補版〕』（商事法務，2014）

櫻田：櫻田嘉章『国際私法〔第6版〕』（有斐閣，2012）

澤木=道垣内：澤木敬郎=道垣内正人『国際私法入門〔第7版〕』（有斐閣，2012）

溜池：溜池良夫『国際私法講義〔第3版〕』（有斐閣，2005）

出口：出口耕自『論点講義国際私法』（法学書院，2015）

道垣内・総論／各論：道垣内正人『ポイント国際私法 総論／各論〔第2版〕』（有斐閣，2007／2014）

中西ほか：中西康=北澤安紀=横溝大=林貴美『国際私法』（有斐閣，2014）

本間=中野=酒井：本間靖規=中野俊一郎=酒井一『国際民事手続法〔第2版〕』（有斐閣，2012）

松岡（高杉補訂）：松岡博（高杉直補訂）『国際関係私法講義〔改題補訂版〕』（法律文化社，2015）

松岡編：松岡博編『現代国際取引法講義』（法律文化社，1996）

松岡編・入門：松岡博編『国際関係私法入門〔第3版〕』（有斐閣，2012）

山田：山田鐐一『国際私法〔第3版〕』（有斐閣，2004）

横山：横山潤『国際私法』（三省堂，2012）

注釈国際私法（1）(2)：櫻田嘉章=道垣内正人編『注釈国際私法第1巻・第2巻』（有斐閣，2011）

基本法コンメンタール：木棚照一=松岡博編『基本法コンメンタール国際私法』（日本評論社，1994）

百選：櫻田嘉章=道垣内正人編『国際私法判例百選〔第2版〕』（有斐閣，2012）

争点：澤木敬郎=秌場準一編『国際私法の争点〔新版〕』（有斐閣，1996）

最判解：最高裁判所判例解説
曹時：法曹時報
ジュリ：ジュリスト
法教：法学教室
重判解：重要判例解説（ジュリスト臨時増刊）
リマークス：私法判例リマークス
民商：民商法雑誌

PART 1

各論(人事・財産法)

No.1 行為能力

問題

1　17歳の日本人Aが，甲国に滞在している間に，同国で売り出し中のクラシック・カーを購入する契約をディーラーBと締結した。AはBに手付金を支払ったが，その後残金の支払がないので，Bが日本でAに対し，残金の支払を求めた。
　なお，甲国においては，16歳以上の者は行為能力を有するものとされている。Aは未成年者であることを理由に，契約の取消しを主張できるか。

2　18歳の日本人Cは，乙国に旅行に出かける直前に，日本から乙国に所在するD社のウェブサイトにアクセスして，叔父のクレジットカードを用いて高価な時計をD社から購入する旨の契約を締結した。Cは乙国においてD社から当該時計を受け取ったが，その後に自分のクレジットカードを使われたことに気づいた叔父のクレームで，時計の代金は結局支払われなかった。D社から債権を譲り受けたD社の日本子会社であるE社が，日本において，Cに対して代金の支払を求めて訴えを提起したのに対して，Cは未成年者であることを理由に契約の取消しを主張した。このようなCの主張は認められるか。なお，乙国法は，成年年齢を18歳と規定している。

3　18歳の日本人Fは，丙国（成年年齢は18歳とされている）へ1年間留学した。Fは日本に帰る直前に，丙国において，祖父から相続した日本にある不動産を丙国居住の日本人Gに譲る旨の売買契約を締結したが，その後に気が変わり売買契約を取り消したいと考えている。GがFに対してわが国で契約の履行を求めて訴えを提起した場合，Fは自分が未成年者であることを理由に売買契約の取消しを主張できるか。

論 点
① 行為能力の準拠法
② 行為地取引保護
③ 不動産取引と行為地取引保護

解 説

1 行為能力の準拠法

(1) 本国法主義の原則

　本問においては，未成年者であることを理由として，契約の取消しを主張できるか否かが問題となっている。

　契約の成立および効力については，法律行為の成立および効力の問題として，法適用通則法7条以下によって準拠法が定められる。しかし，契約当事者の行為能力という点については，契約準拠法とは切り離して，当事者の本国法によるものとされている（4条1項）。

　本国法主義の根拠としては，一般に，①一国の法律はその国の気候，習俗，伝統，風土等を考慮してその国民のために作られたものであるから，その者の能力やその者に関する家族法上の問題について判断するのにふさわしいと考えられること，②国籍はその得喪・変更が容易ではなく固定的なものであり，準拠法ひいてはそれに基づく法的関係の安定に資すること，③その確定が容易かつ確実になされること，といった点が挙げられる。通則法4条1項にもこれらの根拠が妥当するところである（本国法主義の根拠については，櫻田81頁以下，横山47頁以下，中西ほか66頁，澤木＝道垣内75頁参照）。

(2) 行為能力の準拠法によるべき問題

(a) 成年年齢・未成年者による法律行為の効果

　通則法4条は，「人の行為能力」について準拠法を規定するものである。しかし，人の行為能力に関する問題であっても，「後見開始の審判等」（5条）に

ついては特則が置かれており，4条にいう「人の行為能力」には，それらの問題は含まれない（注釈国際私法(1)108頁〔早川吉尚〕）。したがって，本条が適用されるのは，国家機関の判断によらずに，法律上当然に生ずる行為能力の制限の問題ということになる。

具体的には，成年年齢（完全な行為能力を有するとされる年齢）のほか，成年年齢に達しない未成年者の行為が例外的に有効とされる場合に当たるか（民5条3項・6条・21条参照），未成年者の行為が取消し可能なものとされるか無効とされるか，といった問題がこれに当たることとなる。

(b) 婚姻による行為能力の変更

人の行為能力が婚姻によって変更されるとする実質法が存在する。例えば，わが国の民法は，未成年者が婚姻をしたときは，これによって成年に達したものとし（民753条），完全な行為能力を有するものとしている（成年擬制）。このような，婚姻による行為能力の変更の問題は，通則法4条によるべきか，あるいは婚姻の効力の問題として同法25条によるべきかが問題となる。これについては，25条によることとすると，夫婦の同一常居所地という変更可能な要素によって準拠法が定められることとなる可能性があること，最密接関係地といった不明確な基準によって準拠法が定められることとなる可能性があることから，より明確な基準を定める4条によって準拠法を定めるべきであるとする見解が一般的である（澤木=道垣内162頁，横山115頁。これに対し，櫻田163頁は，婚姻に基づく行為能力の制限の問題は25条によるとする）。4条によることで，婚姻とは別に行為能力が問題となる場合との整合性を図ることもできよう。

(c) 身分的行為能力への適用

通則法4条が，契約等に関するいわゆる財産的行為能力に適用されることには争いがない。しかし，婚姻や養子縁組，認知等に関する，いわゆる身分的行為能力については，4条によって準拠法を定めるべきか，それぞれの身分行為の準拠法によるべきかが問題となる。多数説は，身分的行為能力には4条の適用はないとしている（櫻田162頁，澤木=道垣内161頁以下，中西ほか201頁。詳細は，注釈国際私法(1)107頁以下〔早川吉尚〕）。各国の実質法上，身分行為については，いかなる者にそれを行う能力を認めるべきかが，各身分行為の性質に応じて個別に規定されている。それに対応して国際私法上も，各身分行為の性質に

応じて別個に準拠法を定めるべきであるなどとされるのである。

　このような多数説によれば，身分的行為能力については通則法4条の適用はなく，その点は各身分行為の準拠法によるべきこととなる。したがってこのような立場からは，4条3項が「前項の規定は，親族法又は相続法の規定によるべき法律行為……については，適用しない。」と規定している部分は，確認的な意義しか有しない単なる注意規定ということになる（澤木＝道垣内164頁，中西ほか203頁）。

(3) 関連規定

　通則法4条1項が本国法の適用を定めていることから，行為能力については，本国法の確定に関する38条および反致に関する41条が適用される場合がある。

　未成年者等，法律の規定により行為能力の制限を受けた者について，いかなる者が法定代理人となるかについては，親権または後見の問題として，通則法32条または35条により準拠法を定める。

2　取引保護規定

(1)　総　説

(a)　通則法4条2項の趣旨

　通則法4条1項は，行為能力について当事者の本国法によることとした。すると，取引を行う者は，その相手方に対し，自らの本国法に基づいて，「自分は未成年者であるから契約は完全に有効とは言えない」といった主張をすることが可能となる。そのため，4条1項のような本国法主義の下では，取引を行う場合には，取引の相手方の本国法の内容を調査した上でなければ安心して取引を行うことができなくなる。しかしそのことは，外国人との取引のコストを増大させ，ひいては外国人との取引を避けること（外国人にとっては，なかなか取引してもらえないという事態）にもつながりかねない。

　そこで通則法は，**行為地法**（契約という法律行為が行われた地）により取引を保護すべきであるとして4条2項を置いた。すなわち，当該法律行為の当時そ

のすべての当事者が法を同じくする地にあった場合には、その本国法の規定いかんにかかわらず、行為地法によれば行為能力者とされる者は、行為能力者とみなされるとしたのである。

(b) 4条2項の要件

同項は、「当該法律行為の当時そのすべての当事者が法を同じくする地に在った」ことを要件としている。一般に、単一の法秩序が妥当する地域を「**法域**」という（通常の場合、国が一つの法域となるが、例えば米国では多くの民事上の問題について州が法域となる）のであり、同項は、取引当時に当事者が同一の法域に所在することを要件に、行為地法によって取引の安全を図ろうとする規定ということになる。

当事者すべてが同一の法域にいたことを要件としたのは、未成年者か否かが問題となる者Aとその相手方Bが異なる法域にいる場合には、行為地法による取引保護を重視すべきではないと考えられたためである。このような場合には、Aの所在地法によってBを保護する理由はなく、Bの所在地法によりAを行為能力者とみなすことは、Aにとっては不意打ちであり、妥当でない。したがって、異なる法域にいる相手と取引をする場合には、自分が所在する地の法とは異なる法すなわち相手の本国法が適用されることも覚悟すべきこととされたのである。

なお、4条2項は、取引が対面で行われることを要件とはしていない。したがって、契約締結当時に、契約当事者の双方が同一の法域にいるのであれば、取引が電話やファクス、あるいはインターネットを通じて行われた場合でも、同項の適用はあることとなる。

また、同項は、取引当事者の主観的態様（善意・悪意や善意の場合の過失の有無）を問題としていない。したがって、取引の両当事者が同国人であり、当事者の一方が、取引相手が本国法上は未成年者であることを知っているような場合であっても、同項により取引相手が行為能力者とみなされる可能性はあることとなる（通則法制定時の議論については、小出・逐条解説39頁以下参照）。

(2) **不動産取引についての例外**

通則法4条3項は、行為地と法を異にする地にある不動産に関する法律行為

については，同条2項は適用しないものと定めた。これは，不動産は一般的に価値の高いものであり，とりわけ行為地とは異なる法域に所在する不動産に関する取引については，当事者が慎重に判断すると考えられることから，取引保護の要請は後退するためである，と説明することができよう。

なお，同項の「親族法又は相続法の規定によるべき法律行為」に関する部分が，一般には確認的意義を有するにすぎない注意規定と解されていることは，すでに述べたとおりである（1⑵(c)）。

3　解答例

⑴　問題1

　Aが未成年者として契約の取消しを主張できるか否かは，通則法4条1項の行為能力の問題であり，原則として，その者すなわちAの本国法によることとなる。

　Aは日本人であるから，その本国法は日本法である。日本法によれば，成年年齢は20歳であり（民4条），未成年者の法律行為は法定代理人の同意を得なければ取り消すことができることとなる（同5条）。

　しかし，通則法4条2項は，法律行為をした者が行為地法によれば行為能力者とされ，かつ法律行為の当時そのすべての当事者が法を同じくする地にあった場合には，その者は行為能力者とみなされるとしている。法を同じくする地にあって取引する者の取引の安全を図る趣旨の規定である（取引保護）。

　本問において，Aは契約締結時に甲国に所在していた。甲国法上，行為能力は16歳で生じるとされているので，17歳のAは行為地法である甲国法によれば行為能力者とされることとなる。また，Aは甲国で売り出し中のクラシック・カーを購入する契約をディーラーBと締結したのであるから，契約締結時において契約当事者であるABはいずれも甲国内という法を同じくする地にあったということができる。したがって，Aは通則法4条2項により行為能力者とみなされることとなる。

　よって，Aは未成年者であることを理由として契約の取消しを主張することはできない。

(2) 問題 2

　Cが未成年者として契約の取消しを主張できるか否かは，通則法4条1項の行為能力の問題であり，問題1と同様に，18歳のCは原則として日本法により法定代理人の同意を得ていない時計の売買契約を取り消すことができることとなる。

　ここで，4条2項の取引保護規定が適用されるかが問題となる。契約締結当時にD社は乙国に所在しているものということができる。他方，CはD社から乙国において時計を受け取っているが，契約締結はCが日本からD社のウェブサイトにアクセスした時点でなされている。4条2項は，当事者が法を同じくする地にあったか否かを「当該法律行為の当時」を基準に判断するものとしており，契約締結時に乙国に所在したD社と，わが国に所在したCとは，法を同じくする地にあったとはいえない。したがって，本件時計の売買契約は，4条2項の要件を満たすものとはいえない。

　よって，Cは未成年者であることを理由として契約の取消しを主張することができる。

(3) 問題 3

　Fが未成年者として契約の取消しを主張できるか否かは，通則法4条1項の行為能力の問題であり，18歳である日本人Fはその本国法上未成年者であるが，契約当事者であるFGは契約締結当時にともに丙国に所在しており，行為地法である丙国法によれば18歳のFは行為能力者とされることから，問題1と同様に，Fは通則法4条2項によれば行為能力者とみなされることとなる。

　ところが，丙国で締結されたFG間の契約は，日本に所在する不動産の売買契約であり，通則法4条3項の規定する，行為地と法を異にする地にある不動産に関する法律行為に該当する。したがって，同項により，本件不動産売買契約には4条2項の規定は適用されないこととなる。

　よって，Fは通則法4条1項により準拠法とされる日本法に基づき，未成年者であることを理由として契約の取消しを主張することができることとなる。

4 例題の検討

　例題 1 については，通則法 4 条の定める各要件に該当するか否かを順に検討することで結論が得られよう。

　例題 2 は，通則法 4 条を前提に，取引当事者として，取引相手の行為能力の有無が後に問題とならないようにするためには，どのような点を確認する必要があるかを問うものである。ここでは 4 条 3 項は問題とならないので，4 条 1 項および 2 項に沿って検討することになる。

　例題 3 においてはまず，婚姻による行為能力の変動の問題をいかなる単位法律関係と性質決定するかが問題となる。

　例題 4 は，行為能力の準拠法と，親権の準拠法との関係について問うものである。あるいは，他の項目（No. 2, No. 19）を読んだ上で，改めて検討してみてもよいであろう。

例　題

1
(1)　問題 1 において，A が 20 歳で，甲国法においては 21 歳以上の者が行為能力を有するとされていた場合にはどうなるか。
(2)　問題 2 において，C が乙国に到着後に D 社のウェブサイトにアクセスして契約を締結した場合にはどうなるか。
(3)　問題 3 において，取引の対象とされた不動産が丙国に所在する場合にはどうなるか。

2　あなたがわが国に所在する企業のウェブサイトを運営する責任者に選ばれたとする。その企業は，海外でも若者に人気の高いソフトウェアを，ウェブサイトを通じてダウンロード販売（有料での使用許諾）を行っている。そこでのダウンロード販売について，後に未成年者であることを理由に代金の返還を求められることがないようにするためには，販売前にどのような点を確認する必要があると考えられるか。

3 17歳の日本人女性Hは，甲国人男性Iと婚姻し，甲国で生活している。Hが，甲国からわが国の企業Jが運営するウェブサイトにアクセスし，高級食材を購入する旨の売買契約をJ社と締結した。Hは後になって，自分が未成年者であることを理由に，本件売買契約を取り消すことができるか。なお，甲国法では成年年齢は18歳とされており，また日本法とは異なり，婚姻の締結は婚姻当事者の行為能力に影響を与えないものとされている。

4 乙国人夫Kと日本人妻Lとは長年にわたってわが国で生活を営んでいたが，Kが急死してしまった。2人の間には，18歳になる乙国人子Mがいる。乙国法上は，成年年齢は18歳とされ，18歳に達した子は完全な行為能力を有し，親権には服さないとされている。MはLの親権に服するであろうか。

［神前　禎］

No.2 後見開始の審判等・後見等

問題

1　日本人Aは，退職後に年金生活を送るため，気候も良く，趣味の写真を撮るにも適した甲国の保養地に妻Bとともに移り住んだ。現地は物価も安く，Aは7年ほど快適な生活を楽しんでいたが，加齢に伴い次第に認知症の症状を示すようになった。そこでBは，Aを医療設備の充実した介護施設へ入所させようと考えたが，そのためには相当の資金を要するため，Aが日本に有する財産の相当部分を処分したいと考えている。

(1) Bは，日本人の弁護士を雇って，Aについて後見開始の審判を日本の家庭裁判所に申し立てることはできるか。

(2) Bが甲国でAについて，わが国の後見開始の審判に相当する裁判を申し立てたところ，その申立てが認められた。甲国の裁判所において後見人が選任されなかったため，Bが日本の家庭裁判所で，Aの後見人選任を申し立てた場合，この申立ては認められるか。

2　16歳の乙国人Cの父親は乙国人であったがすでに死亡しており，Cは母親である丙国人Dとともに長年わが国で生活を営んでいる。乙国法上は18歳が成年とされており，Cは未成年者とされる。

(1) Dが死亡した。誰がCの後見人になるかはいかなる国の法によって判断されるか。

(2) Dが犯罪を犯し刑に服した。上記(1)の準拠法によれば，このような場合にはDの親権が当然失われ，別に後見人が選任されるとされている。この場合，親権はどうなるか。後見人は選任されるか。

論　点

① 　後見開始の審判等の国際裁判管轄と準拠法
② 　外国の裁判のわが国における効力
③ 　後見の準拠法

解　説

1　後見開始の審判等の国際裁判管轄と準拠法

　後見開始の審判等の国際裁判管轄および準拠法については，法適用通則法5条が規定している。以下では通則法5条を中心に検討するが，2016年に国会に提出された人事訴訟法等の一部を改正する法律案（これについては，No.3解説1⑴を参照）による改正が成立した後の家事事件手続法を「改正家事事件手続法」として適宜紹介することとする。

⑴　後見開始の審判等の国際裁判管轄

　日本の裁判所において後見開始の審判を行う場合には，まず国際裁判管轄の有無が問題となる。この点について通則法5条は，後見開始の審判がなされるべき者（本人）が「日本に住所若しくは居所を有するとき」または「日本の国籍を有するとき」に，後見開始の審判等（保佐開始または補助開始の審判を含む）をすることができると規定している。

　このうち，**本人が日本に住所または居所を有する場合**には，日本の裁判所が本人の状況を最もよく判断できること，日本の裁判所の判断により本人の保護を迅速に図れること，本人と取引をする可能性のある者を保護する必要性が高いこと，といった理由から，日本の裁判所に国際裁判管轄を認めることとされた。この点は立法過程においても特に異論は唱えられてはいない。

　通則法5条はこれに加えて，**本人が日本人である場合**にも日本の国際裁判管轄を認めることとした。日本人は，仮に日本に住所または居所を有していない場合でも，日本に財産を有していたり，日本に親族が住んでいたりするなど，日本において本人を保護する必要性があると考えられることが，その主な理由

である。また，外国でなされた後見開始の審判等に相当する裁判の効力を日本で認めることに否定的な見解が有力に唱えられており，したがって日本で裁判を行う必要性が高いと考えられることもその根拠とされた（外国の裁判の効力については2で検討する）。国外で生活している日本人については，その判断能力の程度を日本の裁判所が審理することは容易とはいえないが，その者が一時帰国した際にその状況を調査する，司法共助手続や外国に駐在する領事の協力を得て調査を実施する，などのやり方が考えられよう（以上，通則法5条の立法趣旨については，小出・逐条解説53頁以下を参照）。

　通則法5条は，本人の住所または居所および本人の国籍以外の管轄原因を認めていない。すると例えば，長年にわたって日本で生活し，日本に多くの親族と財産を有しているが，現在は外国に住所を移した外国人については，日本で後見開始の審判等を行うことはできないこととなる。これに関しては，同条によっては国際裁判管轄が認められない場合であっても，特に必要な場合にはいわゆる**緊急管轄**（これについては，No. 29解説2(1)参照）の考え方により日本の国際裁判管轄を認めることもできるとの見解も唱えられている（櫻田172頁）。

　通則法5条は，後見開始の審判のみならず，保佐開始の審判，補助開始の審判にも適用される。これらの区別はわが国国内法上のものであり，様々に異なる各国法の制度を広く対象とする国際私法においては，国際裁判管轄についても準拠法選択についても，後見開始の審判と，保佐あるいは補助開始の審判とを区別する理由はなく，またそのような区別は不可能であるからである。

(2) 後見開始の審判等の準拠法

　後見開始の審判について，日本の裁判所の国際裁判管轄が認められると，適用すべき準拠法が次に問題となる。この点について通則法5条は，後見開始の審判等は「**日本法により**」する旨規定している。この点は，非訟事件における実体法と手続法との密接な関係として説明されることも多い（中西ほか367頁）が，より実質的には以下のような説明になろうか。

　日本においてなされる後見開始の審判等の効力については，本人の保護を実効的に行うこと，日本において外国法上の効力を認めることは困難であることといった理由から，日本法により判断すべきものと考えられる。日本の裁判所

の判断の効力が外国法によることとなると，本人と取引しようとする者は，本人の行為能力がどのように制限されるかについて外国法の調査が必要となり，取引の安全を害するということも，その理由となろう。

　後見開始の審判等の効力について日本法によるのであれば，それに対応して，後見開始の審判等の原因についても日本法によるべきこととなる。人の判断能力の不十分さ（衰え）には様々なレベルがあり，各国の実質法の中には，それぞれのレベルに応じて細かく複数の制度を用意しているものもあれば，それほど細かく場合分けをしていないものもある。そのような中で，後見開始の審判等の原因とその効力という，相互に関連する問題について，異なる準拠法が適用されるものとすると，ある実質法上の特定の制度を前提とする問題について，別の実質法を適用する可能性があることになってしまう。そのような整合性を欠く帰結を避けるためにも，相互に関連する一連の問題については，同一の準拠法を適用すべきであると考えられる。

2　外国の裁判のわが国における効力

　以上は日本の裁判所で後見開始の審判を行う場合の問題である。これに対して，外国の裁判所において後見開始の審判に相当する裁判がなされた場合には，そのような外国裁判の効力が日本において承認されるか否かが問題となる。

　外国裁判所でなされた後見開始の審判に相当する裁判の承認について特に議論されてきたのは，そのような裁判がなされた者がわが国で法律行為を行った場合について，そもそも外国裁判所の裁判を承認する余地を認めない（否認説）か否かという点である。否認説は，外国裁判を日本で公示する方法がないこと，どのような行為が取消しの対象とされるかなどについて外国法が適用されると取引の安全が害されることといった理由を挙げて，外国でなされた後見開始の審判に相当する裁判がなされた者がわが国において法律行為をした場合に，その者を後見開始の審判を受けた者と取り扱うべきではないとする（山田220頁以下，溜池287頁）。

　これに対しては，そもそも日本において後見開始の審判がなされた場合でもそれを公告する制度は廃止されたこと，このように取引の安全よりもプライバ

シーの保護が重視されていること等を指摘し，否認説を批判する見解もある（横山127頁）。

なお，否認説も，後見開始の審判に相当する裁判がなされた外国における法律行為等に関しては，外国裁判の効力が一定の要件の下で承認されると解している。

いずれの立場においても，外国の後見開始の審判に相当する裁判の承認要件が問題となりうる。それについては，外国非訟裁判の承認一般の場合と同様に，民事訴訟法118条の規定する国際裁判管轄（1号）と公序（3号）のみとする見解（横山127頁以下，櫻田174頁）と，民事訴訟法118条の定める要件すべてに基づいてその承認について審査すべきであるとの見解（澤木＝道垣内167頁）とが存在する。この点についての詳細は，No.3 解説3に譲ることとする。

3　後見の準拠法

(1) 総　説

未成年者や，成年に達していても後見開始の審判がなされた者など，行為能力が制限された者については，その行為能力を補完する者が必要となる。このうち，未成年者については，親権者がその役割を果たすことが一般的であるが，親権者がいない未成年者や，後見開始の審判がなされた者については，その者を保護する制度を別に用意する必要がある。それが後見である。

後見の準拠法について規定しているのが通則法35条である。なお，後見開始の審判等とは異なり，後見の国際裁判管轄についての規定は通則法には置かれていない（改正家事事件手続法3条の9は，未成年後見人の選任事件等について，未成年被後見人となるべき者等が日本に住所等を有するか日本国籍を有する場合に，日本の国際裁判管轄を肯定している。後見開始の審判等に関する通則法5条と同様の規律である）。

通則法35条1項は，後見等については，被後見人等の本国法によると規定している。4条1項が，自然人の行為能力についてその者の本国法によるとしているのを受けて，不十分な行為能力を補完する制度である後見についても，同様にその者の本国法によることを原則としたものである。

それによれば，日本人の後見については日本法が，外国人の後見についてはその者の本国法である外国法が適用されることとなる。しかし，35条2項は，外国人が被後見人等であるにもかかわらず後見等に関する審判について日本法が適用される場合を挙げている。

そのような場合として，まず35条2項1号は，「当該外国人の本国法によればその者について後見等が開始する原因がある場合であって，日本における後見等の事務を行う者がないとき」を挙げている。これに該当するような場合には，日本においてその者を保護するために後見人の選任が必要となる。そしてその必要性は，本国法によればすでに後見人が存在する場合であっても変わりはない。そこで，同号に該当するような場合には，本国法の判断とは無関係に，日本法によって後見人を選任すべきものとされたのである。

なお，ここで，本国法により後見人が定まる場合や，外国裁判所において後見人が選任されている場合は，日本でそれとは別に後見人が選任されたとしても，従来の後見人の権限が否定されるわけではない。35条2項柱書が示しているように，日本法が適用されるのは，「後見人，保佐人又は補助人の選任の審判その他の後見等に関する審判について」，つまり，わが国における後見人の選任等についてのみだからである。したがって，35条2項1号に基づき日本で後見人が選任される場合でも，それによって，例えば本人の本国法により後見人とされた者が本国法上有している権限が否定されることはない。

次に35条2項2号は，「日本において当該外国人について後見開始の審判等があったとき」を挙げている。日本では外国人についての後見開始の審判等は日本法によって行う（5条）。そこで，その後の後見人等の選任およびその後見人等の権限についても，同一の準拠法によるべきであるとされたのである（1(2)参照）。

以上により定まる後見の準拠法によって，後見人の選任および辞任，後見人の権限や義務の内容・範囲，後見監督人の要否，といった点が判断されることとなる。

(2) **親権の準拠法との関係**

一般に，未成年者に対する後見の問題は，親権者がいない未成年者について

問題となる．ところが，どのような場合に親権が消滅し，後見が開始するかについては，各国実質法によって判断が異なることがあるため，親権の準拠法と後見の準拠法との適用関係が問題となる．

この点については，親権が消滅するか否かは通則法32条の「親子間の法律関係」の問題と考え，親子間の法律関係の準拠法上親権が消滅するとされた場合にはじめて同法35条の後見が問題となると解するのが一般的である（櫻田336頁以下，澤木＝道垣内168頁，注釈国際私法(2)169頁〔早川吉尚〕）．

4 解答例

(1) 問題1(1)

本問では，日本の裁判所の国際裁判管轄および，AについてBが後見開始の審判を申し立てることができるかを検討すべきこととなる．

このうち，国際裁判管轄については，Aが日本人であることから，通則法5条により認められることとなる．

また，Bが申立権限を有するかについては，同じく通則法5条により日本法によって判断することとなる．日本法においては，Aの配偶者であるBは後見開始の審判を申し立てることができると考えられる（民7条）．

(2) 問題1(2)

本問ではまず，甲国裁判所においてなされた，Aについての後見開始の審判に相当する裁判の日本における効力が問題となる．これについては，民事訴訟法118条の規定する国際裁判管轄（1号）および公序（3号）の要件のみを満たせば足りるとする見解と，同条の規定するすべての要件を満たす必要があるとする見解との対立がある．本問の場合，同条1号の間接管轄の要件については，Aが甲国に住所を有していることから，充足されていると考えられる（通則法5条参照）．よって，甲国裁判所の裁判が同条3号または2号以下の要件を満たすと考えられる場合には，その裁判はわが国においても効力を有するものと考えられる．

甲国裁判所の裁判がわが国において効力を有すると考えられる場合には，そ

れを前提に，BによるAの後見人選任の申立てが認められるかを判断することとなる。後見については，通則法35条1項により，被後見人の本国法によることになるので，本件の場合，Aの本国法である日本法によることとなる。日本法においては，後見開始の審判を行うときに成年後見人を選任するものとされている（民843条1項）が，成年後見人が欠けたときや必要があると認めるときには，成年後見人を選任するものとされており（同条2項・3項），本件の場合にもそれらの規定の趣旨に従ってAの後見人を選任すべきこととなろう。

(3) **問題2(1)**

本問においては，Dの死亡によりCについて親権を行う者がいなくなり，親権の問題としてCを保護することはできないのであるから，後見の問題として，Cの保護を考えていくべきことになる。

これについては通則法35条1項により，原則としてCの本国法である乙国法によって後見人が定まることになる。したがって，例えば乙国法上，親権者が遺言で後見人を指定できるものとされており，Dがそのような指定を行っていたというような場合には，そのような乙国法の適用により後見人が定まることになる。

これに対し，準拠法である乙国法の適用によっては後見人が定まらない場合には，日本の裁判所が後見人を選任する必要がある。この場合は，通則法35条2項1号に該当するので，同号により，日本法によって後見人の選任を行うこととなる。

(4) **問題2(2)**

本問においても，Cの後見の準拠法は(3)で述べたとおり乙国法である。しかし，後見の問題の前提として，CについてDの親権が失われたか否かについては，通則法32条によって準拠法を定めるべきである。本問では，CとDとの本国法が異なるので，32条の定める準拠法は，子の常居所地法すなわち日本法となる。日本の民法によれば，親権者に一定の事由が生じても，親権が当然に失われることがなく，親権の喪失は裁判所の審判によって生じるにすぎ

ない（民834条）。したがって，Dの親権が当然に失われることはなく，後見人の選任も行われないこととなる。

5 例題の検討

例題1については，問題1(2)と同様に，外国における後見開始の審判に相当する裁判および後見人選任の裁判の日本における効力が問題となる。

例題2においては，Aは外国に住所を有する外国人となり，(1)との関係では通則法5条の国際裁判管轄が認められるかが問題となる。また(2)との関係では，甲国裁判所の裁判の効力が承認された場合，Aの後見の準拠法は通則法35条1項により原則として甲国法となるが，同条2項1号の類推適用の余地があろう。

例題3においては，任意後見契約の準拠法が問題となる。これについては，任意後見契約は法律行為の一種であるとして通則法7条以下による見解と，後見の問題として35条による見解がある（溜池530頁以下，山田553頁以下，中西ほか370頁以下）。前者の見解による場合でも，任意後見人の監督といった問題については，35条を類推すべきであろう（横山125頁以下参照）。

例題4は，通則法35条2項1号に関する問題である。

例 題

1 問題1(2)において，甲国の裁判所が後見人を選任していた場合，その後見人は，Aが日本に有する財産を処分することができるか。

2 問題1において，Aが，甲国への移住後に甲国へ帰化し，日本国籍を失っていた場合はどうか。

3 問題1において，Aが，甲国滞在中に，自ら健康状態に不安を感じ，日本にある財産の管理のことも考えて，現地で公正証書により現地の弁護士との任意後見契約を行ったとする。このような任意後見契約の有効性については，いかなる国の

法によって判断するか。

4 問題2(1)において，乙国の裁判所が，Cの父親の弟であるE（乙国在住の乙国人）を後見人に選任したとする。日本の裁判所が，Dの妹であるF（日本在住の丙国人）を後見人に選任することは可能か。仮に，Fが日本の裁判所で後見人に選任された場合，EがCの後見人として活動することはできるか。

［神前　禎］

No.3 失踪の宣告

問題

　長年にわたって日本で生活している甲国人男性Ａは，日本人女性Ｂと婚姻し，その後に長女Ｃ，長男Ｄをもうけた（Ｃ，Ｄはいずれも甲国籍のみを有している）。その後，Ａは，Ｂと不仲になったこともあって，甲国における共同事業のために，同国へ単独で移住し，時々，日本に帰国するような生活をしている。

(1) Ａが，甲国で災害に巻き込まれて行方不明となった。その後，別の男性との再婚を考えるようになったＢは，Ａの失踪の宣告の申立てを日本の家庭裁判所ですることができるか。

(2) 上記(1)において，Ａが災害に巻き込まれて行方不明となる前に，ＡＢがすでに離婚していた場合，日本在住のＣがＡについて失踪の宣告の申立てをすることは可能か。また，ＣはＡの財産について権利を主張できるか。

(3) Ｄは日本で日本人Ｅと婚姻し，ＤＥ間の子ＦとともにＨ本で生活を営んでいた。ところがＤは乙国を旅行中に行方不明となってしまった。それから10年が経過し，ＥがＤとの婚姻を解消したいと考えた場合にはどうすればよいか。また，ＦがＤの財産を相続したいと考えた場合にはどうか。

論点

① 失踪の宣告の国際裁判管轄（原則管轄，例外管轄）
② 失踪の宣告の準拠法
③ 外国における宣告のわが国における効力

解説

1 失踪の宣告の国際裁判管轄

(1) 国際裁判管轄に関する規定

　日本の裁判所において失踪の宣告を行う場合には，まず，この点についての日本の裁判所の国際裁判管轄が問題となる。

　一般に，法適用通則法が規定しているのは準拠法についてである。しかし，同法が法例を全面的に改正する際に，法例が国際裁判管轄について規律していた問題に関しては，通則法においても国際裁判管轄について規定することとされた。そのため，後見開始の審判等（5条）および失踪の宣告（6条）に関しては，通則法に国際裁判管轄についての規定が置かれたのである。

　なお，失踪の宣告を含む家事事件について規定している家事事件手続法には国際裁判管轄についての規定は置かれていない。そのため，たとえば失踪の宣告の取消しの国際裁判管轄については何らの規定も存在しない状況にあった。同様に，人事訴訟について規定している人事訴訟手続法にも国際裁判管轄についての規定が置かれていなかったのである。

　このような立法の不備を解消すべく，2015年10月9日の法制審議会で採択された「人事訴訟事件及び家事事件の国際裁判管轄法制に関する要綱」に基づいて，「人事訴訟法等の一部を改正する法律案」が作成され，2016年の国会に提出された。以下の解説では，この法案による改正が成立した後の家事事件手続法を「改正家事事件手続法」とする。

(2) 失踪の宣告の国際裁判管轄

　失踪の宣告の国際裁判管轄については通則法6条が規定している。
　6条1項は，不在者が生存していたと認められる最後の時点において，不在者が日本に住所を有していたときまたは日本の国籍を有していたときは，失踪の宣告をすることができると規定している。不在者の住所あるいは国籍が，日本の国際裁判管轄を認める根拠となるとしているのである。
　このうち，不在者の住所地国の裁判所に国際裁判管轄を認める根拠としては，失踪の宣告が不在者をめぐる不安定な法律関係の確定のための制度であることから，不在者の利害関係人の利益の保護あるいは利害の調整のために最もふさわしい場所であるという点が挙げられる。また，不在者の本国に国際裁判管轄を認める根拠としては，失踪の宣告はその者の人格の存否に関わる制度であり，その者の本国と密接な関係を有するという点を挙げることができよう。
　6条1項の規定するいわゆる「原則管轄」が認められない場合であっても，6条2項は，一定の場合について，一定の事柄についてのみ失踪の宣告をすることができるとしていわゆる「例外管轄」を規定している。
　6条2項ではまず，不在者の財産が日本にあるときは，その財産についてのみ失踪の宣告をすることができるとされた。6条1項によれば，不在者が外国に住所を有していた外国人である場合には，その者が日本に財産を有していても，その者に対して失踪の宣告を申し立てることはできないこととなる。しかしそのような場合には，不在者が日本に有する財産については，失踪の宣告を可能とすべきであると考えられる。他方，そのような不在者が外国に有する財産については，日本の裁判所が失踪の宣告を行う根拠は乏しいといえる。そこで6条2項は，不在者が外国に住所を有していた外国人である場合には，その者が日本に有する財産についてのみ，失踪の宣告の国際裁判管轄を認めたのである。
　6条2項はまた，不在者に関する法律関係が日本法によるべきときその他日本に関係があるときにも，そのような法律関係についてのみ失踪の宣告をすることができるものとした。このような法律関係についても，それを清算することを認めようというものである（以上の立法趣旨については，小出・逐条解説63頁

以下参照)。

　6条2項においては，不在者に関する法律関係が「日本に関係がある」か否かは，「法律関係の性質，当事者の住所又は国籍その他の事情」に照らして判断されることとされた。日本と一定の関係のある法律関係であれば，それを日本で清算しようという利害関係人の希望は尊重すべきであると考えられ，ここで要件とされる「関係」は密接なものである必要はないと解されよう。

　なお，改正家事事件手続法3条の3は，失踪の宣告の取消しについて，通則法6条1項類似の事由に加えて，「日本において失踪の宣告の審判があった」ときにも日本の国際裁判管轄を認めるとしている。

2　失踪の宣告の準拠法

　通則法6条は，1項の原則管轄，2項の例外管轄いずれの場合についても，失踪の宣告の準拠法を日本法と規定している。

　失踪の宣告の準拠法が日本法とされる理由としては，「管轄権と準拠法の並行の原則」(横山112頁以下)，「非訟事件における実体法と手続法との密接な関係」(中西ほか373頁)といった点が挙げられている。より実質的な理由として，日本の裁判所によってなされる失踪の宣告の効力が場合によって異なるのは妥当でないとの考慮もあろう（神前＝早川＝元永107頁）。

　通則法による改正前の法例の下では，失踪の宣告の準拠法と，失踪の宣告によって開始される相続や解消される婚姻関係の準拠法との適用関係について議論があった。法例6条は「外国人ノ生死カ分明ナラサル場合ニ於テハ裁判所ハ日本ニ在ル財産及ヒ日本ノ法律ニ依ルヘキ法律関係ニ付テノミ日本ノ法律ニ依リテ失踪ノ宣告ヲ為スコトヲ得」と規定していた。これについて従来の多数説は，法例6条は例外管轄について規定しているが，その前提には，日本人については何らの限定なく失踪の宣告が可能であるとの原則管轄が想定されているとした上で，原則管轄の場合と例外管轄の場合とでは，失踪の宣告の準拠法によるべき範囲が異なるとしていたのである。すなわち，原則管轄の場合には，失踪の宣告の準拠法によるのは，失踪の宣告の**直接的効果**である死亡の推定または擬制のみであり，その**間接的効果**である婚姻関係の消滅や相続の開始等については，それぞれの法律関係の準拠法（婚姻の効力の準拠法や相続の準拠法）に

よる。これに対し例外管轄の場合には，直接的効果のみならず，間接的効果も失踪の宣告の準拠法により発生する，というのである（以上，山田198頁，溜池267頁）。

このような多数説に対しては，法例の下でも，このような区別を疑問視する見解が存在した。すなわち，このような区別を行う形式的な根拠は存在しないこと，わが国における失踪の宣告においては，（法例6条の下でも）日本法が準拠法となるが，日本法の下では失踪の宣告の効果は一定時点における死亡の擬制であり（民31条），そのような直接的効果を前提に，すなわち不在者が死亡したことを前提に，その相続や婚姻関係の解消といった間接的効果についてはそれぞれの法律関係の準拠法によれば足りる，というのである（神前禎「失踪宣告の国際的効力」学習院大学法学会雑誌33巻2号〔1998〕101頁）。

法適用通則法の制定過程においては，この点も議論され，従来の反対説の立場，すなわち失踪の宣告の準拠法が適用されるのはその直接的効果に限定されることが前提とされた（小出・逐条解説71頁以下，国際私法の現代化に関する要綱中間試案第3，同補足説明第5・3）。そのため，通則法6条については，同条が適用される「失踪の宣告」に含まれるのは，その直接的効果に限られると解する見解が多数である（注釈国際私法(1)136頁〔中西康〕，澤木＝道垣内159頁以下，櫻田159頁，道垣内・各論178頁。横山113頁もおそらく同旨）。

3　外国における宣告のわが国における効力

以上は，日本において失踪の宣告をする場合の問題である。これに対して，外国の裁判所において失踪の宣告（あるいはそれに類似する裁判）がなされた場合には，そのような外国裁判の効力が日本において承認されるか否かが問題となる。

一般に，外国裁判所の判決の日本における効力については，民事訴訟法118条が規定している。それによれば，外国裁判所の確定判決は，同条が各号に規定している，国際裁判管轄（同条1号。日本の裁判所が審理判断するときに問題となる国際裁判管轄である「**直接管轄**」に対して，外国判決の承認要件としての国際裁判管轄を「**間接管轄**」と呼ぶ），敗訴の被告に対する送達または敗訴の被告による応訴（2号），公序（3号），相互の保証（4号）という4つの要件のすべてを具

備する場合に限り，わが国において効力を有するとされる（外国判決の承認については，No. 30 を参照）。

しかし，外国における失踪の宣告のような非訟事件の裁判の承認については，当該外国裁判所の裁判が民事訴訟法 118 条 1 号（間接管轄）と 3 号（公序）の要件を満たせば，日本において承認されると解する立場が有力である（山田 200 頁，溜池 268 頁以下，櫻田 160 頁，注釈国際私法(1)136 頁以下〔中西康〕）。その根拠としては，間接管轄と公序の点は，外国裁判所の効力を承認する要件としては不可欠であること，民訴法 118 条 2 号の「敗訴の被告」が存在しえないこと，身分関係に関わることについては法的安定性を重視すべきである（あるいはそもそも相互の保証という要件の妥当性が疑問である）から相互の保証の要件を課すべきではないこと，といった点が挙げられている。

これに対して，失踪の宣告についても民事訴訟法 118 条をそのまま準用すべきであるとの見解も存在する（澤木＝道垣内 161 頁）。この見解による場合には，民訴法 118 条 2 号については，外国家事裁判手続の開始時において利害関係人への手続開始の告知がなされたかを問題にすることとなろう。なお，改正家事事件手続法 79 条の 2 は，外国家事裁判について，「その性質に反しない限り，民事訴訟法第 118 条の規定を準用する」としている。

いずれの立場においても問題となる外国裁判所の間接管轄については，直接管轄についての通則法 6 条に基づき（あるいはそれに準拠しつつ）検討することとなろう（直接管轄と間接管轄との関係については No. 30 を参照）。

外国における失踪の宣告に類似する裁判が以上の承認要件を満たす場合には，当該宣告は，日本において効力を有するものとされる。その場合には，原則として当該外国法上の効力が日本においても認められることとなろう。

4 解答例

(1) 問題(1)

まず，失踪の宣告の国際裁判管轄が問題となる。

不在者である A は，甲国に住所を有する甲国人であると考えられる。したがって，A について失踪の宣告を行うことについて，通則法 6 条 1 項により

日本の国際裁判管轄を肯定することはできない。

　しかし，そのような場合でも，同条2項により，一定の事項に限定して失踪の宣告を申し立てることは可能である。ここでは，AB間の婚姻関係の解消との関係で，Aの失踪の宣告が可能か否かが問題となっていると考えられる。同項によれば，AB間の婚姻関係が日本法によるべきときまたは日本に関係があるときには，それについてAの失踪の宣告が可能となる。AB間の婚姻関係の準拠法は，婚姻の効力の問題として，通則法25条によって定まる。この事例においては，Aが甲国に常居所を有する甲国人で，Bが日本に常居所を有する日本人であると考えられることから，AB間の婚姻関係は，「夫婦に最も密接な関係がある地の法」によることとなる。ABが婚姻してしばらくの間は日本で生活していたことからすると，夫婦の最密接関係地法は日本法と考えられ，ABの婚姻関係の準拠法は日本法となると思われる。また，仮にABの婚姻関係の準拠法が日本法ではないとされるとしても，法律関係の当事者であるBが日本に住所を有する日本人であり，ABが婚姻後しばらくは日本で生活していたことからすると，ABの婚姻関係は日本に関係があるということができる。

　したがって，通則法6条2項により，日本の裁判所は，ABの婚姻関係についてAの失踪の宣告を行う国際裁判管轄を有していると考えられる。

　Bがそのような申立てをすることができるかという点は，失踪の宣告の要件の問題として，通則法6条2項により日本法による。日本法では，失踪の宣告の申立てを「利害関係人」がすることができるとされている（民30条）。BはAの配偶者であり，利害関係人に当たると考えられる。

　以上から，Bは，Aの失踪の宣告の申立てを日本の家庭裁判所にすることができる。

(2)　**問題**(2)

　ここでも(1)と同様に，まず，失踪の宣告の国際裁判管轄が問題となる。通則法6条1項では日本の国際裁判管轄が認められないことから，同条2項の適用が問題となる点も同様である。

　本問では，Aの有する財産の帰趨が問題となっている。通則法6条2項に

より，Aが日本に有する財産についてのみ，Aの失踪の宣告を行うことは可能であると考えられる。Cの申立てが可能かについても(1)と同様の理由から，可能と考えられよう。

Aについて失踪の宣告がなされた場合には，Aが日本に有する財産にその効力が及ぶが，失踪の宣告の直接的効果に限られる。すなわち，Aについては失踪の宣告の準拠法である日本法によりその死亡が擬制され（民31条），Aの死亡を前提として，Aの有していた財産に関する相続については，Aの本国法である甲国法によることとなる（通則法36条）。したがって，甲国法上，CがAの相続人とされている場合には，その限りにおいて，CはAの財産について権利を主張できることとなる。

(3) 問題(3)

本問においては，Dについて日本の裁判所で失踪の宣告をすることができるかが問題となる。

Dは甲国籍のみを有しているが，日本に住所を有していたと考えられるので，Dに対する失踪の宣告については，通則法6条1項によって，日本の裁判所に国際裁判管轄（原則管轄）が認められることとなる。

通則法6条1項により，失踪の宣告の準拠法は日本法である。したがって，利害関係人であるEFが日本の裁判所にDの失踪の宣告を申し立てることは可能である（民30条）。

準拠法である日本法により，Dの失踪の宣告の直接的効果はDの死亡の擬制となる（民31条）。他方その間接的効果については，Dの死亡を前提にしつつ，それぞれの法律関係の準拠法による。よって，DE間の婚姻関係については，通則法25条により準拠法となる日本法により当然終了することとなる。また，Dの有する財産をFが相続しうるかどうかは，通則法36条により準拠法となる甲国法により判断されることとなる。

5 例題の検討

例題1では，Aが日本国籍を有しているので，通則法6条1項の適用が問題となる。

例題2については，甲国における宣告のわが国における効力が問題となる。甲国人Aの死亡宣告であるから，甲国に原則管轄が認められることになろう。したがって，甲国裁判所の宣告が，国際裁判管轄以外の承認要件をも満たす場合には，その効力はAについて全面的に（特定の法律関係に限定されることなく）及ぶこととなる。そして，甲国裁判所の死亡宣告の効果がいかなるものであるかは甲国法により，それを前提として各法律関係（相続や婚姻関係）についてはそれぞれの準拠法により，判断することとなろう。

例題3においては，失踪の宣告の取消しの国際裁判管轄および，失踪の宣告が取り消された場合の処理が問題とされている。前者について現在は明文の規定がない（なお，1(2)の末尾を参照）ので，6条1項・2項の趣旨を参考に検討することとなる。後者については，失踪の宣告の準拠法とそれぞれの法律関係の準拠法との適用関係についての議論を参考に検討することとなろう。

例題4では，外国裁判所でなされた死亡宣告の取消しを日本の裁判所で申し立てることができるか否かが問題とされている。外国裁判所の死亡宣告の効力が認められない場合には，日本ではその取消しも問題とはならない（取り消すまでもない）こととなろう。外国裁判所の死亡宣告の効力が日本で承認される場合に，その後に判明した事情に依拠してその取消しを求めることは，外国裁判所の宣告を承認したことと矛盾するものではない。

▶▶▶ 例 題

1　問題(1)において，Aが日本の国籍を有している場合にはどうか。

2　問題(1)において，甲国人Aの死亡宣告が甲国でなされた場合，Aがわが国に有する財産につき相続は開始するか，また，Aと日本人妻Bとの婚姻関係は解消されるか。

3　問題(2)において，日本でAの失踪の宣告がされた後に，Aの生存が確認されたとする。

(1) Cは，日本の裁判所に失踪の宣告の取消しを求めることはできるか。
(2) 日本の裁判所が，Aの失踪の宣告を取り消した場合には，Aが日本に有していた財産について，どのような処理がなされることとなるか。

4 問題(1)において，甲国人Aの死亡宣告が甲国で言い渡されたが，その後Aの生存が判明した場合，日本人妻Bは日本の家庭裁判所にAの死亡宣告の取消しを申し立てることができるか。

［神前　禎］

No. 4 法人・会社

問 題

1　日本の錠前製造会社A社は，甲国における製品の販売のために，甲国会社B社と独占的販売代理店契約を結ぼうとした。ところが，B社は，同社の副社長Dをその代表取締役社長とする子会社C社を甲国法に準拠して設立し，B社の代わりにC社を契約の当事者とすることにした。そこで，設立手続中ではあったが，DがC社の代表者として日本においてA社と上記契約を締結し，会社設立後は，幾度となく，C社はA社製品の輸入販売を手がけていた。ところが，A社は，突然，C社に対して独占的販売代理店契約の解除を通知した。C社がそれに異議を唱えたところ，A社は，上記契約締結当時C社はまだ存在しておらず，したがって，契約は不成立であると主張している。以下の問いに答えなさい。
　(1)　C社の成立および設立中の会社に関する問題は何国法によるか。
　(2)　Dの権限およびDの行為がC社に帰属するか否かの問題は何国法によるか。

2　日本のE社は，甲国に子会社F社を設立し，同社の日本における代表をE社取締役のGとしている。乙国の会社H社は，F社からE社製品を購入することとなり，来日したH社の役員Iが，同社の日本営業所において，F社の代表者Gと商品の売買契約を締結した。しかし，F社については，甲国においてGとJの共同代表の登記があるが，日本においてはGについての登記がない。以下の問いに答えなさい。
　(1)　上記売買契約について紛争が生じた場合，Gの行為がF社に及ぶか否かは何国法によるか。
　(2)　F社がもっぱら日本における事業を目的とする場合には，H社は，F社およびGの責任を追及できるか。
　(3)　設問(2)において，F社が甲国法上は法人格を認められていない会社であるが，日本の合資会社に相当するとされている場合にはどうか。

論　点
① 法人の従属法
② 従属法の適用範囲
③ 代表の準拠法
④ 法人格否認
⑤ 法人の不法行為能力

解　説

1 法人をめぐる国際私法上の問題

(1) 概　説

　法人をめぐる渉外的な法律問題については，自然人の場合と同様に，法人の「国籍」を観念し，もっぱら国籍の内外によってそれらの問題を一律に規律するとの立場（法人国籍論）がとられた時代もあった。しかし，現在では，むしろ法人の国際的な活動を保証するという観点から，法人の設立，存続，内部組織および消滅等の問題については，その準拠法を観念して，それを適用することとし（国際私法上の問題），他方で，外国法人が国内で活動するについては，内国の取引社会の利益保護が必要となることから，各国法上その活動を規制するための法令が定められている（外人法上の問題）。両者の問題は密接に関連するが，前者は抵触法上の問題であるのに対して，後者は実質法上の問題であり，講学上，両者は区別して論じられている（櫻田 175 頁，澤木＝道垣内 173 頁）。

(2) 法人の従属法

(a) 従属法の意義

　法人は法の規定に従って設立され，法人が活動するための組織や機関なども，その法に従って構成されるのが普通である。したがって，法人が有効に設立されたかどうか，その法人格の範囲および法人の組織や機関などの問題は，原則として，その法人に法人格を付与した国の法が適用されると解されている

(櫻田175頁，神前＝早川＝元永115頁)。このように，法人に関する法律問題に常に適用されるという意味で，法人格を付与する国の法を，法人の属人法，または自然人の場合と区別するために，**法人の従属法**と呼んでいる（注釈国際私法(1)143頁〔西谷祐子〕）。

(b) 従属法の決定

法人の従属法については，わが国の国際私法上これを明文で定める規定が存在していない。この点については，法適用通則法制定の際にも検討がなされたが，結局，この問題について明文規定を置くだけの議論の蓄積が十分ではないとの理由から明文化が見送られ，解釈に委ねられている（小出・逐条解説385頁）。

法人の従属法の決定基準については，諸国の国際私法上，法人が設立の際に準拠した法を法人の従属法とする**設立準拠法主義**と，法人がその本拠を有する地の法を従属法とする**本拠地法主義**が対立しており，わが国においても，両説が主張されたが，現在では，設立準拠法説が多数説といえる（注釈国際私法(1)157頁〔西谷〕，横山133頁ほか）。

設立準拠法主義は，英米法系諸国およびスイスなど一部の大陸法諸国で採用されている立場であり，法人の本質が特定の国の法に基づく法技術的手段であることに着眼して，法人が設立時に準拠した法を法人の従属法とするものである。設立準拠法主義によれば，法人を設立しようとする者は，設立地を自由に選んで法人を設立することができ，いったん法人が設立されれば，その法人がどこで活動しようとも常にその国の法が従属法となる。この点で，設立準拠法主義は，準拠法の決定が容易であり，法人を設立しようとする者の自由を広く認めるものということができる（注釈国際私法(1)143頁〔西谷〕，横山131頁）。しかし，その反面，法人の設立に当たって，事業活動地との関連性が問題とされないことから，法人に対する規制が緩やかな国で設立をしながら他国に本拠をおいて活動するというような，法律回避的な設立が可能となるとの批判がある。これに対して，本拠地法主義とは，ドイツ，フランスなどの伝統的な大陸法諸国で採用されている立場であり，法人はその本拠地において法人格を付与されなければならないとし，したがって法人の従属法は本拠地法であるとするものである。本拠地法の適用は，自国内で活動する法人を規制しようとする国

家の利害に合致するとともに，一般に取引地法の適用を信頼する会社債権者等の期待に沿うということができる。しかし，本拠地法主義によれば，本拠地の事実上の移動によって従属法が変更されることになり，そのことによってすでに成立した法律関係が影響を受けるなど，法人をめぐる法律関係を不安定なものにするという問題がある（注釈国際私法(1)144頁〔西谷〕，横山132頁）。

このように，いずれの立場についても，その実際的な適用に当たっては難点が存在するが，今日のように企業活動が国境を越えて展開されることが常態となっている現状を考えると，本拠地法主義のように，法人の活動の本拠を具体的に特定し，その法によって法人の成立および存続に関する基本的な問題を規律することは，法人のグローバルな展開を妨げるだけでなく，法人の相手方にとっても準拠法の予測をかえって困難にすることが考えられる。したがって，わが国の国際私法の解釈としても，法人の従属法は設立準拠法によるべきであろう。また，わが国の会社法が，外国会社を「外国の法令に準拠して設立された法人その他の外国の団体」（2条2号）と定義し，外国会社の登記事項として「外国会社の設立の準拠法」（933条2項1号）を挙げていることも，法人の従属法を設立準拠法とする解釈と整合的である。

法人の活動の実質的な規制など，本拠地法主義が意図するところは，後述する外人法上の規制に委ねることで一定の対応がなされている。

なお，法人に関する国際私法上の規律として，上述のような抵触法的手法によるのではなく，外国で設立された法人の成立および活動が内国において認められるのは，外国が国家行為として創設した法人格の承認の問題とする見解が主張されている（澤木＝道垣内170頁，道垣内・各論189頁以下）。この見解は，外国法人の法人格の承認を外国判決の承認と連続する問題と捉えるものであるが，そのような解釈をとる実益については疑問が少なくない（注釈国際私法(1)161頁〔西谷〕）。

(3) 従属法の適用範囲

一般に，法人が組織として成立し，存続するためには，法人の従属法による統一的な規律が必要となるが，他方で，法人の活動から生じる法的問題については，取引の相手方保護の要請が生じる。したがって，法人の従属法が法人を

めぐるどのような問題に具体的に適用されるかについては，個別的に検討する必要がある。

(a) 法人の設立および消滅

法人が有効に設立されたか否か，その実質的および形式的要件は，法人の従属法によって判断される。法人の解散（解散の時期，解散事由，解散の効果など）および清算の問題も，原則として従属法による。いずれも，法人格の取得または喪失の問題だからである。

(b) 法人の内部的事項

法人の機関の構成（種類，性質，人数など）および権限，法人と社員との関係，社員相互間の関係などの法人の内部的事項は，法人の従属法に照らして一律に解決される必要がある。したがって，例えば，ある者が会社の代表取締役として適法に選任されているか，その権限の範囲はどこまでかなどの問題は，会社の従属法による。また，株主などの社員が対外的にどのような責任を負うか，会社に対していかなる権利をもつかも，会社の従属法による。

(c) 法人の権利能力（法人格の範囲）

法人は，その人格を一定の法によって付与されるものであるから，法人格の存否およびその範囲は，法人の従属法による。問題となるのは，従属法の認める法人格の範囲が取引地の法が認める範囲よりも狭い場合である。例えば，会社の法人格が定款に定められた事業目的の範囲に厳格に制限されているような場合が問題となる。このような場合，取引保護の観点から，自然人の行為能力に関する通則法4条2項の規定を類推適用し，同種の日本法人と同一範囲の法人格をもつものとみなし，従属法の適用を制限する見解が有力である（山田235頁，溜池298頁）。しかし，このように一般的に取引保護を優先することは，株主や会社債権者の利益とのバランスを欠く面がある。したがって，法人格の範囲については，もっぱら従属法によるのが妥当であろう（櫻田176頁，注釈国際私法(1)163頁〔西谷〕）。

(d) 法人の行為能力（法人の機関の代表権）

法人の活動は実際にはその機関を通じて行われるが，誰に代表権が帰属するか，代表権の範囲および制限などの問題も，「法人の行為能力」の問題として，法人の従属法によるとされる（櫻田177頁，注釈国際私法(1)163頁〔西谷〕）。もっ

とも，外国法人の代表者がその権限を越える取引を日本でした場合のように，法人の機関の権限が第三者との関係で争われるときは，従属法の適用は取引の安全を損なうおそれがある。そこで，法人の機関の代表権の範囲やその制限の問題については，通則法4条2項を類推適用し，従属法の適用が行為地法によって制限されるとする見解が有力である（櫻田177頁，注釈国際私法(1)164頁〔西谷〕）。

法人の設立前または設立中における発起人の権限および責任についても，同様に解することができるであろう（設立中の会社の発起人の責任について，会社の従属法によるとした裁判例として，最判昭和50・7・15民集29巻6号1061頁がある）。

(e) **法人の不法行為能力**

法人の活動によって第三者に損害が発生した場合に，法人自身または法人が実際の行為者と連帯して賠償責任を負うか否かなどの法人の不法行為能力の問題は，誰に不法行為責任を負わせるべきかという責任の帰属主体の決定問題であり，法人の従属法ではなく，不法行為準拠法（17条～22条）による（櫻田177頁，横山134頁）。

(f) **法人格の否認**

法人が形式上は存在しているが，法人格の濫用がある場合や実態として法人格が形骸化している場合に，具体的な事案の解決のため，その法人格を否認し，法人が存在しないものとして取り扱うことが各国法上認められている。このような**法人格否認**の法理は，一般的に法人格の存否を問題とするものではなく，具体的問題の解決との関係で法人格を否認できるとするものであるから，一律に従属法によるのではなく，それぞれの問題に即して準拠法を決定すべきであるとされる（櫻田177頁，横山134頁）。したがって，法人と社員間で生じる問題については法人の従属法によるが，第三者との取引において契約上の地位が問題となるような事案では，当該契約の問題として，契約の準拠法によることになる（東京地判平成22・9・30判時2097号77頁など）。

(g) **企業の組織再編**

会社の合併や株式交換などの可否およびその要件も，会社の存続に関する問題であるから，会社の従属法による。従属法の異なる会社同士の合併，いわゆる国際合併も，理論上はそれぞれの会社の従属法が許容すれば可能であると解

されている（注釈国際私法(1)166頁〔西谷〕）。しかし，日本の会社が外国会社と合併できるか否かについては，わが国の会社法が外国会社との合併や株式交換を予定していないとして，実務は否定的である（相澤哲編著・一問一答 新・会社法〔改訂版〕〔商事法務，2009〕212頁参照）。もっとも，直接的な合併は困難であるとしても，日本に設立された子会社が日本会社と合併し，その対価として外国の親会社の株式を交付する，いわゆる三角合併などの方法により国際的な組織再編は可能とされている（注釈国際私法(1)167頁〔西谷〕）。

2　外国法人に対する規制

(1)　内外法人の区別

　外国法人が国内で活動する場合には，その従属法以外にも，日本の民法，会社法その他の実質法による規律を受ける（櫻田178頁，横山135頁）。この場合，その適用の前提となる内外法人の区別が問題となるが，民法（35条1項），会社法（2条2号）は，設立準拠法を基準として内外法人を区別している。もっとも，個別の立法では，その規制の目的に応じて，具体的に対象となる外国法人の範囲を明示しているものも少なくない（外国人土地法，船舶法など）。

(2)　外国法人の認許

　外国法人は，その従属法である外国法上有効に設立されている場合であっても，日本国内において当然に法人として活動することが認められているわけではない。法人の存在は本来属地的であると考えられてきたことや，外国法人の国内における活動をそのまま認めた場合には，内国の公益が侵害されるおそれがあることなどがその理由である。そのため，民法35条1項は，一定の外国法人についてのみ，その法人格を承認することにしている。これが，**外国法人の認許**である。もっとも，ここでいう法人格の承認とは，新たな法人格の付与ではなく，内国において法人として活動するために，従属法上付与された法人格を承認することとされている（櫻田180頁，注釈国際私法(1)170頁〔西谷〕）。認許されるのは，国，国の行政区画および外国会社である。また，特別法（保険業法185条以下により外国相互保険会社は認許される）や条約（日米友好通商航海条約

など）による認許も認められている（民35条1項ただし書）。しかし，外国の公益法人や非営利法人は認許されない。認許されない外国法人は，法人として日本国内で活動することは認められないが，設立準拠法上は法人格を付与されるだけの実体を備えていることから，日本法により，権利能力なき社団または財団の行為として取り扱われる（櫻田182頁，澤木＝道垣内172頁）。

(3) 外国法人の権利享有

認許された外国法人は，その従属法が認める法人格の範囲内において，原則として，同種の日本法人と同一の私権を享有することができる（民35条2項）。内外人平等主義の帰結である。したがって，従属法上権利の享有が認められる場合でも，日本法が認めていないときは，外国法人は日本において当該権利を享有することはできない。また逆に，日本法によれば権利を享有できるとされる場合でも，従属法上，そのような権利の享有が法人に認められていないときは，外国法人は当該権利を享有することはできない（櫻田186頁，注釈国際私法(1)178頁〔西谷〕）。

民法は，外国法人の権利享有について，法律または条約による留保を認めているが（35条2項ただし書），現行法上は，外国法人の権利享有を一般的に制限する規定は存在しないので，法人という性質上享有できない権利を除けば，外国自然人と同様の権利享有が外国法人にも認められている。

(4) 外国法人の監督

(a) 事務所，代表者等の登記

民法および会社法は，国内の取引秩序を保護するため，外国法人および外国会社に対して一般的な監督規定を定めている。すなわち，外国会社以外の非営利法人が日本に住所を設けたときは，3週間以内に所定の登記をしなければならない（民37条1項）。また，外国会社は，日本で継続して取引しようとする場合には，日本における代表者を定め，3週間以内に登記しなければならない（会社817条1項・933条1項）。登記に当たっては，設立準拠法も登記することとされている（民37条1項1号，会社933条2項1号）。このように登記を要求するのは，法人の組織内容を一般に公知させるためである。

(b) 擬似外国会社の規制

　法人の従属法について設立準拠法主義に立つ場合には，日本に事実上の本拠を置き，あるいは日本での活動を主たる目的とする法人であっても，外国法に準拠して設立されたものは，外国法が従属法となる。しかし，このような法人の設立を認めることは，日本法の適用を回避する一種の脱法的行為を許すことにもなる。そのため，会社法は，上記のようないわゆる**擬似外国会社**については，日本での継続的な取引を禁止している（会社 821 条 1 項）。この規定に違反して取引した者は，相手方に対し，外国会社と連帯して，その取引から生じた債務を弁済する責任を負う（同条 2 項）。

3　解 答 例

(1) **問題 1 (1)**

　C 社の成立に関する問題は，会社の設立の問題であるから，会社の従属法による。会社の従属法については，わが国際私法上明文の規定はないが，民法，会社法等の規定との整合性の観点からも，設立準拠法によるのが妥当である。C 社は甲国法に準拠して設立されているから，C 社の成立の問題は，甲国法による。設立中の会社における代表者の権限および責任等の問題についても，成立した会社の機関の権限および責任に準じて考えることができるから，同じく設立準拠法である甲国法によると考えられる。

(2) **問題 1 (2)**

　C 社の代表としての D の権限および D の行為が C 社に帰属するか否かの問題は，会社の機関の権限の問題であり，会社の行為能力の問題と考えられる。したがって，この問題は，原則として，会社の従属法である甲国法による。しかし，従属法上認められる機関の権限の範囲が行為地法と異なるときは，行為地における取引の安全が害されるおそれがある。そこで，そのような場合には，通則法 4 条 2 項を類推適用し，行為地である日本法上会社の代表権の範囲に含まれるときは，D の行為は C 社に帰属すると考えられる。

(3) 問題2(1)

　Gの行為がF社に帰属するか否かは，Gの代表権に関する問題であるから，原則として，F社の従属法である甲国法によることになる。もっとも，従属法上代表権の範囲に含まれない場合でも，行為地である日本法によればGの行為がF社に帰属するときは，通則法4条2項の類推適用により，Gの行為はF社に帰属すると考えられる。

(4) 問題2(2)

　F社がもっぱら日本における事業を目的とする場合には，会社法821条の擬似外国会社に該当する。同条によれば，F社は日本において継続的な取引をすることができないが，それに違反して取引した場合は，当該会社のみならず，当該取引を実際に行った者も連帯責任を負うとされている。したがって，H社は，F社だけでなくG個人に対しても責任を追及することができる。

(5) 問題2(3)

　F社が従属法である設立準拠法上法人格を有しないときは，日本においても法人として活動することはできないが，その活動は，日本法上，権利能力なき社団の法理に従って処理される。もっとも，その団体が日本の会社と「同種のもの又は会社に類似するもの」であるときは，会社法上「外国会社」とされるため（2条2号），小問(2)と同様，会社法821条が適用されるものと解される。

4　例題の検討

　例題1は，会社の行為能力(1)および権利能力(2)の問題について，その相違を意識しつつ，従属法の適用を考えることが必要となる。

　例題2は，子会社O社が締結した契約上の責任が親会社であるP社に及ぶか否かの問題である。法人格否認の法理の適用が考えられるが，その準拠法の決定については，問題の焦点がどこにあるかを考えて，性質決定すべきであろう。

例題

1　甲国の機械販売会社K社は，日本の弁護士Lの斡旋もあって，日本のM社から融資を受けて，同社の製品の販売を手がけることになり，代表取締役のNが，日本においてM社と融資契約および独占的販売代理店契約を締結した。融資契約に際しては，Lが，M社との間で上記融資に関して保証人となる契約も締結していた。その後，融資の返済がなされないので，M社がLに対して保証契約の履行を求めたところ，Lは，上記融資契約についてはK社の定款上取締役会の決議が必要であるが，上記契約については決議がなされていないので，契約は無効であると主張している。

(1)　甲国法によれば，重要な契約について取締役会の決議を要する旨を定款で定めることができるとされている場合，Lの主張は認められるか。

(2)　甲国法によれば，定款により事業目的が制限されているときは，それに反する取引について会社は責任を否定できるとされている。K社とM社の取引が定款による事業目的に反している場合，K社はM社の返済請求に対して，責任を負担しない旨の抗弁を主張することができるか。

2　甲国会社O社は，日本のP社の子会社であり，P社の取締役Qが代表取締役となっている。O社は，甲国におけるP社製品の販売を主たる業務としているが，実質的にはP社の指示に従って契約の締結を行っていた。O社は，Qを中心とした販路獲得の努力が実り，甲国会社R社と契約締結に至ったが，親会社であるP社の方針転換により，急きょ一方的に契約の破棄を通告した。R社は，一方的な契約破棄により損害を被ったとして，O社および親会社であるP社に対して損害賠償請求を提起している。O社およびP社の責任については何国法が適用されることになるか。なお，O社とR社の売買契約の準拠法は日本法とされていた。

［佐野　寛］

No.5 代理

問題

1　日本のA社の社長である甲国人Bは、A社の株式を30万株保有していた。Bが死亡したため、Bの妻である日本人Cは、BC間の甲国籍の子D（16歳）の親権者として、Dには無断で、Dの相続分に応じた株式数の売却を証券会社に依頼した。甲国法上、行為能力は16歳で発生するとして、この取引をDは取り消せるか。

2　ソフトウェアやITシステムの創案・販売を業とする甲国会社E社は、日本会社F社との間で、甲国法を準拠法として、同社製品の日本における独占的販売代理店契約を締結した。F社はE社の商号および商標を日本で使用することを認められているが、「代理権を与える趣旨ではない」という条項があり、顧客との紛争は、すべてF社の責任で解決すべきものとされている。日本の電気製品の製造会社G社は、E社の創案した製造システムの導入を図るために、F社と販売・請負契約を締結したが、E社のシステム納入が大幅に遅れ、G社は損害を被った。

(1) EF社間において、F社に代理権があるか否か、代理権の範囲は何国法によるか。

(2) G社は、F社はE社の代理であり、EG社間に契約は成立しているとして、上記損害の賠償を直接E社に対して請求している。F社の取引によってEG社間に契約が成立するか否かは何国法によるか。この場合、F社とG社との契約交渉においてE社の社名が表示されている場合と、そうでない場合とで差異が生じるか。

(3) F社の代理権が認められないときには、EG社間の契約は成立しないといえるか。

論　点

① 法定代理
② 任意代理
③ 代理の内部関係・外部関係
④ 任意代理の準拠法
⑤ 表見代理・無権代理

解　説

1　国際私法における代理

(1)　代理の意義

　代理とは，ある者（代理人）が本人に代わって法律行為を行い，その法律効果が直接本人に及ぶ制度である。このような代理制度は，本人の法的な活動を補充し，それを拡張するために，各国法上広く用いられているが，その要件および効果には相違があり，準拠法の決定が問題となる（櫻田 187 頁以下，注釈国際私法(1)334 頁以下〔櫻田嘉章〕）。この点，法例には代理の準拠法を定めた明文の規定はないとされてきたが（山田 275 頁），法適用通則法の制定に当たっても，代理について明文の規定を置かないこととされたため，代理の準拠法の問題は解釈に委ねられている（通則法制定時の議論については，小出・逐条解説 396 頁以下参照）。

　なお，代理の準拠法に関しては，「代理の準拠法に関するハーグ条約」（1978 年）があるが，日本は批准していない。

(2)　代理の法律関係

　代理は，本人，代理人および相手方の三当事者間で問題となるため，本人と代理人，代理人と相手方，そして本人と相手方のそれぞれの法律関係について，法の適用が問題となる（代理の三面関係）。もっとも，代理において，独立した法律関係として特に重要なのは，代理人が相手方とした法律行為の効果が

直接本人に帰属するという点である。その意味で，代理の準拠法の決定に当たっては，準拠法に関する本人の予測可能性とともに，相手方の期待の保護を考慮することが必要である。

ある法律行為に関して代理によることができるか否かは，当該法律行為自体に関わる問題であるので，その法律行為の準拠法による（櫻田188頁，澤木＝道垣内219頁）。例えば，養子縁組を代理によってすることができるか否かは，養子縁組の成立に関する問題であるから，養子縁組の準拠法による。また，代理によって行われる法律行為（代理行為）自体の成立および効力は，当該法律行為の準拠法による。

(3) **法定代理**

親権者や後見人の代理権は，未成年者や被後見人の保護を図りながら，それらの者を取引社会に参加させるために，法律の規定に基づいて直接成立するとされている。このような**法定代理**は，代理権の基礎となる法律関係と密接に結びついて認められることから，その成立，代理権の範囲，その効力の問題は，当該代理権の発生原因となる法律関係の準拠法によると解されている（澤木＝道垣内219頁，注釈国際私法(1)336頁〔櫻田〕）。したがって，親権者の代理権は親権の準拠法（32条）に，後見人の代理権は後見の準拠法（35条1項）によることになる。この場合，法定代理の準拠法は，本人と代理人との関係だけでなく，本人と相手方および代理人と相手方との関係において代理権が問題となる場合にも一律に適用される（山田275頁）。

法人の機関の代表権については，各国法上公示制度が整備されていることを理由として，もっぱら法人の従属法によるとする見解もあるが（澤木＝道垣内219頁），むしろ，当事者間の利益状況は任意代理の場合に類似するとして，原則として法人の従属法によるが，取引保護の見地から，行為地法上法人の機関のした行為が法人に帰属するとされるときは，法人への効果の帰属を認めるべきであるとする見解が有力である（4条2項参照。山田236頁，溜池300頁，注釈国際私法(1)337頁〔櫻田〕）。なお，法人の機関の権限については，No. 4（法人・会社）の解説を参照。

2 任意代理

(1) 準拠法の決定

任意代理については，前述のように，当事者間の関係ごとに準拠法が問題となる。

⒜ **本人・代理人間の関係**（代理の内部関係）

本人と代理人との関係は，代理権を基礎とすることから，代理権を授与する行為，すなわち**授権行為**の準拠法によるとされている（山田 275 頁，溜池 316 頁，澤木＝道垣内 219 頁）。もっとも，授権行為は，通常，委任や雇用の形でなされるので，別段の意思が明らかでない限り，それらの法律関係の基礎となる委任契約や雇用契約の準拠法（7 条以下）によることになる。

⒝ **代理人・相手方間の関係**（代理の外部関係）

代理人が代理行為として行う個々の法律行為の成立および効力は，当該法律行為自体の問題であるから，その行為の準拠法による（澤木＝道垣内 219 頁）。すなわち，代理人が締結した契約が成立するか否かは，当該契約の準拠法（7 条以下）により，代理人がした物権行為の効力は物権準拠法（13 条）による。

⒞ **本人・相手方間の関係**（代理の外部関係）

本人と相手方との関係，すなわち代理人のした法律行為の効果が本人に帰属するか否かの問題については，代理の理論的根拠をめぐる実質法上の対立を背景として，国際私法上も種々の見解が主張されている。一方の立場は，代理の法的根拠は本人の意思にあるとする本人行為説を基礎として，代理権の存否および範囲は授権行為の準拠法によるとするものである（授権行為の準拠法説：江川英文・国際私法〔有斐閣，改訂版，1957〕185 頁）。しかし，この見解によれば，一般に相手方は授権行為の準拠法を知ることは困難であるから，相手方の保護に欠けるという問題がある。そこで，基本的には授権行為の準拠法によりつつ，行為能力に関する取引保護の規定（4 条 2 項）を類推適用し，授権行為の準拠法によれば代理権が存在しないときでも，代理行為地法により代理権が認められる場合には，代理権を認めるとの見解が主張されている（山田 277 頁，溜池 317 頁）。この見解によれば，授権行為の準拠法か代理行為地法のいずれか

により代理が成立すれば，本人に代理人の行為の効果が帰属することになり，場合によっては，相手方が期待以上の保護を受ける結果となる。これに対して，他方の立場は，代理人の行為を基礎として代理の準拠法を定めようとするものである。これには，代理人が相手方とした代理行為の準拠法によるとするもの（代理行為の準拠法説：石黒一憲・国際私法〔有斐閣，新版，1990〕313頁）と，代理人が法律行為を行った代理行為地法によるとするもの（代理行為地法説：櫻田191頁，澤木＝道垣内220頁）がある。前者の見解は，相手方の保護は代理行為の準拠法によって図られるとするものであるが，代理行為が契約の締結のような場合，その準拠法は代理人と相手方で選択することができるため，本人にとって準拠法の予測がつきにくいという問題がある。他方，代理行為地法については，通常，取引の当事者が期待しているだけでなく，本人も代理によって自己の活動を法的に拡張できるという制度的利益を有する以上，代理人をコントロールすべき義務があり，代理行為地法上のリスクを負担すべきであるとされる（注釈国際私法(1)339頁〔櫻田〕，横山147頁）。代理においては，本人と相手方の接点は代理人であり，代理人の活動によって両者間に法律関係が発生することを考えると，代理の成立および効力の問題は，代理行為地法によるとするのが妥当であろう。代理行為地法によるとする場合，代理行為地の確定が問題となるが，一般的には代理人が代理権を行使した地をいうとされている（横山147頁）。

(2) **準拠法の適用**

授権行為の準拠法説によれば，代理権の存否および範囲はもっぱら授権行為の準拠法による。したがって，授権行為の準拠法上代理権が存在しない場合には，本人と相手方間の関係は，無権代理または表見代理の問題となる。これに対して，代理行為地法説による場合には，代理権の成立，効力および消滅，代理行為の本人への帰属などの代理に直接関係する問題は，すべて代理行為地法によることになる（注釈国際私法(1)341頁〔櫻田〕，横山148頁）。

(3) **無権代理・表見代理**

代理の準拠法上，代理権が存在しない場合，または代理権の範囲を超えて代理人が法律行為を行った場合にも，表見代理が成立するか否か，あるいは無権

代理として本人に追認が許されるかなどの問題が生じる。これらの問題に適用される法についても様々な見解が主張されている。有権代理について授権行為の準拠法説をとる見解は，**無権代理**および**表見代理**の問題は，代理人がした代理行為の効力の問題であるとして，代理行為の準拠法によるとしている（實方正雄・国際私法概論〔有斐閣，再訂版，1952〕ほか。なお，江川・前掲185頁は，本人保護の必要性もあるとして，代理権授与の表示の準拠法や代理権の準拠法との累積適用を主張する）。しかし，近時の見解は，取引保護の観点から，もっぱら代理行為地法によるとするものが多数である（櫻田190頁，澤木＝道垣内220頁）。この点，前述した代理行為地法説によれば，有権代理の場合と無権代理，表見代理の場合とを抵触法上特に区別することなく，代理人が相手方とした行為の本人への帰属の問題として，代理行為地法によって一律に判断することが可能となる。また，無権代理人および表見代理人と相手方との関係についても，本人の責任の問題と一体的に解決することが望ましいとの理由から，代理行為地法によるとの見解が有力である（澤木＝道垣内220頁，横山149頁）。

無権代理人および表見代理人と本人との関係は，当事者間に何らかの授権関係があればその関係の準拠法，何らの関係もないときは，事務管理または不法行為の問題となる（櫻田190頁）。

3 解答例

(1) 問題 1

Dの母であるCが親権者として代理権を行使できるか否かの問題は，代理権の基礎となる親権の準拠法（32条）によることになる。もっとも，Cが親権を行使するためには，Dが未成年者であることが前提となるが，成年・未成年の問題は，行為能力の問題として，通則法4条により本人の本国法が適用される。本問では，Dは甲国籍であり，甲国法によれば16歳で行為能力が発生するとされているので，甲国法上，Dはすでに単独で法律行為を行うことができ，Cの親権を脱していると考えられる。したがって，Cには法定代理権がなく，Cによる株式の売却は無権代理によるものとなる。

無権代理における本人と相手方との関係については，相手方保護の観点か

ら，代理行為地法によると解される。したがって，本問において，無権代理人Cによる株式の売却が日本で行われているとすれば，本人が相手方に対してどのような主張ができるかは日本法によることになる。民法によれば，無権代理人のした契約は，本人が追認しなければ，取り消すまでもなく，本人に対して効力を生じない（113条）。

(2) **問題2(1)**

EF社間においてF社が代理権を有するか否かは，代理の内部関係であるから，E社の授権行為の準拠法による。本問では，EF社間の関係は独占的販売代理店契約によることから，別段の合意がない限り，授権行為もその基礎となる同契約の準拠法による。したがって，F社の代理権は，EF社間の独占的販売代理店契約の準拠法である甲国法によることになる。

(3) **問題2(2)**

F社の代理により，EG社間に契約が成立するためには，代理の準拠法上の要件を満たす必要がある。代理の準拠法については，種々の見解が主張されているが，代理人であるF社の行為の効果が本人であるE社に帰属するためには，F社がE社の代理人としてG社と契約を締結した代理行為地である日本法によるのが妥当である。なぜならば，通常，取引の相手方は行為地法による代理制度の利用を期待していると考えられるし，本人も行為地法に従って代理制度を利用するとともに，そのリスクも負担すべきだからである。

本問の場合，EF社間の契約で「代理権を与える趣旨ではない」とされているので，日本法によっても，F社には代理権がないことになるが，(3)で述べるように，表見代理の成立が問題となる。なお，代理の成立について顕名を要するか否かは，代理の効果発生要件の問題であり，代理の準拠法である代理行為地法による。

(4) **問題2(3)**

F社の代理権が認められない場合にも，表見代理が成立するか否かが問題となる。この点についても，取引保護の観点から，代理行為地法によるとするの

が妥当である。したがって，本問では，代理行為地である日本法によって表見代理が成立するか否かを判断することになる。

4 例題の検討

例題1は，親権者の法定代理権と未成年の子であるHとの利益相反が問題となる。例題2については，本問2を参考として，代理の成否，表見代理の成立可能性を検討することになろう。

▶▶▶ 例 題

1　乙国人Hは，乙国人父Iと日本人母Jの嫡出子である。Hは，乙国法によれば未成年である。Hは，Iの死亡により，Iの遺産である日本所在の不動産をJとともに相続した。ところが，HとJは，相続税を支払う必要から，銀行から融資を受けることとし，その担保として共有取得した上記不動産に抵当権を設定することとなった。HとJは，Iの生前から日本に居住している。Jは，Hの代理人として，銀行と融資契約および抵当権設定契約を締結することができるか。

2　日本人Kが，日本の建設会社L社の代理人であるとして，甲国会社M社が所有する不動産の開発を請け負う旨申し入れた。L社からの代理権限を示すものが提示されなかったので，M社がL社に問い合わせたところ，L社の営業部長が，「不動産開発についてはKに任せてある」旨，電話で伝えてきたので，M社は，不動産開発契約を結ぶことにした。ところが実際にはL社は何ら具体的な開発計画を示さず，開発も進まなかったので，L社に契約の履行を求めたところ，実際にはKに開発事業の代理権授与もなされていなかったことが判明した。M社は，期限を限って，L社に対して契約の履行を請求するとともに，履行ができない場合には，契約を解除して，損害賠償を求めることにした。果たしてこのような請求は認められるであろうか。

［佐野　寛］

No.6 物権

問題

1 日本人Aは，日本において，甲国の画廊Bが開催した展示会でBに勧められるままモネの絵画を4000万円で購入し，引渡しを受けた。ところが，その絵は，すでに甲国において，甲国人CがBから3000万円で購入し，展示会での展示のためにそのままBに貸し出していたものであった。Cは，BがAに無断で売却したものであるとして，Aに対してその絵の返還を請求している。以下の問いに答えなさい。なお，甲国法によれば，動産に関する所有権の移転は「物の引渡し」によることとされているが，占有改定による引渡しも認められている。
   (1) Cが所有権を取得したか否かはいずれの国の法によるか。
   (2) Cが所有権を取得している場合，Cの請求は認められるか。

2 乙国会社D社は，丙国船籍のE号が乙国に寄港した際に燃料油等を供給した。D社は，E号を運航している丙国会社F社に対して，燃料油の代金を請求したが，F社は期限を過ぎても支払おうとしない。そこで，D社は，貨物積込みのため日本に寄港していたE号を差し押さえ，競売を申し立てるとともに，代金債権について先取特権を主張している。丙国法では燃料油等の代金債権について先取特権が認められているのに対して，乙国法ではそのような権利が認められていない場合，D社の主張は認められるか。なお，D社とF社との間の燃料油の売買契約の準拠法は乙国法とされていた。

論 点

① 物権変動の準拠法
② 担保物権の準拠法
③ 船舶に関する物権の準拠法

解 説

1 物権およびその他登記すべき権利の準拠法

　物権およびその他登記すべき権利（以下「物権等」という）の準拠法に関しては，通則法13条に明文規定がある。通則法13条は，法例10条を継承するものであるが，実質的な改正は行われていない。さらにさかのぼれば，法例に関するいくつかの改正においても物権等の準拠法については改正がなされておらず，明治期よりほぼ同一の内容が維持されている数少ない分野である。

　他方，物権をめぐる社会情勢はこの百数十年の間に大きく変化してきた。通則法制定時には，現行規定に加えて例外条項すなわち「より密接な関係を有する地」があればそれによるとする規定の導入が中間試案における一案となったが，物権法秩序には法的安定性が重要との観点から改正は見送られ現代語化のみがなされた（小出・逐条解説165頁，170頁）。

　国際的な動向としては，1958年に作成された「有体動産の国際売買における所有権の移転に関するハーグ条約」があるが（山田293頁参照），署名1か国，批准1か国にとどまっており日本も署名，批准等は行っていない。また，日本も批准している「国際物品売買契約に関する国際連合条約」（CISG）はその適用対象から「売却した物品の所有権について契約が有し得る効果」を除外している（CISG4条(b)）。近時も，UNIDOROITによる「可動物件の国際担保権に関する条約」（2001年，日本未批准）など注目すべき国際的取組はあるが，現状では，国際物権法は直接的に拠ってたつ国際条約が少ない領域でもある。以下，通則法13条の規定を中心に考えていく。

2 物権等の準拠法（通則法13条1項）

(1) 物　権

　国際私法上，**物権**とは，物に対する直接的な支配権である（神前＝早川＝元永203頁，中西ほか265頁）。実質法と同じく（民85条参照），この物とは有体物を指すものと解される。したがって，例えば，知的財産権は本条の適用対象外である（本書No.12〔知的財産権〕で検討してもらいたい）。

　物権等の準拠法については，動産と不動産を同じルールによる**同則主義**と，それぞれ別異のルールによる**異則主義**とがある。異則主義においては，不動産は同則主義と同じく所在地法によるが，動産に関しては所有者の住所地に連結される。通則法13条1項は，「動産又は不動産に関する」物権等としており，同則主義が採用されていることは明らかである。動産，不動産はいずれも法律概念であるので，それを区別するとなると性質決定上の困難を伴う（溜池330頁）。同則主義の下ではその困難が回避されることになる。

(2) その他登記すべき権利

　「その他登記すべき権利」とは本来債権であるが登記することによって対抗力を生じるような権利であり，日本民法でいえば不動産買戻権（581条）や不動産賃借権（605条）がこれに当たると説明されてきたが，国際私法上の「物権」に包摂されると考えればよく（澤木＝道垣内251頁），特に規定されるべき必要性が高いとは思われない。

(3) 目的物の所在地法主義

　動産または不動産の物権は，その目的物の所在地法によると定められている。これを**所在地法主義**といい，その根拠は，主に物権等の公益性，登記制度との親和性，所在地法の適用の容易性などに求められてきた。すなわち，物権等が物の直接的かつ排他的支配権であることから，法的規則の実効性との関係においても，その所在地の公益との関係が深いことを根拠とする（山田292頁）。また，直接支配権であることから所在地によるのが自然であるといった

根拠も挙げられる（溜池 331 頁等）。さらに不動産に関しては登記制度がその所在地において機能すること（松岡 150 頁），結果的に法廷地法の適用が導かれることを挙げる立場（横山 152 頁）もある。

これらの根拠が，不動産に関する物権等に妥当することはほぼ異論がない。他方，動産に関する物権等にこれがあてはまるかは問題であるとされている（松岡 150 頁～151 頁等参照）。とりわけ，動産の場合，目的物の可動性が高まるほど，この原則は妥当しにくい。次に，目的物が国境を越えて移動する場合を中心に所在地法主義の妥当範囲を検証する。

(4) 所在地法主義の妥当範囲

目的物自体が国境を越えて長距離運送される場合，目的物の所在地と目的物の間に密接関連性を欠くことがしばしばある。そこで，学説および判例（大判大正 9・10・16 民録 26 輯 22 巻 1522 頁）は，このような**移動中の物**（res in transitu）については，その運送の最終目的地の法である**仕向地法**を準拠法とする。仕向地が変更された場合は新仕向地法による。ただし，運送途中に仕向地以外で一時保管された間に問題が生じた場合など，目的物の現実的所在地が確定できる場合はその法による（澤木 = 道垣内 253 頁他参照。神前 = 早川 = 元永 206 頁は，このように考えると現実には仕向地法の適用範囲は広くないという）。

次に，目的物自体が可動性を本質とする船舶，航空機，自動車などは，その所在地が頻繁に変更され，その確定は困難な場合が多い。そこで，船舶および航空機は登録国法たる**旗国法**に連結するのが多くの学説，判例（秋田地決昭和 46・1・23 下民集 22 巻 1 = 2 号 52 頁）の立場である。

所在地法主義の意義とりわけ公益性の観点からは，通則法 13 条の解釈として旗国法を導くことには限界がある。旗国法主義は輸送機関の実態に即して条理によって導かれると解すべきであろう（松岡 151 頁参照）。留意すべきは，旗国が当事者の意思の影響を受ける連結点ゆえに，法律回避の問題を生じうる点である（櫻田 205 頁も参照）。いわゆる**便宜置籍船**がその例である。

これに対して，自動車に関しては，法例 10 条（通則法 13 条）の「所在地」の解釈を示した最高裁判決（最判平成 14・10・29 民集 56 巻 8 号 1964 頁）がある。同判決によれば，自動車は運行の用に供されるものとそうでないものの 2 種類

存在し，前者は利用の本拠地法，後者は物理的所在地法による。同判決以前は，自動車にも登録制度があるもののそれにはよらず一定の場所を中心に輸送の任にあたっている地を連結点とする立場もみられたが（山田312頁等），議論自体がそれほど多くはなかった。そのような中，「二分説」（松岡152頁）をとった本判決の解釈は分かれ（詳細は出口217頁等参照），概念区分等判決自体への批判も残るが（櫻田205頁），自動車に関する明確な規則を欠く以上，しばらくはこの判決が指導的役割を果たすであろう（後掲例題1で考えてみてほしい）。

　証券は有体物として流通する限りにおいては，それ自体の準拠法はその所在地法によるべきである。船荷証券のように，証券がそこに示された物品の物権的な権利を化体している場合，当該物品の権利関係については，権利関係の重心が移っているとして証券所在地法による立場（山田311頁等）が通説であるとされてきたが，対象となる物品自体の準拠法による立場（澤木＝道垣内253頁等）も有力に説かれている。証券の役割は擬制的なものであるので後者が妥当であろう（注釈国際私法(1)374頁〔竹下啓介〕も参照）。なお，近時，電子化あるいは管理の観点から，証券のペーパーレス化がなされ，金融機関等において記録として管理される制度が広まっている。権利者ではなく口座管理機関によって保有されるこのような証券を**間接保有証券**といい，その準拠法をいかに捉えるかが問題となっている（仙台高秋田支判平成12・10・4金判1106号47頁参照）。

(5)　**所在地の変更と既存の物権**

　通則法13条1項上，対象となる物の所在地が変更された場合，準拠法も変更することになる。そして，旧所在地法と新所在地法の物権の内容・効力は同一ではない可能性が高い。権利の内容・効力に関する点についてのみいえば，新所在地法上，旧所在地法の内容が受容されるかどうかが問題となる。学説上，新所在地法上の物権に旧所在地法のそれを「置換または転置」（溜池346頁等参照）するともいう。要するに，新所在地法上の解釈問題であるが（横山154頁），旧所在地で成立した権利が消滅することはない（山田306頁参照）。

3 物権変動の準拠法

(1) 物権およびその他登記すべき権利の得喪（通則法13条2項）

　通則法13条2項は，物権およびその他登記すべき権利の得喪に関する規定である。実質法上の物権変動に相応する規定であるが，抵触法上は取得および喪失のみが文言上は問題とされており，効力の変更（民176条・177条を参照）は対象となっていない。効力の変更も含めて，物権の内容および効力は通則法13条1項によって規律されると解される（対比，小出・逐条解説171頁）。条文上，物権変動は，法律行為によるのと，それ以外の事実によるのとを問わない。

　物権変動に関する通則法13条2項と物権の内容・効力に関する同1項との間の相違点は，前者が「その原因となる事実が完成した当時」（原因事実完成時）の物の所在地法としているのに対して，後者にはそのような規定が存在しないことである（注釈国際私法(1)378頁〔竹下〕）。原因事実完成時は通則法13条上の概念であるから，国際私法独自に判断すべきとも考えうるが，物権法定主義に基づけば各所在地の実質法の判断を得るしかない（澤木＝道垣内255頁，中西ほか268頁等参照）。

(2) 物権変動と物の所在地の変更

　物の所在地の変動が権利の得喪に関係することがありうる。旧所在地法上権利を取得していない場合，新所在地で旧所在地法上の要件を満たすことは意味がなく，新所在地法上の要件を充足する必要がある。逆に，旧所在地法上権利を取得していたが新所在地法上の要件を充足していない状態であっても，権利の得喪に影響はない。なお，旧所在地での権利の得喪が当地での国有化法に基づくものであった特殊な事案が存在する（東京高判昭和28・9・11高民集6巻11号702頁）。判旨は法例10条（通則法13条）の問題とした上で，旧所在地法における権利の移転を認めたが，国有化措置のような権利の強制取得行為は，その承認のみが問題なのであり，物権に関する抵触規則は適用されないという有力説もある（横山159頁）（**4**(3)も参照）。

4 物権準拠法の適用

(1) 各種の物権

　以上のようにして確定された物権準拠法（その他登記すべき権利も含む。以下，同じ）はいかなる問題に適用されるのか。まず，物権の種類の観点からは，所有権はもちろん，占有（権）に関する問題にあまねく適用される。次に，日本民法上の用益物権のような土地の使用収益を内容とするような制限物権にも適用される。不動産物権準拠法を所在地法によることについてほぼ異論がないのと同様，不動産と密接に関連する用益物権を通則法13条によることにも異論はみられない（外国政府の地上権設定をめぐって争われた東京地判平成23・3・28判時2138号48頁がある）。担保物権は**5**で扱う。

　物権的請求権も通則法13条の対象となる。所有権に基づくもの，占有に基づくもの，用益物権を根拠とするもの，いずれも物の所在地法による。これに対して，物権法と密接に関連する請求権はいかに考えるか（物権侵害を理由とする不法行為法上の損害賠償請求あるいは他人の財貨からの利得返還請求などが考えられる）。物権準拠法あるいは法定債権の準拠法に一律による立場もあったが，近時は権利の性質ごとに個別に判断する立場が有力なように解される（櫻田206頁，注釈国際私法(1)371頁〔竹下〕。中西ほか269頁も参照。なお，横山154頁は，附従的連結による解決を示す）。

(2) 債権的法律行為との関係

　売買に象徴されるように，法律行為に基づいて物権変動が生じることは多い。その場合，債権的法律行為の準拠法と物権準拠法の関係をいかに捉えるべきか。通説は両者の適用を厳密にわける（溜池333頁，横山156頁等）。この点に関連して，債権行為当事者間の物権問題は債権準拠法によるとの少数説がある（山田303頁以下に紹介がある）。しかし，通則法は方式の問題も含めて物権と債権の二分法を前提としており，体系的解釈としては両者を峻別すべきであると考えられる。また，少数説に立っても対世効の主要な場面である対第三者との関係は物権準拠法にゆだねられることになり，必ずしも当事者の利益に資する

解釈でもないように考えられる（注釈国際私法(1) 379 頁〔竹下〕）。通説を是とすべきであろう。

(3) 取得時効および相続

法律行為以外あるいは意思表示を伴わない物権変動についても，物権準拠法の適用に関する解釈問題がある。

第1に，取得時効である。日本の国際私法上，時効は実体権の問題と性質決定され，取得時効は物権の問題となり，通説は時効完成当時の物の所在地法によるとする（山田 309 頁，溜池 344 頁）。取得時効が物権の問題とされる時点において，物権準拠法に包摂されており，準拠法適用関係は簡明である。ただ，取得時効が一定の時の経過を権利取得要件としていることから，その時の経過の間に所在地の変更が生じた場合，いかに考えるかは別の考慮を要する。新所在地法の解釈として旧所在地で起こった事象を考慮する，すなわち実質法上の問題として処理するのが妥当である（櫻田 203 頁）（後掲例題 3）。

第2に，相続である。相続は被相続人の本国法によるところ（通則法 36 条），その相続財産には，動産あるいは不動産といった有体物が多く含まれる。本国法主義による相続準拠法と所在地法による物権準拠法は相違する可能性が高く，その関係が問題となる。例えば外国人被相続人の相続財産にある不動産の持分を，他の共同相続人に相談することなく相続人の一人が処分したことに対して，移転登記の抹消が求められた事案において，共同相続の部分は相続準拠法が，持分の権利移転については物権準拠法が適用されると性質決定した判決が注目されている（最判平成 6・3・8 民集 48 巻 3 号 835 頁。溜池 545 頁以下，出口 420 頁以下等も参照）。なお「個別準拠法は総括準拠法を破る」については No. 20（相続・遺言）を参照。

5 担保物権の準拠法

法例以来，単位法律関係は「物権その他登記すべき権利」（法例 10 条，通則法 13 条）であるので，文言解釈上，担保物権もその適用範囲に含まれそうである。しかし，学説は早い段階から，担保物権の中でも**法定担保物権**については，次のような考慮をしてきた。すなわち，法定担保物権を対象物の所在地法

によらしめると，物の所在地法上認められるが，被担保債権準拠法上認められない法定担保物権が成立する可能性があり，法定担保物権の本旨にもとるとされる。そこで，法定担保物権の成立については，物の所在地法だけではなく被担保債権の準拠法も累積的に適用する。他方，法定担保物権の効力については，担保権者間の順位の確定等簡明な法適用が望まれるので，物の所在地法による，という（山田296頁。溜池338頁〜339頁は二重の法性決定がなされるのではなく制限的に累積されることを強調する）。これに対して，約定担保物権の場合は，従前同様に考える見解はあったものの，担保権の設定自体が当事者の法律行為にゆだねられているのであるから，上記のような配慮は必要ないと解されるので，成立も効力も物の所在地法によるとされる（後掲例題2。なお，「債権質」についてはNo.13〔債権・債務関係〕を見てもらいたい）。

　しかし，法定担保物権に関する先のような通説に対しては，近時，通則法13条の解釈として法定担保物権だけ別異の法性決定をするのは無理があること（神前＝早川＝元永204頁），法定担保物権を特定の債権者の保護制度とみれば被担保債権との関連は低くなること（澤木＝道垣内254頁）などを理由に，法定担保物権も通則法13条の物権準拠法によるとする説が有力に唱えられている。

　そのような中，実例も多く学説も多岐に分かれているのが**船舶先取特権**である。学説は数多あり枚挙にいとまがない（詳細は小出・逐条解説423頁以下，西谷祐子「物権準拠法をめぐる課題と展望」民商136巻2号〔2007〕61頁以下，注釈国際私法(1)605頁以下〔増田史子〕等参照）。法定担保物権一般と同じように，とりわけ成立につき累積的連結を採用するか，効力も含めて単純連結とするかという点，物権準拠法を旗国（または登録国）とするか現実の所在地とするかという点，法廷地法との関連性を重視するか否かという点が従来からの争点であり（高桑昭・争点110頁参照），効力のうち順位について特段の配慮を要するかも重要な視点となってきている（西谷・前掲等参照）。通説は，旗国を物権準拠法とした上で法定担保物権の伝統的な通説と同じように解しているとされるが（櫻田210頁等），有力説からは例えば成立および効力を旗国法にゆだねる立場もある（道垣内正人「海事国際私法」落合誠一＝江頭憲治郎編集代表・海法大系〔商事法務，2003〕683頁）。判例の中には成立も効力も法廷地法によるものがある（東京

地決平成 4・12・15 判タ 811 号 229 頁）。一方，近時，成立について被担保債権の準拠法と物権準拠法として原因事実完成時の船舶所在地法を累積的に適用したものも現れている（水戸地判平成 26・3・20 判時 2236 号 135 頁）。

　船舶先取特権の性質上，法廷地法は船舶の現実の所在地法であると考えられるので，両者は現実に一致することも多いであろう。法廷地法主義は船舶に関する旗国法主義に対する批判の側面と，民事執行まで見越した手続法的な側面の両面がある。ただ，法廷地法主義といった場合，当然に法廷地漁りの危険性があり（松岡 159 頁），その問題は克服されていないように思われる。国内法においても，船舶が航海を重ねるたびに船舶先取特権は累積されていく（中村眞澄＝箱井崇史・海商法〔成文堂，第 2 版，2013〕211 頁）とよく評されるように，船舶先取特権の成否は当事者に与える影響が大きい。これも含め，法定担保物権全般について，成立を慎重に判断する伝統的通説はなお意義を失わないように考えるが，諸説の対立は激しく法的安定性を欠いている。船舶に関する準拠法を含めて（小出・逐条解説 425 頁も参照），立法による解決が探求されるべきであろう。

6　解答例

(1)　**問題 1(1)**

　時間的に先行する BC 間における絵画の物権変動は，絵画が甲国において購入されたとあるので，甲国法が準拠法となる（通則法 13 条 2 項）。甲国法上，所有権の移転に要する引渡しは占有改定でもよいとされるので，C の所有権取得が認められる。

(2)　**問題 1(2)**

　C に所有権があることを前提に，A と B の間の売買および絵画の引渡しによって A が所有権を取得しているか否かは，引渡し時点の絵画の所在地の法により（通則法 13 条 2 項），日本法が準拠法となる。A が日本法上の即時取得の要件を充足しているならば，C の A に対する請求は認められないことになる。

(3) 問題 2

　物権準拠法は旗国法である丙国法となり，被担保債権の準拠法は乙国法となる。通説はこの両法を累積的に適用する。したがって，乙国法上燃料油等の代金債権について先取特権が認められないので，D社の主張も認められない。これに対して，先に紹介した有力説では旗国法たる丙国法のみを適用することになるので，D社の主張は認められ，その効力も丙国法によって判断される。

7　例題の検討

　例題1については，本文に紹介した最高裁判例が参考になる。例題2は株式質についてである。約定担保の一種である権利質の問題であるが，本書では権利質については主に債権質について No. 13 で扱っているのでそちらも参照してほしい。株式質については会社の属人法（溜池337頁）との説が手がかりになる。例題3は取得時効の問題である。

例　題

　1　日本人Gは，輸入中古車の販売会社H社（甲国会社の子会社）から，甲国製の高級中古乗用車を購入した。しかし，同車は，甲国人Iが所有し，甲国において登録されていたが，Iが乙国で利用中に盗まれたものであった。Iは日本人の友人から聞いて同車が日本にあることを知り，Gに対して返還を請求している。この自動車の所有関係については何国法が準拠法となるか。

　2　日本会社J社は，丙国のK銀行から融資を得るために，担保としてJ社が保有する丙国会社L社の株式に質権を設定することを計画している。この場合，質権の設定は何国法に従えばよいか。

　3　甲国人Mは，同国に居住していた11年前に父親から17世紀の陶磁器一式を相続した。その後，Mは，日本人女性と結婚したこともあり，6年前に妻とともに来日し，日本で生活している。ところが，Mが相続したとする陶磁器は父親が

友人Nから預かっていたものであり，NはMがそれを持っていることを知り，その返還を求めてきた。Nの返還請求に対して，Mはどのような抗弁をすることができるか。なお，甲国法では，動産の即時取得は取引行為による場合に限定されており，取得時効の期間は15年とされている。

［樋爪　誠］

No.7 契約1（契約一般）

問題

　日本の食品販売会社A社は，日本の商社B社を通じて，日本会社C社の現地子会社である甲国の食品製造会社D社とD社の製造する冷凍食品の売買契約を締結した。この売買契約は，東京のB社のオフィスで締結された。商品は日本での販売用に日本語表記で包装され，代金は日本円で決済することとされていた。また，売買契約書には準拠法の定めはなかったが，「国際物品売買契約に関する国際連合条約」（ウィーン売買条約）を適用しない旨の条項と，当事者間に紛争が生じたときは，東京地方裁判所で裁判を行う旨の条項が置かれていた。

　日本に輸送されてきた商品をA社が検品したところ，3割の商品に異常が認められた。

(1) A社は，契約違反を理由として，日本の裁判所において，D社に対し代金の減額および損害賠償を求めている。以下の問いに答えなさい。

　① A社とD社との売買契約の準拠法は何国法か。

　② A社とD社が，裁判において，いずれも日本法を前提として主張，立証を行った場合には，契約の準拠法は何国法になるか。

　③ 売買契約書にウィーン売買条約を適用しない旨の条項がなかった場合，この契約に同条約は適用されるか。

(2) D社は，商品の輸送に当たって，日本の保険会社E社とA社を被保険者とする海上運送保険契約を結んでいた。A社の調査によれば，本件事故の原因の一つは運送会社による貨物の保管に問題があったとして，A社はE社に対して保険金の支払を請求することとした。E社が発行した英文の保険証券には，「この保険は，一切の請求に対する責任及びその決済に関しては，イングランドの法及び慣習に準拠するものであることを，了解し，かつ約束する」との条項が置かれている。この場合，A社の請求は何国法によることになるか。

論　点

① 黙示の指定と客観的連結（特徴的給付，最密接関係地法）
② 準拠法の事後的変更
③ 分割指定
④ ウィーン売買条約の適用

解　説

1　当事者自治の原則

　本問(1)および本問(2)のA社の請求は，いずれも契約に基づくものであり，契約の効力の準拠法が問題となる。

　契約の準拠法については，諸国の国際私法上，ほぼ一致して**当事者自治の原則**が認められている。当事者自治の原則とは，当事者の選択に従って準拠法を決定する考え方をいい，当事者の意思という主観的要素を連結点とすることから主観主義ないし主観的連結とも呼ばれる。日本の法適用通則法も「法律行為の成立及び効力は，当事者が当該法律行為の当時に選択した地の法による」（7条）と定め，契約の成立および効力の問題について当事者自治を認めている。

　しかし，法律関係の類型に応じて最密接関係地法を準拠法とするとの伝統的な国際私法の立場（**法律関係本拠説**）からすれば，本来ならば，契約についても客観主義ないし**客観的連結**（客観的要素を連結点として準拠法を決定する方法）を採用すべきであって，当事者自治を認めるためには何らかの正当化事由を要するはずである。そこで，7条が，契約に関して当事者自治を認めた根拠が問題となる。

　この点については，従来，①多様な内容・性質をもつ契約一般に妥当する客観的な連結点を見出せないこと，そして無理に客観的連結を行おうとすれば，準拠法の予見が困難となり，法的確実性を損なうこと（客観的連結の困難さ），②諸国の実質法上，契約自由の原則が認められて当事者の意思が尊重されるのであれば，国際私法上も当事者の意思を尊重すべきであること（私的自治の原則の国際私法への反映）などを根拠として挙げ，伝統的な法律関係本拠説を前提

にして，当事者自治を消極的に説明するのが多数説である（折茂豊・当事者自治の原則〔創文社，1970〕16頁，注釈国際私法(1)180頁〔中西康〕などを参照）。これに対して，近時は，①当事者の予測可能性，正当な期待の保護と国際取引の安全と円滑にかなうこと，②裁判所による準拠法決定が明確・容易となり，法的確実性が高まること，③諸外国でも当事者自治が認められていることから，国際的な判決調和にも資することなどの根拠を挙げ，必ずしも伝統的な法律関係本拠説に固執せず，当事者自治を積極的に捉える見解も有力である（松岡〔高杉補訂〕98頁など）。

2　当事者による法選択

　7条は，当事者自治を認めているが，当事者による準拠法選択に関連して，次の諸点が問題となる。

　第1に，当事者は，契約と客観的な関連性のない国の法を選択できるか。この点について，夫婦財産制に関する26条2項と異なり，7条の文言上，当事者が選択できる法に関する制限がないことから，通説は，契約と関連性のない国の法を選択することも可能であると解している（注釈国際私法(1)188頁〔中西〕）。

　第2に，当事者による準拠法選択は明示のものでなければならないか。この点について，①当事者に準拠法選択を認める趣旨からすれば，明示されていなくとも，当事者の現実の意思が確認できれば問題ないこと，②従来の法例7条1項の解釈上も**黙示の法選択**が認められていたが，通則法7条の立法過程においてこの点を否定する趣旨は読み取れないこと（むしろ附則2条・3条によって通則法7条の遡及的適用が認められている点から法例7条1項との連続性が読み取れること）などに鑑み，少なくとも当事者の現実的意思が示されている限り，黙示の法選択であっても認められると解されよう（注釈国際私法(1)194頁〔中西〕）。

　第3に，当事者は，いつまでに準拠法選択をしなければならないか。この点について，7条は，「当該法律行為の当時」すなわち当該契約の締結時と定めている。契約締結時に準拠法が定まっていないと，当事者の義務の具体的な履行内容が決まらないからである。ただし，当事者自治の趣旨からすれば，契約締結後に当事者双方が準拠法を別の国の法へ変更したい場合には，少なくとも

当事者間の権利義務に関する限り，これを制限する理由はない。そのため，9条は，当事者による準拠法の変更（事後的変更）を認めている。契約準拠法の変更については，夫婦財産制の準拠法の変更とは異なり（26条2項を参照），当事者が遡及的な効力を与えることもできると解されている。もっとも，遡及的な効力によって関係者（たとえば第三者のためにする契約における第三者や契約債権の譲受人など）が不利益を被らないようにするため，9条ただし書で，「第三者の権利を害することとなるときは，その変更をその第三者に対抗することができない」との規定が置かれている。

　第4に，当事者は，一つの契約の部分ごとに，複数の準拠法を選択することが可能か。たとえば，「契約の成立についてはA国法，効力についてはB国法による」というように，複数の準拠法を指定（**分割指定**）することができるか。この点について，法律関係の適用が複雑になることなどを理由として，一つの契約には一つの準拠法しか指定できないとの考え方（**準拠法単一の原則**）が，かつては主張されていた。しかし，現在では，契約の部分ごとに当事者が準拠法を指定している場合，当事者自治を認める趣旨に鑑み，その指定を尊重するとの見解が支配的である（批判的な検討も含め，注釈国際私法(1)295頁〔竹下啓介〕を参照）。

3　最密接関係地法への客観的連結

　当事者が契約準拠法の選択をしていない場合，裁判所は，準拠法を客観的に決定せざるをえない。8条1項は，「前条の規定による選択がないときは，法律行為の成立及び効力は，当該法律行為の当時において当該法律行為に最も密接な関係がある地の法による」と定め，契約締結時の最密接関係地法への客観的連結を規定している。

　最密接関係地を認定する際の考慮要素については，8条に定めがない。この点について，8条が主観的連結と明確に分けた上で客観的連結として規定されたことから，当事者が契約を無効とする法を準拠法とする意思はないなどという主観的事情を考慮すべきでないと解する説もある（注釈国際私法(1)204頁〔中西〕）。しかし，8条1項の趣旨が適切な準拠法を柔軟に決定することにあること，契約については当事者自治が原則とされていること，客観的事情と意思的

要素の厳密な区別が困難であることなどを考慮すれば、最密接関係地の認定については、客観的事情のみならず、当事者間の意思的要素（主観的事情）を含むすべての要素を考慮することができると解すべきであろう（神前禎・解説 法の適用に関する通則法〔弘文堂、2006〕62頁、小出・逐条解説106頁）。具体的には、当事者の属性（国籍、住所、事業所所在地、設立準拠法など）、契約の交渉地、締結地、履行地、目的物の所在地、当事者間・業界の慣行のほか、契約が有効となる法かどうかなどの事情も考慮されるべきである。

4　特徴的給付の理論に基づく最密接関係地法の推定

　最密接関係地法への客観的連結という方法は、個々の事案に応じて妥当な準拠法を選定できるという利点を有するが、他方で、準拠法に関する当事者の予見可能性や法的確実性を損なうという欠点も有する。そこで、8条2項は、予見可能性・法的確実性を高めるために、**特徴的給付の理論**に基づく推定規定を置く。すなわち、「法律行為において特徴的な給付を当事者の一方のみが行うものであるときは、その給付を行う当事者の常居所地法（その当事者が当該法律行為に関係する事業所を有する場合にあっては当該事業所の所在地の法、その当事者が当該法律行為に関係する二以上の事業所で法を異にする地に所在するものを有する場合にあってはその主たる事業所の所在地の法）を当該法律行為に最も密接な関係がある地の法と推定する」（特徴的給付の理論の由来については、注釈国際私法(1)205頁〔中西〕を参照）。

　特徴的給付とは、当該契約を特徴づける給付のことをいい、片務契約の場合には唯一の義務を負う者の給付が特徴的給付と解される。双務契約の場合には、金銭給付は他の契約一般にも見られるものであるから、金銭給付ではない給付が特徴的給付に該当すると解される。たとえば、売買契約では目的物の引渡し、役務提供契約では役務の提供が、特徴的給付とされる。

　特徴的給付を行う者（特徴的給付者）の常居所地法を最密接関係地法と推定する根拠としては、①商業上の行為については、契約関係の重心が職業的行為を引き受ける者の側にあると考えられること、②国境を越える金銭の支払よりも目的物の引渡しや役務の提供の方が一般に困難であり、当該給付を行う当事者をより保護する必要があることなどが挙げられる。また、これらの根拠か

ら，特徴的給付の「履行地」自体ではなく，特徴的給付「者」の常居所地が最密接関係地と推定される。その契約を事業として行っている事業者については，その常居所地ではなく，当該契約に関係する事業所の所在地が最密接関係地と推定される。

なお，8条2項は，あくまでも最密接関係地法の「推定」規定にとどまり，当事者は，別の地の法が最密接関係地法であるとの反証が可能である。

5 ウィーン売買条約などの統一私法条約との関係

統一私法条約の中には，国際的な契約を対象とするものが多い。例えば，日本が締約国であるものとして，1980年「国際物品売買契約に関する国際連合条約」（ウィーン売買条約），1999年「国際航空運送についてのある規則の統一に関する条約」（モントリオール条約）などがある。

このような条約の対象である国際契約については，7条以下によって決定される準拠法と統一私法条約の適用関係が問題となる。この点について，憲法98条2項に基づき条約が法律に上位することから，条約が優先的に適用されると解されている。ただし，統一私法条約の適用条件は，条約ごとに異なっているため，個々の事案ごとの検討が必要である。

6 解答例

(1) 問題(1)

問題(1)は，ウィーン売買条約（以下「条約」という）の対象である国際的な物品売買契約の問題であるから，日本の裁判所としては，まずは条約が適用されるか否かを検討しなければならない。しかし，本件では当事者が条約の適用排除を合意していることから，条約6条によって条約は適用されず，原則どおり，7条以下によって契約の準拠法を決定することになる。

問題(1)①では，売買契約書に準拠法の定めがなかったため，当事者が選択した地の法（7条）は認められず，契約の準拠法は，最密接関係地法への客観的連結によって決定される（8条1項）。売買契約では売主D社が特徴的給付者とされ，D社は事業者であるから，本件契約に関係するD社の事業所所在地

である甲国の法が，最密接関係地法と推定されることになろう（8条2項）。もっとも，D社が日本会社C社の子会社であること，契約締結地が東京であったこと，商品が日本で販売されるものであったこと，日本円で代金決済がされること，東京地裁で裁判を行う管轄合意があったことなどの諸事情を考慮すれば，日本法が最密接関係地法であるとの反証も不可能ではないといえるかもしれない。

　問題(1)②では，当事者が裁判において日本法を前提に主張・立証を行っており，これが当事者による法選択（7条）ないし法変更（9条）に該当しないかが問題となる。当事者の法選択は明示のものに限られないから，契約締結時に当事者双方が現実的な意思で法選択をしていれば足りる。裁判における当事者の行動から，契約締結時の当事者の現実的な意思を読み取ることができる場合には7条により，そうではなく，事後的な準拠法変更の意思であると認められる場合には9条により，いずれにせよ日本法が契約の準拠法とされよう。

　問題(1)③では，ウィーン売買条約の適用排除の合意がなされていないため，条約の適用の有無を検討する必要がある。甲国が条約の締約国である場合には，条約1条1項a号の適用条件を満たすことから，本件売買契約に条約が適用されることになる。甲国が条約の締約国でない場合には，条約1条1項a号の適用条件を満たさないが，条約1条1項b号の「国際私法の準則によれば締約国の法の適用が導かれる場合」という適用条件を満たさないかが問題となる。同号の「国際私法」とは法廷地の国際私法を意味すると解されており（杉浦保友＝久保田隆編著・ウィーン売買条約の実務解説〔中央経済社，第2版，2011〕4頁〔柏木昇〕），日本の裁判所で問題となっている本件では，日本の国際私法である7条以下の規定によって定まる準拠法が条約の締約国の法となるかどうかによって条約の適用の有無が決定される。本件売買契約の準拠法が甲国法となる場合には，本件売買契約に条約は適用されず，甲国法が準拠法として適用されることになる。これに対して，本件売買契約の準拠法が日本法となる場合には，条約が適用されることになる。

(2)　**問 題**(2)

　問題(2)は，A社とE社の間の保険契約に基づく保険金の支払請求の問題で

あるから，7条〜9条によって準拠法が決定される。保険証券に「この保険は，一切の請求に対する責任及びその決済に関しては，イングランドの法及び慣習に準拠するものであることを，了解し，かつ約束する」との条項が置かれていることから，当事者がイングランド法を準拠法として選択したものと解される。保険契約の当事者はいずれも日本法人であり，保険事故も甲国から日本までの貨物の保管中に生じており，イングランドとは客観的な関連性はないが，7条において当事者が選択できる法は，契約と関連性のある法に限定されていないと解されるため，イングランド法の選択も有効な法選択とされる。したがって，A社による保険金の支払請求は，イングランド法によることになる。

7　例題の検討

　例題1では，甲国内に所在するリゾートマンション（不動産）が売買契約の目的物とされている。不動産を目的とする売買契約の成立および効力の準拠法についても7条〜9条によるが，不動産所在地法が8条1項の最密接関係地法と推定されること（8条3項）に注意を要する。

　例題2では，準拠法を特定時点の法に固定する条項（化石化条項ないし安定化条項）の効力が問題となる。抵触法的指定としての意味を認めないのが通説である（注釈国際私法(1) 190頁〔中西〕）。

　例題3では，L社の所在地国である丙国がウィーン売買条約の締約国ではないため，条約1条1項b号によって条約の適用が決定される。日本の国際私法である通則法7条によれば丁国法が準拠法となる。問題となるのは，丁国が条約1条1項b号に拘束されない旨の留保を行っている点である。本件が丁国の裁判所で問題となれば，条約が適用されないことから，国際的な判決調和や当事者の予見可能性を根拠に条約を適用しないとの考え方と，条約1条1項b号の文言を素直に読んで丁国が条約の締約国である以上は条約を適用するとの考え方が対立している。

 **例 題**

　1　日本会社F社は，社員の福利厚生のために，甲国会社G社が同国内で建設中のリゾートマンションを日本においてG社の子会社である日本会社H社を通じて購入することとし，G社との間に当該リゾートマンションの売買契約を締結した。しかし，その後，G社の信用不安が発覚し，マンションの建設が大幅に遅れることが判明した。F社は，契約の解除を検討している。この売買契約の準拠法は何国法になるか。なお，契約の交渉は実質上F社とH社との間で行われ，準拠法について合意した事実はない。

　2　日本の化学原料メーカーI社は，乙国の国営企業J社と原料の売買契約を結ぶに当たって，弁護士に相談したところ，乙国では頻繁に法改正が行われることから，契約締結の予定日である「2013年10月1日現在有効な乙国法による」旨の条項を契約に挿入することをアドバイスされた。他に準拠法に関する条項がない場合，この条項はどのような意味をもつと解されるか。

　3　日本の工作機械メーカーK社は，丙国の機械販売会社L社と工作機械の売買契約を締結した。L社は，K社の製品に品質不良があるとして，商品の受取りを一部拒否し，代金の減額と損害賠償をK社に対して請求している。契約書では，L社の親会社の本国である丁国法が契約の準拠法とされている。丙国は「国際物品売買契約に関する国際連合条約」の締約国でない。また，丁国は，同条約の締約国であるが，条約95条により，条約1条1項b号に拘束されない旨の留保宣言を行っている。この場合，同条約はこの契約に適用されるか。

［高杉　直］

No.8 契約2（法律行為の方式）

問題

1　甲国会社A社は，業務拡大のため，甲国人Bから5000万円の融資を受けることとしたが，甲国における契約の締結に当たり，保証人を求められたため，A社の社外取締役であった日本在住の日本人Cに依頼することとし，Bが直接国際電話でCにA社の債務の保証を口頭で申し入れ，Cも了承した。ところが，A社は返済期限が過ぎても債務を返済しないため，BはCに対し5000万円の保証債務の履行を求め，日本の裁判所に訴訟を提起した。A社とBとの融資契約では，契約の準拠法は甲国法によるとされていた。
　　Cは，上記保証契約は書面でなされていないため，日本法上有効に成立していないと主張している。Cの主張は認められるか。なお，甲国法によれば，保証契約は要式契約とはされていない。

2　丙国に居住する日本人夫婦DとEは，夫婦間に子供がないことから，養子をとることにし，知人に紹介された日本在住の日本人F（22歳）を養子とすることとし，養子縁組届をFの本籍地の戸籍窓口に郵送してきた。この場合，養子縁組届は受理されるか。なお，日本では，戸籍実務において郵送による届出が認められている。

論点

① 法律行為の方式の準拠法
② 隔地的法律行為における方式
③ 親族関係に関する法律行為の方式

解説

1 法律行為の方式の準拠法

　法律行為が有効に成立するためには，実質的成立要件と形式的成立要件（方式）の双方を満たす必要がある。**方式**とは，意思表示の外部的な表現方法をいう。例えば，法律行為が有効に成立するために書面が必要であるか否かなどが方式の問題とされる。

　法律行為の方式は，法律行為の成立要件の一つであるから，本来ならば，当該法律行為の成立の準拠法によるべきである。日本の法適用通則法においても，法律行為の方式については，原則として当該法律行為の成立の準拠法によるとされている（10条1項・34条1項を参照）。

　しかし，法律行為の成立の準拠法に適合した方式を常に要求する場合，その法の方式を履践することが困難なこともある。例えば，準拠法によれば公正証書の作成が要求されているのに対して，当事者が法律行為を行おうとする国には公証人制度がない場合である。そこで，諸国の国際私法上，当事者の実際上の便宜を考慮して，成立の準拠法に適合していなくとも，行為地法の方式に適合していれば当該法律行為を有効とすることが認められている。日本も同様の立場をとり，法律行為の方式について，成立の準拠法と行為地法の**選択的連結**を定めている（10条2項・34条2項を参照）。

　このように，行為地法の適用は，当事者の実際上の便宜や当事者の正当な期待に沿うものであり，選択的連結によって法律行為がいっそう有効になりやすいことから，国際取引の安全にも適うものでもある。また，実質法上も法律行為の方式自由の原則が広く認められており，国際私法上も，当事者の便宜を排除してまで，成立の準拠法を強行する必要はないと考えられる。具体的な問題

が方式と実質のいずれに該当するかの法性決定は，このような趣旨をも考慮に入れて行うことになる（松岡〔高杉補訂〕120頁，横山139頁，道垣内・各論41頁などを参照）。

2　通則法10条および34条の対象

法律行為の方式の準拠法は，10条が定める。親族関係についての法律行為に関しては，34条に特則が置かれているため，10条の対象は，主として財産的法律行為である。ただし，手形行為・小切手行為の方式については手形法89条・小切手法78条による。消費者契約の方式についても，消費者保護のための特則（11条3項～5項）による。

なお，動産・不動産に関する物権行為の方式については，行為地法の選択的連結が排除され，常に当該物権行為の成立の準拠法による（10条5項）。物権行為の成立の準拠法は，13条によると解されているから，物権行為の方式も物権準拠法（目的物所在地法）によることになる。物権については目的物所在地が最大の利害関係をもち，また登記等の公示方法も所在地でなされるため，取引の安全，第三者の利益保護の観点から方式について所在地法を排他的に適用するのが適切であるとの判断に基づくものである（松岡〔高杉補訂〕122頁）。

34条の対象は，25条から33条に規定する親族関係についての法律行為の方式である。親族関係に関する法律行為であっても，婚姻の方式や遺言の方式については，それぞれ24条2項・3項や遺言の方式の準拠法に関する法律による。また，後見（35条）や相続（36条）などに関する法律行為の方式については，34条の対象外であるため，原則的な規定である10条による。

3　通則法10条における隔地的法律行為の行為地

10条2項の行為地とは，当該法律行為の行われた地を意味し，契約の場合には契約締結地が行為地に該当する。問題となるのは，「法を異にする地に在る者に対してされた意思表示」（隔地的法律行為）の場合である。この場合，意思表示の発信地と受信地のいずれを行為地と解すべきか。この点につき，10条3項は，「その通知を発した地を行為地とみなす」と定め，発信地を行為地と明示している。行為地法の選択的連結を認めた趣旨が「行為者の便宜」にあ

るから，意思表示を行う当事者の所在する地の法（すなわち発信地法）を行為地と定めたものである（小出・逐条解説 128 頁）。

「法を異にする地に在る者の間で締結された契約」（隔地的契約）の場合には，申込みと承諾という複数の意思表示が存在するため，行為者の便宜をどのように捉えるかが問題となる。この点につき，10条4項は，「申込みの通知を発した地の法又は承諾の通知を発した地の法のいずれかに適合する契約の方式は，有効とする」と定めている。行為地法による方式を認める趣旨が当事者の便宜である点を考慮すれば，申込地法か承諾地法のいずれかの方式を認めることで，当事者の便宜を十分に考慮できると考えられたからである（小出・逐条解説 129 頁）。

4 通則法34条における隔地的法律行為の行為地

34条2項の行為地も，10条2項と同様，当該法律行為の行われた地をいう。当事者双方が同一法域に所在する場合には，その所在地が行為地と解される（なお，当事者間の意思表示の外部形式を定めるものではなく，日本の離婚届や養子縁組届などのように行政機関への届出・受理を求めるものについては，行政機関の所在地を行為地と解する説もある。道垣内・各論49頁を参照）。

当事者が異なる法域に所在する場合の行為地につき，34条は，10条3項・4項とは異なり，明文規定を置いていない。34条が行為地法の選択的連結を認めた趣旨は，10条と同様に当事者の便宜に求められるから，34条の適用においても，10条3項・4項が類推適用されよう。すなわち，相手方のある単独行為の場合には，通知を発した地を行為地とし，契約の場合には，当事者の一方が所在する地の法の方式を満たしたときには，方式上，有効と解すべきであろう（注釈国際私法(2)161頁〔神前禎〕を参照）。

5 解答例

(1) 問題1

BC 間の保証契約の方式が問題となっている。本件の保証契約（以下「本件契約」という）は財産的法律行為であるから，その方式の準拠法は10条による。

本件契約では，Bが甲国から申込みを行い，Cが日本で承諾を行っている。そのため，「法を異にする地に在る者の間で締結された契約」であるから10条4項が適用され，「申込みの通知を発した地の法又は承諾の通知を発した地の法のいずれかに適合する契約の方式は，有効」とされる。申込みと承諾の発信地は，それぞれ甲国と日本であるから，本件契約の方式が，甲国法または日本法のいずれかに適合すれば，有効とされる。日本法上，保証契約は，書面でしなければ有効に成立しない（民446条2項）が，甲国法上，保証契約は要式契約とされていないことから，口頭で締結された本件保証契約も，日本の公序（42条）に反しない限り，甲国法に適合した方式として有効と解される。したがって，Cの主張は認められないことになろう。

(2) **問題 2**

養子縁組の方式が問題となっている。養子縁組は，31条に規定されている親族関係であるため，養子縁組に関する法律行為の方式については，34条1項・2項により，養子縁組の成立の準拠法または行為地法のいずれかに適合すれば有効とされる。養子縁組の成立の準拠法は，31条により，縁組の当時における養親となるべき者（D・E）の本国法であるから，本件では日本法となる。本件の郵送による養子縁組の届出は，日本法上の方式要件を満たすものであるから，戸籍窓口において受理されるものと解される（なお，本件養子縁組が隔地的法律行為であるから，10条4項を類推適用し，当事者のいずれか一方の所在地法上の方式要件を満たせば足りると解されるため，D・Eの所在地法である丙国法またはGの所在地法である日本法のいずれかの方式要件を満たせば足りることとなり，34条2項の行為地法上も方式要件を満たすと解される）。

6 例題の検討

例題1では，動産の売買契約の方式が問題となっているため，10条による。契約成立の準拠法も契約締結地法も甲国法であるため，公序（42条）に反する場合を除き，甲国法上の方式要件を満たす必要がある。

例題2では，債権譲渡を第三者に対抗するための方式が問題となっている。そもそも第三者の対抗要件としての通知等の問題が「方式」か「実質」かとい

う法性決定自体が問題となる。債権質に関する同様の問題につき，最判昭和53・4・20（民集32巻3号616頁）は，債権質の設定を第三者に対抗するには確定日付ある証書による通知・承諾を要するかは債権質の効力の問題であって，法例8条（通則法10条に相当）にいう法律行為の方式に当たらないと判示している。

例 題

1　日本人Gは，所有する絵画のコレクションを甲国人Hに50万ドルで売却する契約を甲国において締結した。契約書は通常の書面によって作成され，準拠法は甲国法とされていた。Gが期日になっても絵画を引き渡さないため，Hは絵画の引渡しを求める訴えを日本の裁判所に提起した。Gは，甲国法によれば，30万ドルを超える動産の売買契約は公正証書によらなければ裁判所において訴求することができないとして，Hの請求を棄却すべきであると主張している。Gの主張は認められるか。

2　日本会社I社は，甲国で子会社を設立するために，甲国会社J社に対する貸金債権を甲国のK銀行に譲渡することとし，日本法を準拠法として債権の譲渡契約を締結した。その後，I社は，内容証明郵便によって上記債権の譲渡をJ社の日本支店に対して通知した。上記貸金債権の準拠法が甲国法の場合，K銀行はI社による債権譲渡を第三者に対抗することができるか。なお，甲国法によれば，債権譲渡を第三者に対抗するためには公正証書によって譲渡人が債務者に通知することが必要とされている。

［高杉　直］

契約3
（消費者契約・労働契約）

問題

1　日本人Aは、インターネットで海外からアウトドアスポーツ用品を購入できると友人に教えられ、ウェブサイトに接続して商品を見ていたところ、慣れない英語の画面だったこともあって、誤って商品購入のボタンを押してしまった。取消しの方法が分からないためにAがこれを放置していたところ、1週間ほどして、甲国の販売会社B社から商品が送られてきた。Aは驚き、英語が堪能な友人の協力を得て、B社宛に、「自分は誤ってウェブサイト上の購入ボタンを押したのであり、当該商品を購入する意思はない」とのメールを送付した。これに対してB社からは、「購入申込みの記録によると、『この商品の購入契約について甲国法が適用されることに同意します』との項目に、明らかに『はい』というクリックがされているので、本件契約には甲国法が適用される。甲国法によれば、本件のようなケースは錯誤に当たらず、契約は有効である」との回答があった。この事案について、以下の問いに答えなさい。

(1)　この契約の準拠法は何国法か。

(2)　Aが、「電子消費者契約及び電子承諾通知に関する民法の特例に関する法律」3条によれば、この契約は錯誤により無効であると主張する場合、Aの主張は認められるか。

2　C社は世界的に事業を展開する甲国会社であるが、アジアでの事業を拡大するために、日本において日本人Dを採用した。雇用契約の締結に当たっては、甲国法を準拠法とすること、賃金は円で支払うことなどが合意された。Dは日本にあるC社のアジア営業本部に勤務していたが、会社の上層部とDとの意見が対立したことから、C社はDに対して解雇を申し渡した。甲国法上、本件解雇に即日解雇の効果が認められる場合、Dはこれを争うことができるか。

論点

① 消費者契約の準拠法
② 労働契約の準拠法
③ 強行規定の適用

解説

1 当事者による消費者契約・労働契約の準拠法の指定

(1) 当事者自治原則

　法適用通則法11条・12条は，当事者の予見可能性の確保という観点から，個々の**消費者**や**労働者**が企業と結ぶ契約（消費者契約・労働契約）の準拠法決定について，当事者自治原則（7条・9条）が基本的に妥当することを前提としている。11条が，消費者契約の成立・効力につき，「第7条又は第9条の規定による選択又は変更により適用すべき法が消費者の常居所地法以外の法である場合であっても」といい，12条が「労働契約の成立及び効力について第7条又は第9条の規定による選択又は変更により適用すべき法が当該労働契約に最も密接な関係がある地の法以外の法である場合であっても」というのは，このことを示す。本問1，2においても，消費者契約・労働契約の当事者が，準拠法を合意で選択できることが前提とされている。

(2) 強行規定の適用による消費者・労働者の保護

　しかし，企業間での契約と異なり，消費者契約・労働契約については，当事者間での力の格差が大きいことから，国際私法上，弱者をどう保護するかが問題になり，11条・12条はそのための特別な定めを置く。

　11条1項・12条1項によれば，当事者が契約中で指定し，あるいはその後に変更の合意をした法が消費者の常居所地法，労働契約の最密接関係地法以外の法である場合，「消費者がその常居所地法中の特定の強行規定を適用すべき旨の意思を事業者に対し表示したとき」，あるいは「労働者が当該労働契約に

最も密接な関係がある地の法中の特定の強行規定を適用すべき旨の意思を使用者に対し表示したとき」には，「その強行規定の定める事項については，その強行規定をも適用する」。12条2項によると，「当該労働契約において労務を提供すべき地の法」（労務提供地を特定できない場合には当該労働者を雇い入れた事業所の所在地法）が，「当該労働契約に最も密接な関係がある地の法」と推定される。これらの規定は，当事者自治原則により，弱者に身近でない法が準拠法として選択された場合，弱者側の援用に基づき，消費者の常居所地法や労働契約上の労務提供地法上の特定の強行規定の適用を認めることで，弱者の保護を図る趣旨にほかならない。

　強行規定のなかでも，法廷地国の政治的・社会的・経済的秩序の維持を目的とした特に強行性の強い規定（**絶対的強行規定**または**強行的適用規定**）は，法に明文の規定はないが，準拠法のいかんにかかわらず，属地的な適用が認められる（注釈国際私法(1) 267頁〔西谷祐子〕）。したがって，このような強行規定であれば弱者側からの援用は必要でないが，本問1で問題となる錯誤の成立要件を緩和する規定，本問2で問題となる解雇予告期間の規定などは，このような意味での属地的・強行的な適用が認められない通常の強行規定（相対的強行規定）にとどまると解されるため，弱者側からの援用が必要である。

2　消費者契約・労働契約の準拠法指定がない場合

　当事者による契約準拠法の指定がない場合，一般規定である8条1項は，「当該法律行為の当時において当該法律行為に最も密接な関係がある地の法による」という。しかし，この規定によると，企業側の本拠地が最密接関係地となる可能性が高く，それが消費者・労働者にとって身近な国でなければ，準拠法決定の平面で強者を有利に扱う結果となりうる。そのため，当事者による準拠法指定がない場合，11条2項は，「第8条の規定にかかわらず，当該消費者契約の成立及び効力は，消費者の常居所地法による」とし，12条3項は，「第8条第2項の規定にかかわらず，当該労働契約において労務を提供すべき地の法を当該労働契約に最も密接な関係がある地の法と推定する」とした。11条2項・12条3項の表現は微妙に違う。つまり，消費者契約の場合，当事者による準拠法指定がなければ，常に消費者の常居所地法が準拠法になるのに対し

て，労働契約の場合，8条1項により最密接関係地法を準拠法としつつ，労働契約上の労務提供地法を最密接関係地法と「推定」する（したがって，反証があれば別の法が最密接関係地法になりうる）という形がとられることに注意が必要であろう。後掲例題3で問題になるように，労働契約上の労務提供地を特定できない場合には，「当該労働者を雇い入れた事業所の所在地の法」が最密接関係地法と推定される（12条2項括弧書）。

3　消費者契約の方式の準拠法

10条は，1項において，「法律行為の方式は，当該法律行為の成立について適用すべき法」によるといいつつ，2項において，「前項の規定にかかわらず，行為地法に適合する方式」は有効とする。これは，契約準拠法上の方式を遵守した契約だけでなく，締結地法上の方式によって結ばれた契約をも有効とすることで，契約の成立を容易化するという政策的配慮に基づく。

他方，例題1が示すように，消費者契約については，契約に一定の方式を課すことで消費者保護が図られることもあり，10条のやり方では，その趣旨が損なわれかねないという問題がある。そのため，11条は，次のような特則を置くことで消費者の保護を図った。すなわち，当事者が，消費者の常居所地法以外の法を選択した場合，「当該消費者契約の方式について消費者がその常居所地法中の特定の**強行規定**を適用すべき旨の意思を事業者に対し表示したとき」は，「その強行規定の定める事項については，専らその強行規定を適用する」（3項）。消費者の常居所地法が選択された場合，「当該消費者契約の方式について消費者が専らその常居所地法によるべき旨の意思を事業者に対し表示したとき」は「専ら消費者の常居所地法による」（4項）。準拠法の選択がない場合には消費者の常居所地法による（5項）。

4　能動的消費者等の扱い

消費者は常居所地で契約を行うのが通常であり，事業者もそれを想定している。他方，例題2が示すように，この前提が崩れる場合には，常居所地法で消費者を保護する根拠も薄れよう。そのため，11条6項は，次のような場合，1項～5項の規定は適用されないとした。すなわち，①消費者が事業者の事業

所がある国に赴いて消費者契約を締結したとき。②消費者が，事業者の事業所がある国に赴いて債務の全部の履行を受けたか受けるとき。ただし，①②のいずれも，消費者が常居所地で勧誘を受けた場合は別とされ，1項～5項による保護の対象とされる（1号・2号）。③契約締結の当時，事業者が消費者の常居所を知らず，かつ，知らなかったことについて相当の理由があるとき（3号）。④契約締結の当時，事業者が，相手方が消費者でないと誤認し，かつ，誤認したことについて相当の理由があるとき（4号）。

5　解答例

(1) **問題1(1)**

　　AB間で結ばれた本件契約は消費者契約（11条1項）に該当するが，これについても当事者は合意によって準拠法を決定することができる（7条）。AはBのウェブサイト上で甲国法を準拠法とすることに同意しているため，これにより，甲国法を契約準拠法とする合意が成立したと考えられる。後述するように，本件契約の本体部分は無効とされる可能性があるが，法選択合意の有効性はそれとは別個独立に判断される（分離独立性の原則）。

　　なお，このような事案においては，Aが，契約準拠法の合意に関しても錯誤による無効を主張することがありえよう。この点については，法選択合意は国際私法上の合意であり，それに瑕疵がある場合の扱いは国際私法の解釈問題にほかならないから，国際私法自体によって判断されると説く見解と，選択された契約準拠法によるという見解が対立する。前者によれば日本法が判断基準となるのに対して，後者によれば甲国法が判断基準となり，さらに，以下で述べる日本の強行規定の適用によるAの保護が問題になる。

(2) **問題1(2)**

　　前問より，本件においては当事者間に甲国法を準拠法とする合意が成立しているが，11条1項によると，指定された法が消費者の常居所地法以外の法である場合，「消費者がその常居所地法中の特定の強行規定を適用すべき旨の意思を事業者に対し表示したとき」は，当該強行規定の適用が認められる。

民法95条は要素の錯誤に基づく契約を無効とするが，同条ただし書によると，「表意者に重大な過失があったときは，表意者は，自らその無効を主張することができない」。そのため，本件のような事例では，消費者側に重大な過失があったかどうかが問題となりうるが，これが消費者の権利救済を困難化しないよう，「電子消費者契約及び電子承諾通知に関する民法の特例に関する法律」3条1号は特則を置く。これによると，消費者が事業者との間でインターネットを通して締結した契約の要素に錯誤があり，消費者が申込みまたは承諾の意思表示を行う意思がなかった場合，民法95条ただし書の規定は適用されない。このような趣旨からすると，上記規定は，11条1項にいう「強行規定」に該当し，本問においてAはBに対してその適用を主張しているから，Aによる錯誤の主張は認められることになる。

(3) **問題2**

労働契約についても当事者の準拠法選択が認められ（7条），本件の場合，当事者が合意した甲国法が準拠法となる。また，「労働者が当該労働契約に最も密接な関係がある地の法中の特定の強行規定を適用すべき旨の意思を使用者に対し表示したとき」には，当該強行規定の適用が認められる（12条1項）。同3項によると，「労働契約において労務を提供すべき地の法」が労働契約の最密接関係地法と推定されるため，本件の場合，Dの勤務するアジア営業本部の所在する日本の法がこれに当たる。労働契約の準拠法である甲国法によれば即日解雇の効果が認められるが，日本の労働基準法20条1項は30日前の解雇予告を規定しており，これは通則法12条1項にいう強行規定に該当する。したがって，当該規定を適用すべき旨の意思をDがC社に対して表示した場合，C社は，30日分以上の平均賃金を支払わなければ解雇が認められない。

6 例題の検討

例題1においては，消費者契約の方式の準拠法，ならびに，事業者が契約相手方を消費者と誤認するについて相当の理由があったかどうかが問題となる。

例題2においては，消費者が，自分の常居所地以外の地に赴いて締結した

消費者契約の扱いが問題となっている。小問(1)(2)では，Gが，いわゆる能動的消費者に該当するために，自らの常居所地法上の強行規定による保護を受けられないかどうか，また，明示の準拠法選択合意がない場合に，消費者の常居所地法を準拠法とする11条2項の適用が排除されるかが問題となる。小問(3)では，消費者がその常居所地で勧誘を受けていたといえるかどうかが問題となる。

　例題3においては，外国法が雇用契約の準拠法として合意されている場合に，労働者が労務給付地法上の強行規定による保護を受けられるかどうか，また，雇用契約上，労務の給付地が特定できるかどうかが問題となる。

▶▶▶ 例　題

1　カスタム仕様の楽器を製造販売する日本法人E社は，国内・国外向けにウェブサイトを開設し，自社製品を宣伝している。甲国に居住するFは，これを見て複数の楽器を注文した。E社は，日本法を準拠法とする条項を含む確認書をメールでFに送り，数週間後，完成した商品の引取りと代金支払を請求したところ，Fは，契約は甲国消費者契約法の定める書式に従っておらず，有効なものではないから，請求には応じられないと返答してきた。他方，E社の担当者は，注文の個数が多かった上，Fはメールに所属する企業の名前や部署，肩書まで記入していたために，消費者とは考えられなかったと述べている。この場合，Fは代金支払義務を負うか。

2　日本人Gは，日本の旅行会社H社が主催する甲国への海外旅行ツアーに参加し，宿泊先のホテルで開催された展示販売会で，甲国の家具製造・販売会社I社のセールスマンに勧められ，約30万円の家具を分割払いで購入する契約を締結した。購入した家具は，Gが日本に帰国した後，I社がGの住所に送ることになっていたが，Gは，帰国後，日本で販売されている同種の家具の値段よりも購入した家具が高額であることを知り，契約を解除したいと考えている。甲国法にはクーリングオフの制度がないが，日本法によれば本件売買はクーリングオフの対象になるとして，以下の問いに答えなさい。

(1) GがI社と結んだ売買契約書に準拠法として甲国法が指定されていた場合，Gは日本法によってクーリングオフを主張することができるか。
(2) GがI社と結んだ売買契約書には準拠法が明示されておらず，特にこの点についてI社からの説明がなかった場合，この契約の準拠法は何国法になるか。
(3) 上記(1)および(2)の場合について，このツアーには甲国の観光地でのショッピング・タイムがあらかじめ組み込まれており，I社がH社に対して，顧客紹介の手数料を支払っていたときは，それぞれどうなるか。

3　日本人Jは，乙国の大学で獣医学を学んだ後，甲国のサーカス興行会社K社の乙国営業所で雇用契約を締結し，K社のサーカス団の専属獣医として，数週間から数か月ごとに各国で行われるサーカス興行に同行することになった。しかし，日本公演の途中，上司との口論をきっかけとして突如解雇されたことから，Jは，労働契約法16条にいう解雇権の濫用があったとして，日本の裁判所でK社に対する訴えを提起し，雇用契約上の地位の確認を求めた。K社がこれに応訴し，当該雇用契約中には甲国法を準拠法とする旨の条項があり，甲国法上本件解雇に違法性はないと主張する場合，Jの請求はいずれの国の法によって判断されるか。

［中野俊一郎］

No.10 不法行為一般・その他法定債権

問 題

1 　日本の化学薬品会社A社は，甲国に製造工場を建設し，薬品の製造を行っていたが，製造過程で発生する有毒物質を誤って工場の排水溝から近くを流れる川に流出させてしまった。この川は甲国内を貫流する国際河川につながっており，同河川は，乙国を経て，丙国で大西洋に流れ込んでいた。
　　B社は，丙国において野菜の水耕栽培を行っていたが，A社の事故後，野菜の生育不良が発生し，多大な損失を被った。そこで，B社は，生育不良の原因はA社の排出した有毒物質による河川の汚染にあるとして，A社に対し損害賠償を求める訴えを日本の裁判所に提起した。日本の裁判所に国際裁判管轄があるとして，以下の問いに答えなさい。なお，丙国法によれば，故意または重大な過失により他人に損害を与えた場合には，実際の損害に加えて懲罰的な賠償が認められている。
  (1) 　B社のA社に対する損害賠償請求の準拠法は何国法になるか。
  (2) 　上記(1)の損害賠償請求の準拠法が丙国法となった場合，丙国法上の懲罰的損害賠償請求は認められるか。
  (3) 　B社も日本の会社であった場合，A社に対する損害賠償請求の準拠法は何国法になるか。

2 　乙国会社C社は，乙国人Dから日本のE銀行への送金を依頼され，乙国の建国100周年記念硬貨を受け取った。C社は，同硬貨を自国のF銀行の同社名義の口座に入金し，その払戻金をE銀行に送金した。ところが，その後，同硬貨は偽造であることが判明し，C社はF銀行に払戻金相当額を支払った。そこで，C社は，E銀行に対し，法律上の理由なく利得を得ているとして，払戻金の返還を求めて日本の裁判所に訴えを提起した。この請求については何国法が適用されるか。

論　点

① 不法行為の準拠法
② 不法行為に関する公序による制限
③ 例外規定の適用
④ 不当利得の準拠法

解　説

1　不法行為の準拠法

(1)　原則＝結果発生地法

　法例11条1項では，不法行為の準拠法を「原因タル事実ノ発生シタル地」の法（原因事実発生地法）とする旨規定していたが，これに対しては従前より，加害行為地と結果発生地が異なる法域に所在する不法行為（隔地的不法行為）の場合には，いずれの地に連結すべきかが不明確であるとの批判が寄せられていた。法例の下で学説・裁判例は分かれていたが，次第に，不法行為の損害塡補機能を重視して，結果発生地法によるべしとする見解が有力になりつつあった（注釈国際私法(1)429頁〜430頁〔西谷祐子〕）。

　そこで，法適用通則法の制定に当たり，その17条本文において，不法行為債権の成立および効力は原則として「加害行為の結果が発生した地の法」（結果発生地法）による旨が新たに規定された。結果発生地とは法益侵害の結果が発生した地を指す。なお，事故後の入院費用や休業に伴う経済的損失等は不法行為による二次的・派生的損害として位置付けられるが，直接的な法益侵害地とは別の法域でこれら二次的・派生的損害が生じた場合に，当該損害の発生地も結果発生地に含めるかについては争いがある。この点については否定説が有力であり，同説に従えば，通則法17条にいう「結果」は不法行為による直接的な法益侵害に限られる（澤木＝道垣内225頁〜226頁，注釈国際私法(1)444頁〔西谷〕，中西ほか238頁等）。

(2) 例外＝加害行為地法

　もっとも，被害者にとって損害塡補が重要であるにしても，多数の国で不法行為実質法が過失責任主義を採用していること等を踏まえると，いかなる場合においても結果発生地への連結に固執するのは適当ではなく，一定の要件の下で加害者と被害者間における利益の衡平を図ることが必要と考えられる。こうした考慮に基づいて，通則法17条ただし書では，結果発生地における侵害結果の発生が「通常予見することのできないものであったとき」には，例外的に「加害行為が行われた地の法」（加害行為地法）による旨を規定するに至った。ここにいう予見可能性の対象は，個別具体的な結果の発生（問題1の事案に沿えば，B社が栽培する野菜の生育不良を指す）ではなく，特定の地における同種の侵害結果の発生（同じく，丙国における野菜の生育不良一般を指す）である。また，予見可能性の判断基準は，具体的な加害者を前提とするのではなく，同種の行為を行う一般的・平均的な者であれば予見しえたか否かという客観的・規範的な観点によるべきである（澤木＝道垣内227頁〜228頁，中西ほか238頁〜239頁等）。

(3) 通則法17条の事項的適用範囲

　法例11条1項をめぐっては従前，特殊な不法行為類型に同条項を適用しても妥当な準拠法を導き出せないおそれがあるとの批判があったことから，通則法18条および19条では各々，生産物責任，名誉・信用毀損について特別の準拠法決定準則を規定することとなった。したがって，通則法17条はこれら特殊の不法行為類型を除く一般的不法行為に適用されると考えられる。もっとも，知的財産権侵害や不正競争が同条の適用範囲に含まれるか否かについては争いがある（中西ほか239頁，注釈国際私法(1)450頁〜456頁〔西谷〕等）。

2　不法行為に関する公序による制限

(1) 日本法の累積適用

　通則法22条は，法例11条2項および3項の内容を実質的に引き継ぎ，不法

行為に関する公序による制限として，日本法の累積適用を規定している。通則法22条1項によれば，不法行為の準拠法が外国法となるべき場合において，対象事実が日本法によれば不法行為を構成しないときには，当該準拠外国法上許容される請求の一切が認められない。また，同条2項によれば，仮に対象事実が準拠外国法のみならず日本法上も不法行為を構成するにしても，許容される請求は準拠外国法および日本法の双方により認められる救済方法および範囲に限定される。通則法22条をめぐっては，同42条の例示的・注意的規定と解する見解（齋藤武生「事務管理・不当利得・不法行為」国際法学会編・国際私法講座第2巻〔有斐閣，1955〕482頁）や，通則法42条にいう国際私法上の公序の趣旨に沿って同22条の制限的適用を示唆する見解（石黒一憲・国際私法〔有斐閣，新版，1990〕327頁～328頁，基本法コンメンタール72頁〔中野俊一郎〕等）もあるが，多数説は不法行為の成立および効力の問題が特に内国公序と密接な関係を有することを理由として，通則法22条を，同42条と異なり全面的な内国法の適用を要請するものとして捉えている（多数説の見解によれば，通則法42条は**一般留保条項**，同22条は**特別留保条項**として，それぞれ位置付けられる。山田365頁，溜池210頁～211頁等）。

　なお，法例11条2項および3項をめぐっては，従前より立法論的に批判があり，削除すべしとの見解が強かった（山田365頁～366頁，溜池211頁等）。すなわち，不法行為の重点がその公益的側面から当事者間の利害調整に移行していることを踏まえれば，内国公序として日本の不法行為実質法を全面適用する合理的根拠に乏しく，立法論的には，不法行為の成立および効力について不法行為準拠法のみを適用し，わが国の公序による制限は一般留保条項である通則法42条に委ねるのが適当とするのが，その見解の骨子である。通則法の制定過程においても，同条項の削除が検討されたが，実務への影響が大きいなどとし削除に反対する意見も示されるなど，最終的に削除に向けた合意が得られず，通則法22条として存置される結果となった。

(2)　**通則法22条をめぐる解釈論**

　まず，通則法22条1項（法例11条2項）をめぐっては，日本法の累積適用を制限する目的から，同条項にいう「不法」を，主観的違法性（故意・過失）

に限定する見解（久保岩太郎・国際私法〔有信堂，1954〕176頁）や，行為の違法性要件一般に限定する見解（折茂185頁）が示されていた。もっとも，多数説は，通則法22条1項が特別留保条項としての性格を有し内国公序として日本法を適用する以上，わが国実質法上の不法行為成立要件が全面的に課されるべきであるとし，同条項にいう「不法」を不法行為の成立要件全般を指すものと解している（山田364頁，溜池399頁～400頁等）。裁判実務も多数説による（最判平成14・9・26民集56巻7号1551頁，東京地判平成21・7・30平成20年(ワ)第10451号，知財高判平成23・11・28平成23年(ネ)第10033号等）。

次に通則法22条2項（法例11条3項）をめぐっても，損害賠償の方法のみに関する規定として制限的に解し，損害賠償の金額的範囲等その他事項は同条項の事項的適用範囲に含まれないとする見解（久保岩太郎・国際私法論〔三省堂，1935〕443頁～444頁，折茂186頁）があるほか，特に近時では，同条項の趣旨は日本法が許容する範囲において権利成立を認めることにありその射程は権利成立後の問題には及ばないなどとして，消滅時効および除斥期間の問題には同条項の射程は及ばないとの見解（奥田安弘「国際私法からみた戦後補償」奥田安弘＝川島真ほか・共同研究中国戦後補償──歴史・法・裁判〔明石書店，2000〕158頁以下，駒田泰土・ジュリ1213号〔2001〕155頁，注釈国際私法(1)537頁～538頁〔神前禎〕等。同説によった裁判例として，東京地判平成25・10・28判タ1419号331頁がある）を提唱するものもある。もっとも，多数説は，通則法22条2項の事項的適用範囲を不法行為の効力一般としており（江川英文・国際私法〔有斐閣，改訂増補，1970〕238頁，山田365頁，溜池400頁，櫻田261頁～262頁，澤木＝道垣内240頁～241頁等），裁判実務の大勢も同じ見解に依拠する（東京地判平成10・7・16判タ1046号270頁，新潟地判平成16・3・26訟務月報50巻12号3444頁，大阪高判平成18・9・27訟務月報53巻5号1633頁等）。

3 例外規定の適用

(1) 例外規定の目的と留意点

法例11条1項をめぐっては従前，不法行為地が偶然に決まることがあり，その場合にまで機械的・硬直的に同条項により指定される不法行為地法を適用

するとすれば，国際私法上妥当な結論が得られないおそれがあると指摘されていた。そこで，通則法20条では，明らかに同17条ないし19条に基づき定まる法所属国よりも事案に密接に関係する他の地があれば，その地の法を準拠法として適用することを認める旨の規定（**例外規定**。回避規定ともいう）を設けることとした。通則法21条では，不法行為発生後に当事者の合意により不法行為準拠法を変更すること（**事後的な準拠法変更**）をも許容しており，これらの規定を活用することで，総体として，偶然性・硬直性による弊害を排し柔軟で実質的に妥当な準拠法決定を達成しうる枠組みを整備した。

もっとも，通則法20条の目的が準拠法決定の柔軟化を図り，事案の個別具体的な妥当性を確保することにあるにしても，それを過度に推し進めた場合には，法適用の安定性や予測可能性が低下するという事態を惹起しかねない。そこで，同条の適用を，「明らかに」通則法17条以下により定まる法所属国よりも密接な関係がある他の地がある場合に限定することによって，これら相反する2つの要請につき調整を図っている。

(2) **通則法20条の解釈論**

通則法20条では，同17条以下に基づき定まる法所属国以外の地に密接な関係が認められる事案として，具体的に，①不法行為の当時において当事者が法を同じくする地に常居所を有していた場合，②当事者間の契約に基づく義務に違反して不法行為がなされた場合，の2つを例示列挙している。あくまで例示なので，①および②以外の場合であっても，不法行為の成立時において存在する諸事情を考慮して，明らかに事案と密接な関係を有する他の地があるときには，通則法20条が適用される（小出・逐条解説233頁～234頁，注釈国際私法(1)504頁～505頁〔西谷〕等）。

(a) **当事者が同一常居所地を有する場合**

法例下でも，ともに日本に常居所を有する当事者がカナダでスキー事故を起こした事案について，不法行為地たるカナダの法ではなく日本法を適用した裁判例がある（千葉地判平成9・7・24判時1639号86頁）。本判決では当事者の常居所地が同一であることを直接の根拠として日本法を適用したわけではないが，通則法の下であれば，例外規定である20条に基づき，当事者の同一常居所地

法として日本法が準拠法に指定されるべき事案であると思われる（中西ほか243頁，注釈国際私法(1)505頁〔西谷〕等。なお，福岡高判平成 21・2・10 判時 2043 号 89 頁も法例下の事案であるが，仮に通則法の下で発生していれば，同様に 20 条に基づき当事者の同一常居所地法である日本法が準拠法とされた事案であろう。この点につき，高杉直・百選 81 頁）。

　また，当事者が法人等であり，事業所を複数の地に有している場合には，常居所概念をいかに捉えていずれの地の法によるべきかが問題となる。この点，主たる事業所の所在地を基準とする見解，不法行為と実質的に関連を有する事業所の所在地を基準とする見解などが考えられるが，学説においては後者の見解が比較的有力である（松岡編・入門 133 頁〔高杉直〕，注釈国際私法(1)506 頁〔西谷〕等）。

(b)　**不法行為が契約上の義務違反を構成する場合**

　不法行為の加害者と被害者の間で契約が締結され，その契約上の義務に違反する態様で不法行為がなされている場合には，当該契約準拠法による（これを**附従的連結**という）。いわゆる**請求権競合**の事案（例えば，航空旅客運送契約を締結し搭乗した航空機が墜落し，乗客が死亡した場合）がその典型例であるが，契約締結上の過失の事案に見られるように，当事者間に契約は未だ成立していないものの，契約責任の基礎となる一定の法律関係が存在する場合についても，附従的連結の対象になりうると考えられている（注釈国際私法(1)507 頁～508 頁〔西谷〕，神前＝早川＝元永 162 頁等）。なお，フランス国籍者から香港企業等に対して，事前に通告されていた賞与額が大幅に減額されたことを理由として，期待権侵害（不法行為）に基づく損害賠償請求を行った事案において，通則法 17 条により定まる日本法ではなく，雇用契約の準拠法を英国法と認定した上で，同 20 条に基づき英国法を不法行為準拠法とした裁判例がある（東京地判平成 24・5・24 平成 21 年(ワ)第 25109 号）。

4　不当利得の準拠法

(1)　**原因事実発生地法**

　通則法 14 条では，事務管理および不当利得の準拠法について，「その原因と

なる事実が発生した地の法」（原因事実発生地法）による旨規定している。このうち，不当利得における原因事実発生地について，学説および裁判実務では，「利得の直接の原因をなす行為が行われまた事実の発生した場所」を指すと解されてきた（折茂164頁，山田351頁，櫻田249頁，大阪地判昭和36・6・30下民集12巻6号1552頁，広島地判昭和49・5・27判時761号101頁，東京地判平成3・9・24判時1429号80頁等）。

利得と損失がそれぞれ異なる法域で生じた場合には，不当利得に基づく請求の基礎が損失よりも利得にある以上，利得の発生した場所を不当利得地と解すべきとの見解が通説的な立場である（山田351頁，櫻田249頁，注釈国際私法(1)401頁〔北澤安紀〕等）。また，特に電子資金移動による国際送金が典型例であるが，財貨移転の開始と完了の地が異なる法域にある場合には，財貨移転完了地法によると考えられており（山田351頁，櫻田249頁，注釈国際私法(1)401頁〔北澤〕等），この見解に従った裁判例もある（東京高判平成12・12・20金判1133号24頁）。

(2) **例外規定等による柔軟な準拠法決定**

事務管理および不当利得についても，不法行為同様，通則法15条において**例外規定**が，同16条において**準拠法の事後的変更**に関する規定が，それぞれ設けられている。特に不当利得に関しては，利得発生時にすでに当事者間に契約が存在しており，その清算・展開の問題として，不当利得返還請求が問題とされる事案も比較的多いであろう（例えば，売主が売買目的物を引き渡したのに，買主が代金債務を履行しない場合において，売主が目的物の返還を請求している事案）。こうした事案における不当利得返還請求に関しては，通則法15条に規定する**附従的連結**に基づいて，当事者間にすでに存在する契約の準拠法によると考えられる。

5 解答例

(1) **問題1(1)**

B社は，A社が排水溝に流した有毒物質により自社が水耕栽培する野菜の生

育に被害が生じた旨主張し，A社に対して損害賠償を請求していることから，不法行為の問題として通則法17条に基づき準拠法が決定される。甲国で工場を稼働させている一般的・平均的な者であれば，排水溝から有毒物質が国際河川に流出すれば，甲国から乙国を経由して丙国に悪影響が及ぶことは承知しうるはずであり，丙国における農業被害について通常予見可能性があると考えられる。したがって，通則法17条ただし書の適用はなく，本設問における不法行為損害賠償請求については，その結果が発生した地の法，すなわち丙国法が準拠法とされる。

(2) **問題1(2)**

不法行為準拠法である丙国実質法によれば，故意または重過失により他人に損害を与えた場合には，塡補賠償に加えて懲罰的な賠償をも認めている。したがって日本の裁判所は，A社による有害物質の流出が重過失によるものと認定しうるのであれば，A社に対して懲罰的損害賠償を命じることができそうである。

しかしながら，不法行為に関しては，通則法22条2項において，その効力一般について日本法の累積適用が要請されている。よって，準拠外国法と日本法がともに不法行為の成立を認める場合であっても，準拠外国法と日本法がともに許容する救済方法および範囲に限って，請求が認容されるにとどまる。日本の実質法上，懲罰的損害賠償は認められていないことから，たとえ丙国実質法においてかかる類型の損害賠償が許容されるにしても，結論として，日本の裁判所は，懲罰賠償に該当する部分の請求を認容しえず，塡補賠償に該当する部分に限り請求を認容するにとどまると考えられる（なお，懲罰的損害賠償請求の問題を私法的法律関係ではなく，罰金等に相当する公法的な問題として捉える立場もありうる。その場合には，そもそも外国の公法的規定である懲罰的損害賠償にかかる丙国法規定を日本の裁判所で適用すること自体ありえないとの結論に至ると思われる）。

(3) **問題1(3)**

不法行為の加害者（A社），被害者（B社）ともに日本の事業所が甲，丙国における各社の事業を所管している場合には，不法行為と実質的に関連を有する

事業所の所在地はともに日本とされるであろう。こうした事案では，両当事者が日本の社会環境に組み込まれており，その間の権利義務関係にも日本が密接な関係を有すると考えられることから，通則法20条の例外規定により，日本法が不法行為準拠法として指定される可能性が高いと考えられる。他方で，A社，B社の少なくともいずれか一方が，甲国，丙国における各々の事業管轄のために現地に事業所を有する場合には，通則法20条の適用はなく，問題1(1)と同様に，同17条により準拠法として丙国法が指定されることになる。

(4) 問題2

電子資金移動による国際送金における不当利得返還請求の典型事例である。財貨移転の開始地は乙国であり，財貨移転の完了地は日本である。このような場合には，通則法14条の原因事実発生地は財貨移転の完了地と解されることは既述のとおりである（4(1)を参照）。したがって，本問における不当利得返還請求の準拠法は日本法とされる。

6 例題の検討

例題1(1)では，通則法17条によれば不法行為準拠法は結果発生地国である甲国の法とされる。しかしながら，通則法20条には，同17条により指定される法所属国よりも事案に密接な関係を有する他の地が存在する場合には，その地の法を不法行為準拠法とする旨の例外規定が設けられている。本設問の事案では，I社による不法行為はGI間の国際海上運送契約に基づきI社が負っている物品運送債務の不履行を構成する形でなされていることから，通則法20条が例示する附従的連結が成立することを論じる必要がある。GI間の国際海上運送契約の準拠法は丙国法であるから，同条に基づき，不法行為準拠法は丙国法とされる。

例題1(2)では，通則法20条により定まる不法行為準拠法（丙国法）によれば，I社は過失によってG社のワインボトルを割っているので，不法行為が成立することになる。しかしながら，G社とI社はG社の保険金受領時に，将来にわたって不法行為準拠法を乙国法とする旨の合意を行っており，こうした不法行為準拠法の事後的変更が許容されるかどうかを検討する必要がある。通則

法21条本文では準拠法の事後的変更を許容しているが，同条ただし書において，第三者の権利を害する場合には，当該第三者にその変更を対抗できない旨を規定する。例題1(2)の事案において，仮にGI間における不法行為準拠法の事後的変更が第三者であるJ社にも対抗できるとすれば，乙国法では過失による不法行為の成立が否定されることから，I社による不法行為はJ社との関係でも不成立とされ，その結果，J社のI社に対する請求の根拠自体が消滅してしまう。したがって，GIによる不法行為準拠法の事後的変更はJ社の権利を害すると言えることから，J社との関係では，この事後的変更を対抗できず，引き続き丙国法が不法行為準拠法とされる。他方で，GI両当事者間に関しては，不法行為準拠法の事後的変更が認められる。よってGI間では，不法行為準拠法が乙国法となるため，変更合意後は，I社による不法行為はなかったものとして取り扱われる（したがって，変更合意後に，G社がI社に対して例題1(1)の事故について，追加的に不法行為責任を追及することはできない）。

　例題2は事務管理の準拠法を扱う問題である。通則法14条に基づきその準拠法は原因事実発生地（LがKのために治療費等を支払った甲国）の法となる。もっとも，KLともに日本に居住することから，同15条の例外規定の適用について検討する必要がある。

例　題

1

(1) G社は甲国に所在するワイン醸造会社であり，乙国に所在する卸売会社であるH社との間でワインの販売契約を締結した（契約準拠法は乙国法）。同販売契約では，ワインの引渡しは乙国の港において行うことが規定されていたので，G社は丙国の運送会社I社との間で，国際海上運送契約を締結し，I社はワインを甲国から乙国に船舶により運送することになった（契約準拠法は丙国法）。ところが，I社の過失によって積み荷の固定が不十分であったことから，I社の船舶が甲国を出港してまもなく，積み荷が倒れてワインボトルが割れてしまった。G社がI社に対して不法行為に基づく損害賠償請求訴訟を日本の裁判所に提起した場合

に，その準拠法はどうなるか。なお，日本の裁判所に国際裁判管轄があることを前提としてよい（この点は例題1(2)および2においても同様とする）。

(2) 上記の事例において，G社はI社と国際海上運送契約を締結するとともに，輸送対象のワインについて保険会社であるJ社との間で損害保険契約を締結していた。上記(1)の事故発生直後，J社はG社に保険金を支払ったが，G社は保険金受領時に，I社との間で，以後はI社による不法行為の準拠法を乙国法とする旨の合意を行った。J社はI社を相手取って訴訟を日本の裁判所に提起し，G社のI社に対する損害賠償請求権を代位行使する旨を主張したが，その過程で，上記(1)の事故が不法行為を構成するか否かが争点となった。丙国法では不法行為の主観的要件は故意または過失であるが，乙国法ではその主観的要件は故意に限定されている。この場合に，I社による不法行為の成否はどのように判断されるか。

2 Kは日本に居住する日本人であるが，甲国を旅行中，急病に罹り意識不明の重態となった。そこで，同じツアーに参加していた日本居住の日本人LがKの治療費等を現地通貨で支払い，その後，Kも回復して帰国した。Kの帰国を待って，LはKに対する訴訟を日本の裁判所に提起し，甲国において支払った治療費等の支払を求めた。その請求の準拠法はどうなるか。

［嶋　拓哉］

No.11 生産物責任・名誉毀損

問題

1　日本人Aは，ヨーロッパに観光旅行に出かけたところ，甲国のデパートで乙国のB社製のガスライターを購入した。帰国後，友人Cとキャンプをした際に，キャンプ用のガスコンロにライターで火をつけようとしたところ，突然ライターの炎が強く上がったため，ガスコンロに引火し，AとCは大やけどを負った。事故の原因は，ガスライターの着火部分の不具合であった。

　AとCは，事故の原因はライターの欠陥にあるとして，B社に対し損害賠償を求める訴えを日本の裁判所に提起した。日本の裁判所に国際裁判管轄があるとして，以下の問いに答えなさい。

(1)　B社は日本にも営業所を有し，ライターを販売しているが，本件ライターと同種のライターは日本国内では販売されていない場合，AおよびCの損害賠償請求の準拠法は何国法になるか。

(2)　ライターに添付された保証書によれば，B社に対するすべてのクレームは乙国法によると記載されていた場合，AおよびCの損害賠償請求の準拠法は何国法になるか。

2　日本人Dは，5年前から丙国に居住し，プロサッカー選手として活躍している。日本の新聞社E社は，Dが筋肉増強剤を常用しており，ドーピングの疑いがある旨の記事を国内で販売している新聞に掲載した。このニュースは，丙国のマスコミを通じて，丙国内でも再報道された。Dは，E社の記事によって名誉を傷つけられ，プロサッカー選手としての名声や社会的信用も失墜させられたとして，E社を相手取って慰謝料と謝罪広告を求める訴訟を日本の裁判所に提起した。この請求については何国法が適用されるか。

論　点

① 生産物責任の準拠法
② バイスダンダーに対する責任
③ 生産物責任と準拠法の選択
④ 名誉毀損の準拠法

解　説

1　生産物責任の準拠法

本問1では，生産物の瑕疵に起因する事故から生じる責任，いわゆる**生産物責任**（または製造物責任）が問題となっている。

(1)　法適用通則法18条の意義

通則法18条は，生産物責任について，不法行為の特例を定めている。不法行為の原則規定である通則法17条を生産物責任に適用した場合には，原則として結果発生地法が適用されることになる。しかし，渉外的な生産物責任事件では，生産物が転々と流通することから，結果発生地法の適用は，予測可能性の点で，生産者側に不測の負担を課すおそれがある。他方で，同条ただし書によれば，結果発生地での結果の発生が通常予見できないときは，加害行為地法が適用される。しかし，今日のグローバル化した生産・流通システムの下では，加害行為地の特定が困難であったり，特定できたとしても，具体的な加害行為地が企業の責任との関係では偶然的であるといった問題を生じさせる。そこで，生産物責任について，特例規定が設けられている。

通則法18条が対象とする「生産物責任」は，国際私法上の単位法律関係であるから，わが国の製造物責任法が定める責任にとどまらない。製造物責任法が対象としていない未加工の農産物や不動産も同条にいう「生産物」に含まれる。また，生産業者とは，生産物を業として生産，加工，輸出，輸入，流通および販売した者ならびに生産物にその生産業者と認めることができる表示をした者をいうとされている。これは，製造物責任法が定める責任主体（2条3号）

の範囲よりも広く，流通業者および販売業者も含んでいる。したがって，通則法が定める生産物責任は，生産物の生産から販売までの流通過程に関与したすべての者の責任を対象としているものと解される。

(2) 原則的連結：「生産物の引渡地法」

生産物責任の準拠法は「被害者が生産物の引渡しを受けた地の法」である（18条）。生産物の引渡地法が準拠法とされたのは，生産物の**市場地法**を適用する趣旨と解されている（櫻田257頁以下，澤木＝道垣内230頁以下，注釈国際私法(1)471頁以下〔佐野寛〕ほか参照）。市場地を連結点とするのは，生産物が市販される市場地は，生産者と被害者の双方にとって予見が容易であり，いずれの当事者も，通常，その法の適用を想定していると考えられるからである。もっとも，市場地の概念は多義的なため，その特定が問題となるが，被害者保護の観点から，通則法では，市場流通の過程において被害者との関係がより深い「被害者への引渡地」が連結点とされている。

生産物の引渡地とは，被害者が他人から生産物の占有を取得した地を意味する。売買のように所有権の移転を伴う場合だけでなく，リースやレンタルなどの目的で生産物の引渡しを受けた場合も含まれる。被害者が外国にいる代理人を介して生産物を購入した場合のように，法的に生産物の占有を取得した地と現実に生産物を自己の支配下に置いた地が異なるときは，引渡地の特定が問題となるが，当事者双方にとって中立的であり，予測可能な地という市場地の趣旨からは，法律上生産物の利用および処分が可能となる，法的に占有を取得した地と解するのが妥当であろう（櫻田257頁，小出・逐条解説205頁）。

(3) 例外的連結：「生産業者等の主たる事業所所在地法」

生産物の引渡地法によるとした場合に問題となるのは，例えば生産物が中古品市場を通じて転売されたときのように，正規の流通経路を外れ，生産業者等が予想できない地で被害者に引き渡された場合である。そのような場合にまで生産物の引渡地法によることは，生産業者等に通常のリスク計算を超えた費用を負担させることになり，前述した市場地法適用の趣旨に反することになる。そのため，通則法18条ただし書は，生産物の引渡地における引渡しが生産業

者等にとって通常予見できないものであったときは，生産業者等の主たる事業所の所在地法（生産業者等が事業所を有しないときは，その常居所地法）によるとしている。この場合も，通則法17条ただし書と同様に加害行為地法によることも考えられるが，生産物責任では具体的な加害行為地の特定が困難なことが多いとともに，生産地のような具体的な行為地よりも生産業者等の主たる事業所の所在地の方が被害者にとっても認識が容易であることから，その法が準拠法とされている。

　ここでの予見可能性は，市場地としての適格性を問題とするものであるから，引渡地において被害者が当該生産物の引渡しを受けることを具体的に予見できたか否かではなく，企業の規模や販売力などの生産業者等自身の事情，生産物の性質，流通の態様，市場の状況などの客観的な事情の下で生産業者等に期待される規範的な意味での予見可能性である（注釈国際私法(1)474頁〔佐野〕，小出・逐条解説206頁）。例えば，生産業者が特定の国を指定して生産物を輸出していた場合であっても，同種の生産物についてその国の領域を越えて市場が成立しているといったように，その生産物が周辺諸国に転売されることが容易に予測できるときは，生産業者が指定していた国とは異なる周辺国での引渡しも通常予見することが可能であったと考えられる。

(4) 被害者がバイスタンダー (bystander) の場合

　欠陥自動車の事故によって負傷した通行人のように，被害者が，生産物を購入した者ではなく，たまたま生産物による事故に巻き込まれた者（いわゆるバイスタンダー）であった場合にも，通則法18条が適用されるか。この点については，条文上は必ずしも明らかではなく，解釈に委ねられている。「被害者が生産物の引渡しを受けた地」が連結点とされていることからすると，通則法18条は，生産物の引渡しを受けた者が被害者であることを前提としているものと考えられる。また，生産物の引渡地法の適用が生産物の市場流通を根拠としていることからも，市場流通とは直接関係のないバイスタンダーに対する責任の問題は，同条の適用範囲には含まれず，原則規定である17条が適用されると解するのが妥当であろう（櫻田258頁，澤木＝道垣内230頁，注釈国際私法(1) 469頁〔佐野〕ほか）。もっとも，被害者が，生産物の引渡しを受けた者と生計

を同じくする家族や生産物を購入した会社の従業員のように，引渡しを受けた者と実質的に同視できる場合には，引渡地法の適用を期待することに合理性が認められるから，18条が適用されると解される。

(5) 例外条項の適用

通則法20条によれば，不法行為の当時，当事者が同一の地に常居所を有していた場合や，当事者間の契約上の義務に違反して不法行為が行われた場合など，その事情に照らすと，通則法18条が定める準拠法が属する地よりも明らかに密接な関係がある地が別にあるときは，例外的にその法が適用される。渉外的な不法行為事件では，具体的な事情によって，原則的な規定により指定される地が不法行為責任の問題と密接な関係を持たない場合があるため，このような例外が認められている。20条は，生産物責任の場合も対象としているので，事案の具体的な事情によっては，例外条項が適用される（例題1(1)参照）。

(6) 準拠法の選択（当事者自治）

通則法21条によれば，生産物責任の当事者も，生産物責任に適用される法を選択することができる。もっとも，不法行為では，被害者保護の観点から，事前の合意は許されず，事後的にのみ準拠法の変更が可能である。とりわけ，生産物責任事件では，消費者と生産者との間に経済力，交渉力等について著しい差があることが一般的であるから，この点は重要である。したがって，生産物の保証書等で生産者が「当該生産物に関するすべての請求はA国法による」旨の規定を定めていた場合でも，生産物責任に関する準拠法の選択としては認められない。

(7) 公序による制限

不法行為の制度は，法廷地の社会秩序とも密接な関係を持つことから，通則法は，18条により定まる準拠法が外国法となる場合であっても，生産物責任の成立および効果について日本法が累積適用されるとしている（22条）。したがって，米国の一部の州のように，制裁的な観点から実損額以上の賠償請求を認める，いわゆる懲罰的損害賠償（punitive damages）の制度を生産物責任につ

いて採用している国の法が準拠法となる場合でも，日本法がこれを認めていない以上，その請求は認められないことになる（懲罰的損害賠償については，その性質上，国際私法が対象とする私法にそもそも属さないとの見解もある。澤木＝道垣内241頁）。

2　名誉毀損の準拠法

本問2では，名誉毀損の準拠法が問題となる。

(1)　通則法19条の意義

名誉または信用毀損の準拠法については，侵害の対象となる法益が物理的な所在をもたないため，通則法17条が定める「結果発生地」を確定することに困難が伴う。また，インターネットなどの情報通信手段が発達した現代社会では，ある国で発信された情報が容易に拡散され，複数の国にわたって被害が発生することが予想されるが，そのような拡散型の不法行為について，被害の発生地ごとに「結果発生地法」を適用して不法行為の成否を問題とする解決（いわゆる，モザイク的解決）は，当事者間の紛争処理をかえって複雑にするおそれがある。これらの理由から，通則法は，名誉毀損または信用毀損について，17条の原則規定によるのではなく，特則を設けている（19条）。

19条が適用されるのは，「他人の名誉又は信用を毀損する不法行為」である。名誉または信用以外の人格権の侵害について19条が適用されるか否かは，法文上必ずしも明らかではない。実質法上，人格権侵害の態様は多様であることから，条文の適用範囲を明確にするため，特に名誉毀損と信用毀損のみを明示したものである（小出・逐条解説224頁）。したがって，後述するように，特に被害者保護の観点から，被害者と密接に関係する「被害者の常居所地」を連結点とする19条の趣旨を踏まえて，その適用範囲を決定することが妥当であると思われる。その意味で，プライバシーについては，各国法上人格権として保護されていることやその侵害については被害者保護が特に重視されていることなどから，名誉毀損と同様に，その侵害の準拠法は，19条によるとする見解が多数である（澤木＝道垣内233頁，注釈国際私法(1)486頁〔出口耕自〕，中西ほか242頁。なお，小出・逐条解説224頁は，名誉または信用毀損以外の人格権侵害によ

る不法行為については，17条の原則規定によるとする）。これに対して，氏名や肖像などから生じる経済的利益ないし価値を排他的に支配する，いわゆるパブリシティー（publicity）権については，その侵害が不正競争行為や競争制限行為に該当する場合が少なくないことから，17条の原則規定によるとする見解（澤木＝道垣内233頁）とパブリシティー権も人格権の一種であることを理由に19条によるとする見解が対立している（中西ほか242頁）。

　名誉または信用毀損については，損害賠償以外に，特殊な救済方法として，**謝罪広告**や反論請求を認める法制がある（謝罪広告については，民723条）。このような救済方法については，憲法上の言論の自由の問題とも関わり，加害者とされる側にも重大な影響を及ぼすことから，加害者に対する実効性を考慮して，19条によらず，加害者の常居所地法を適用するという見解もある（注釈国際私法(1)495頁〔出口〕）。しかし，19条は，損害賠償とこれらの救済方法とを特に区別していないことから，多数の見解は，これらの救済が認められるか否かも19条が定める準拠法によると解している（澤木＝道垣内233頁，小出・逐条解説224頁）。もっとも，通則法22条2項が，日本法が認める「損害賠償その他の処分」でなければ請求できないとしているので，日本で認められていない救済方法を日本の裁判所に請求することはできない。

(2) 被害者の常居所地法

　名誉または信用毀損に基づく不法行為の準拠法は，被害者の常居所地法（被害者が法人その他の社団または財団である場合には，その主たる事業所の所在地法）である（19条）。被害者の常居所地法による理由は，名誉または信用の毀損は通常その被害を受ける者の生活の中心で発生し，一般にその法の適用は被害者の期待と合致すると想定されるからである。また，加害者側についても，他人の名誉または信用に関する情報を発信するに当たって，その対象となる者の常居所地法に基づく責任を負う可能性があることは，当然に予想すべきであると考えられる。さらに，複数の地で名誉または信用が毀損された場合でも，一元的に被害者の常居所地法を適用することで，単一の法による紛争処理が可能となる（小出・逐条解説223頁）。同様の理由から，法人その他の団体が被害者の場合には，その主たる事業所の所在地法によって一元的に規律することとされて

いる。

　被害者の常居所が知れないときは，その居所地法によることになるが（39条），その者が別の国で著名に活躍しているような場合には，例外条項（20条）により，居所地法ではなく，明らかにより密接な関係のある他の地の法によることが考えられる。

3　解答例

(1)　**問題1(1)**

　AのB社に対する損害賠償請求は，ライターの欠陥に基づくものであるから，通則法18条の生産物責任の問題であり，原則として，被害者であるAが当該生産物の引渡しを受けた地の法によることになる。Aは，甲国のデパートでライターを購入していることから，引渡地は甲国であり，甲国法が準拠法となる。この場合，Aが生産物を購入したのは甲国のデパートであり，正規の販売ルートを通じて購入していると考えられるから，乙国のB社にとっても，甲国での生産物の引渡しは通常予見可能ということができる。したがって，Aの損害賠償請求は甲国法によることになる。

　他方で，18条は，「被害者が生産物の引渡しを受けた地」を連結点としており，生産物の引渡しを受けた者が被害者であることを前提としているものと考えられる。したがって，被害者が生産物による事故にたまたま遭遇した者であった場合には，加害者の責任の問題は，18条ではなく，通則法17条の原則規定によることになる。本問では，Cは偶然に事故に巻き込まれた者であるから，Cの損害賠償請求は，結果発生地である日本法によることになる（17条）。本問によれば，B社は，事故を起こしたライターと同種の物を日本で販売していないものの，日本に営業所を有し，ライターの販売を行っていることから，自社の製品が日本で損害を発生させることは通常予見できたといってよく，結果発生地法の適用に問題はないものと思われる。

(2)　**問題1(2)**

　通則法21条は，不法行為の準拠法について，当事者が準拠法の選択ができ

ることを定めている。もっとも，不法行為では，被害者保護の観点から，事前の合意は許されず，事後的にのみ準拠法を変更することができる。

本問では，ライターに添付された保証書に「B社に対するすべてのクレームは乙国法による」旨記載されているが，通則法によれば，不法行為について事前の準拠法選択は許されていないから，AおよびCの損害賠償請求は，(1)で述べたように，それぞれ，甲国法と日本法によることになる。

(3) 問題 2

本問では，E社によるDの名誉毀損が問題となっている。通則法19条によれば，名誉を毀損する不法行為は，被害者の常居所地法によるとされている。Dは5年前から丙国に居住していることから，丙国に常居所を有しているということができる。したがって，DのE社に対する請求は，丙国法によることになる。

本問では，Dは，慰謝料とともに謝罪広告を求めている。通則法19条は，名誉毀損に関するこのような特別な救済方法を特に区別していないことから，謝罪広告の請求についても，19条により，被害者の常居所地法が適用されるものと考えられる。もっとも，準拠法である外国法上認められる救済であっても，日本法がそのような救済制度を持たないときは，わが国においてこれを請求することはできない（22条2項）。したがって，被害者の常居所地法である丙国法が日本法の知らない救済を被害者に与えている場合でも，日本の裁判所にそれを請求することはできない。謝罪広告については，わが国の民法上，名誉回復の方法の一つとして認められているので（723条），丙国法がこれを認めるときは，その請求を認めることができる。

4 例題の検討

例題1(1)は，当事者が同一の地に常居所（法人の場合は主たる事業所）を有する場合である。Aは，観光旅行で甲国を訪れたにすぎないことを考慮すると，当事者の同一常居所地である日本が，単なる生産物の引渡地よりも明らかに密接な関係があると考える余地がある（20条）。

例題1(2)は，被害者が生産物の引渡しを受けた者の家族である場合である。

この場合には，単に生産物による事故に巻き込まれたバイスタンダーとは異なり，生産物の引渡しを受けた者と実質的に同視できるとして，通則法18条により，生産物の引渡地法を適用することが考えられる。

例題2(1)は，GがHを通じて薬品を購入しており，生産物の引渡地がどこになるかが問題となる。

例題2(2)は，外国法が不法行為の準拠法となる場合に，法廷地法である日本法の累積適用（22条）を考える問題である。

例題3は，プライバシー侵害に基づく不法行為の準拠法に関する問題である。プライバシー侵害についても，名誉毀損と同様に準拠法を決定すべきか否か，差止請求の準拠法はどのように決定するかなどが問題となる。

例題

1
(1) 問題1で，B社が日本法によって設立され，日本に主たる営業所を有する会社であった場合には，準拠法は何国法になるか。
(2) 問題1において，CがAの家族であった場合，Cの請求は何国法によるか。

2　日本の製薬会社F社は，肺がんの治療薬Xを開発し，世界各国で販売している。甲国に在住するGは，インターネットでXの情報を知ったが，甲国ではXはまだ新薬としての承認を受けておらず，販売されていなかった。そこで，Gは，隣国の乙国に住む友人Hに依頼して，乙国においてHを通じてXを購入し，Hから郵送で受け取ったXを服用したところ，深刻な副作用で重度の障害を被った。Gは，Xには重大な欠陥があるとして，F社に対して損害賠償を求める訴えを日本の裁判所に提起した。
(1) Gの損害賠償請求の準拠法は何国法になるか。
(2) 乙国は，薬品の製造，販売については，製造業者等に厳格責任を課しており，わが国の製造物責任法4条1号が定める抗弁（いわゆる「開発危険の抗弁」）も認めていない。仮に，乙国法が準拠法となる場合，F社は，開発危険の抗弁を主張することができるか。

3　日本に在住する日本人Ｉは，長年にわたり丙国人の作家Ｊと文通を続けていた。ところが，Ｊは，Ｉに無断で，文通によって知ったＩの生い立ちや経歴に基づいた小説を丙国で出版し，Ｉの抗議にもかかわらず，その小説は翻訳されて日本でも出版されることになった。そこで，Ｉは，プライバシーの侵害を理由として，Ｊに対する損害賠償と日本および丙国における出版の差止めを求める訴えを日本の裁判所に提起した。日本の裁判所に国際裁判管轄があるとして，Ｉの請求は何国法によるか。

［佐野　寛］

No.12 知的財産権

問題

1 日本人Aは，甲国で「α特許」という名称の特許権を有している。日本のB社は，「α特許」の技術的範囲に属する製品を製造し，甲国に設立した現地法人を通じて甲国においてこの製品を輸入・販売している。Aは，自己の有する甲国特許権が侵害されたとして，当該製品の甲国向け輸出を目的とした日本国内での製造および甲国への輸出の差止め，およびB社による当該特許権の侵害によって被った損害の賠償を求める訴えを日本の裁判所に提起した。Aは，日本国内では「α特許」に該当する特許権を有していない。日本の裁判所に国際裁判管轄があるとして，以下の問いに答えなさい。

(1) Aの損害賠償請求の準拠法は何国法になるか。
(2) Aの差止請求の準拠法は何国法になるか。

2 日本の美術画廊Cは，乙国の著名な画家Dの作品の展覧会を企画し，Dの遺族の許諾を得て，Dの絵画を展示し，その絵画を掲載した書籍を販売した。これに対して，乙国法人E社は，Dの生前にDとの間でその絵画に関する著作権を譲渡する契約を締結していたとして，CによりE社に無断でなされた著作物の複製および書籍の頒布について，その差止めならびに複製頒布行為による損害の賠償を求める訴えを日本の裁判所に提起した。DとE社との間における著作権の譲渡，およびその第三者に対する効力は何国法によることになるか。

論点

① 知的財産権の準拠法
② 知的財産権の準拠法の適用範囲
③ 知的財産権譲渡の準拠法

解説

1 知的財産権をめぐる法適用関係の概要

(1) 属地主義の原則

　知的財産権に関する法適用関係に関しては，属地主義の原則が妥当する。最高裁もこの原則を認め，各国の知的財産権が，「その成立，移転，効力等につき当該国の法律によって定められ，特許権の効力が当該国の領域内においてのみ認められる」との見解を示している（BBS 事件最高裁判決〔最判平成 9・7・1 民集 51 巻 6 号 2299 頁〕）。知的財産権はもともと産業政策等と密接に関連しながら，国家により特別に保護される権利として発展してきた歴史的経緯を有しており，一国の知的財産法の地理的適用範囲についても，公法一般と同様に，当該国の領域に限定されると考えられてきた。現在の裁判実務においては，知的財産権も私権として位置付けられ，一般に，わが国裁判所において外国知的財産権に基づく訴えを提起することは認められている（カードリーダー事件最高裁判決〔最判平成 14・9・26 民集 56 巻 7 号 1551 頁〕）が，その中にあっても，知的財産権をめぐる法適用について属地主義の原則は引き続き維持されている。そのため，国際私法の領域において，知的財産権（とりわけ，特許権に代表される登録型知的財産権）およびそれに関する法規定をいかに扱うべきかをめぐって難しい問題が生じる。知的財産権関連の法規定を公法あるいは国際的な強行法規として捉える立場によれば，裁判実務の見解と異なり，準拠法選択の余地はないとの帰結に至るであろう。また，知的財産権の問題を準拠法選択の対象と捉えるにしても，外国法が準拠法となる場合には，属地主義の原則との関係で，果たしてわが国において当該外国の知的財産法の適用を認めうるか，といった微妙

な問題が生じることになる。

(2) 国際条約の存在

　属地主義の原則を前提として，一国の知的財産権に関する事項は当該国が定めるとし，他国における取扱いとは相互に独立すると考えられてきた（独立原則）。したがって，一国の知的財産権は他国における知的財産権の発生，変動，消滅等に影響を受けないとされる。そうした中，国際的なレベルで知的財産権を保護すべきとの機運が次第に高まり，国際条約による保護の枠組みが整備されることとなった。「**工業所有権の保護に関するパリ条約**（以下，「パリ条約」という）」および「**文学的及び美術的著作物の保護に関するベルヌ条約**（以下，「ベルヌ条約」という）」がその代表例である。これら国際条約にあっては，属地主義の原則を前提として独立原則を規定する（パリ条約4条の2，ベルヌ条約5条2項〔第2文〕）ほか，各国に対して自国法を内外人平等に適用することを要請する**内国民待遇原則**を規定する（パリ条約2条1項，ベルヌ条約5条1項）。中でも問題になるのが，これら条約中に抵触規則が存在すると捉えるか否かである。条文構成や文言を根拠に否定的な見解が示される一方で，内国民待遇原則は外国人の権利保護や救済について内国法を適用する旨の実質法規定（いわゆる外国人法）にすぎないものの，外国人保護が問題となる内国事案への適用が予定される以上，同原則には抵触規則が内包されているなどとして，条約中に抵触規則の存在を見出そうとする見解も提示されている。特に，著作権侵害の準拠法に関連して，ベルヌ条約5条2項（第3文）を抵触規則として位置付けるか否かをめぐり争いがある。

　　（注）　一言に知的財産権の準拠法といっても，知的財産権の成立・消滅，帰属，権利の属性・効力，権利侵害，譲渡等の別に議論が区々なされる（注釈国際私法(1)639頁〜648頁〔道垣内正人〕）。もっとも，裁判実務で実際に争点にされてきたのは，問題1および2が示唆するとおり，主として，知的財産権の侵害および譲渡に関する準拠法の問題である。以下では，これら2つの問題に焦点を当てたうえで，必要により特許権と著作権に分けて議論を整理する。

2 特許権侵害の準拠法

(1) 具体的な準拠法決定のあり方

特許権侵害をめぐる法適用関係を準拠法選択の問題として捉える立場によるにしても，具体的な抵触規則のあり方をめぐっては争いがある。裁判実務では，特許権侵害の問題は当該特許権が登録された国（登録国）に連結するとの見解が採用されている（前掲カードリーダー事件最高裁判決，東京地判平成15・10・16判時1874号23頁）が，これに対しては，原告が請求根拠とする特許権登録国法を準拠法とするにすぎず，また登録国が複数存在する場合には抵触規則として機能しえないなどとして，登録国への連結に批判的な見解も示されている（駒田泰土「カードリーダ事件最高裁判決の理論的考察」知的財産法政策学研究2号〔2004〕49頁〜50頁，道垣内正人「特許権をめぐる国際私法上の問題」知財管理60巻6号〔2010〕884頁〜885頁）。

学説の多数は保護国（その国について保護が要求されている国の法）に連結させるが，保護国の具体的内容をめぐって意見の一致があるわけではない。保護国を登録国とほぼ同義の概念として捉える立場（山田391頁，髙部眞規子「判解」ジュリ1239号〔2003〕132頁，野村美明「日本の知的財産権判例における保護国法の意義」木棚照一編著・知的財産の国際私法原則研究〔成文堂，2012〕446頁〜447頁等）がある一方で，個別紛争事案において最も直接的な影響を受ける特許法秩序の所属国と解する見解（石黒一憲・国境を越える知的財産〔信山社出版，2005〕350頁）や，侵害行為地と解する見解（茶園成樹「特許権侵害に関連する外国における行為」NBL679号〔1999〕16頁等）等もある。

(2) 準拠法の適用範囲

(a) カードリーダー事件

カードリーダー事件は，原告（日本企業）が米国法上の特許権を有していたが，被告（日本企業）がその技術的範囲に属する製品を日本国内で製造し，これを自身の米国子会社を通じて米国に輸出し販売したことから，原告が被告に対して，米国特許権侵害を理由として，①輸出を目的とした日本国内での製造

およびアメリカへの輸出の差止め，製品の廃棄，②損害賠償を請求した事案である（したがって，問題1はカードリーダー事件をもとに作成された設例である）。同事件において，原審判決（東京高判平成12・1・27判時1711号131頁）が，属地主義の原則を根拠として，①の差止め等の請求には準拠法選択の問題が生じる余地はないとしたのに対して，最高裁は，前掲BBS事件最高裁判決で示された属地主義の原則を確認しつつも，それによって準拠法選択が不要になるものではないとしたうえで，①と②の請求それぞれについて異なる抵触規則を提示した（前掲カードリーダー事件最高裁判決）。すなわち，①の差止め等の請求は米国特許権の独占的排他的効力に基づくものであることから，特許権の効力の問題として性質決定し，条理に基づいて登録国法によるとする一方で，②の損害賠償請求は特許権特有の問題ではなく，不法行為として性質決定を行い，法例11条1項（現行では，法適用通則法17条）によるべきとした。

(b) 学説の動向

学説においては，この問題に関して，差止め等の請求と損害賠償請求とで性質決定を異にする上記最高裁判決の立場を支持するものがある（山田391頁）。この見解によれば，前者の請求は特許権侵害の準拠法（登録国法）の適用範囲に含まれる事項であるが，後者の請求は不法行為準拠法の適用範囲に含まれる事項であるとされる。

これに対して，請求の種類に応じて別個に性質決定を行うことにより特許権の一体的保護が確保できないおそれを指摘し，請求の別を問わず一括して性質決定すべきとの見解が示されている。かかる立場の中には，いずれの請求も特許権侵害の問題として保護国法による見解（茶園・前掲16頁等）もあるが，一括して不法行為の問題として性質決定する見解（木棚照一・国際知的財産法〔日本評論社，2009〕252頁，出口耕自「競争法・知的財産法」国際法学会編・日本と国際法の100年（第7巻・国際取引）〔三省堂，2001〕131頁，石黒一憲・特許判例百選〔第3版〕215頁等）が有力である。

また，差止め等の請求に関する特許法の規定を国際的な強行法規または公法的規定として位置付けたうえで，差止め等の請求の問題は準拠法選択の対象たりうるものではなく，外国特許法に基づく差止め等の請求をわが国裁判所で認める余地はないとする一方，損害賠償請求については不法行為として性質決定

するとの見解（横溝大「国境を越える不法行為への対応」ジュリ 1232 号〔2002〕129 頁～130 頁，道垣内・前掲知財管理 885 頁～887 頁等）も提唱されている。

3　著作権侵害の準拠法

(1)　具体的な準拠法決定のあり方

著作権侵害の準拠法に関しては特に，ベルヌ条約 5 条 2 項（第 3 文）を抵触規則として捉えるか否かが重要なポイントになる。

裁判実務は，ベルヌ条約 5 条 2 項（第 3 文）を抵触規則として位置付け，同条項が「著作権の保護の範囲及びその権利を保全するために著作者に保障される救済の方法」という単位法律関係について，「保護が要求される同盟国（保護国）」の法を準拠法として指定するとの立場をとる（東京地判平成 16・5・31 判時 1936 号 140 頁，東京地判平成 21・4・30 判時 2061 号 83 頁，東京地判平成 24・7・11 判時 2175 号 98 頁等）。学説の多数もこれを支持する（道垣内正人「〔講演録〕著作権をめぐる準拠法及び国際裁判管轄」コピライト 472 号〔2000〕14 頁，田村善之・著作権法概説〔有斐閣，第 2 版，2001〕562 頁，澤木敬郎・著作権判例百選〔初版〕209 頁等）。他方で，ベルヌ条約 5 条 2 項（第 3 文）にいう保護国法とは法廷地法を指し，その中には法廷地国際私法も含まれるとする見解（元永和彦「著作権の国際的な保護と国際私法」ジュリ 938 号〔1989〕58 頁，駒田泰土「判批」判時 1962 号〔2007〕198 頁～199 頁等）がある。この見解によれば，法廷地国際私法に基づき，著作権侵害に対する保護・救済等に関する準拠法が決定されることになる。

(2)　準拠法の適用範囲

著作権侵害の場合にも差止め等の請求と損害賠償請求が想定されるが，上記(1)の抵触規則に基づき指定される準拠法の適用範囲の問題，すなわち，当該準拠法が双方の請求に及ぶか，それとも差止め等の請求のみにその適用を限るかをめぐっても，特許権の場合と同様に，争いがある。

この点に関して，裁判実務は，著作権侵害を理由とする差止め等の請求については，著作権を保護するための救済方法として捉え，ベルヌ条約 5 条 2 項（第 3 文）に基づいて保護国法を準拠法とする一方で，損害賠償請求について

は，不法行為として性質決定し，法例11条または通則法17条により準拠法を決定するとの立場をとる（前掲東京地判平成16・5・31，東京地判平成21・4・30，東京地判平成24・7・11等）。このように同一の知的財産権侵害に起因するものであっても，その保護のための請求内容が差止め等か損害賠償かによって別個に性質決定を行うとする立場は，もともとは特許権侵害をめぐる前掲カードリーダー事件最高裁判決において定立された判断枠組みであるが，著作権侵害に関するこれら裁判例は同最高裁判決の影響を色濃く受けていると思われる。

　学説においては，裁判実務と同様に，保護国法の適用を差止め等の請求にとどめ，損害賠償請求は不法行為準拠法によらしめる見解がある（山本隆司「公衆送信権侵害の準拠法」半田正夫先生古稀記念・著作権法と民法の現代的課題〔法学書院，2003〕261頁〜262頁）。他方で，差止め等の請求と損害賠償請求とで区別せず一括して性質決定することを支持する見解もある（木棚・前掲国際知的財産法388頁は，これら請求をまとめて不法行為と性質決定したうえで，通則法20条の例外規定を活用することにより，結果的に保護国に連結することを肯定する）。

4　知的財産権譲渡の準拠法

(1)　譲渡契約等債権行為と物権類似の支配関係の変動との峻別

　知的財産権譲渡の場合には，譲渡当事者間における**譲渡契約等債権行為**と，知的財産権をめぐる**物権類似の支配関係の変動**とを峻別する見解が大勢である（ただし，譲渡当事者間に関する限り，両者を区別せず一括して譲渡契約の準拠法によるとの見解がある〔森田博志「判批」ジュリ1248号（2003）148頁等〕）。そのうえで，前者の債権行為については，他の契約類型と別異に扱うべき理由がないことから，通則法7条以下の規定に基づき準拠法を決定する一方で，後者の物権類似の支配関係の変動については，同13条の趣旨を根拠として，保護国法（または登録国法）によるとするのが裁判実務である（東京高判平成13・5・30判時1797号111頁，東京高判平成15・5・28判時1831号135頁，知財高判平成20・3・27平成19年(ネ)第10095号，東京地判平成25・12・20平成24年(ワ)第268号等。なお，問題2は前掲東京高判平成15・5・28の事案をもとに作成されている）。したがって，対第三者（例えば，譲渡目的である知的財産権を不当に利用している者）との関係のみ

ならず、譲渡当事者間においても、譲渡目的である知的財産権の帰属が争われている場合にはすべからく、物権類似の支配関係の問題として、保護国法（または登録国法）により判断されることになる。

(2) 譲渡契約等債権行為の準拠法

契約当事者間で準拠法の指定があればそれによる（通則法7条）が、問題は客観的連結による場合（同8条）である。単純な知的財産権の譲渡契約であれば、特徴的給付者は譲渡人と考えられるため、その常居所地法が準拠法として推定される（同8条2項。木棚・前掲国際知的財産法253頁）。もっとも、譲渡に伴い譲受人も当該知的財産権を利用して出版・製造義務を負う場合等には、契約当事者双方がともに金銭給付以外の債務を負うことになり、特徴的給付者を特定するのが困難になる。こうした場合には、事案の諸事情を総合的に考慮し契約の最密接関係地を探求するほかない（同8条1項。中西ほか286頁）。

(3) 物権類似の支配関係の変動に関する準拠法

物権類似の支配関係の変動は保護国法（あるいは登録国法）によるとする見解が大勢であるが、その抵触法上の根拠をどこに求めるかについて争いがある。裁判実務は既述のとおり、物権について目的物所在地法原則を採用する通則法13条の趣旨に基づき、保護国法によるべきと考えている。学説においては、裁判実務を支持する見解（松岡編192頁〔江口順一＝茶園成樹〕、早川吉尚・著作権判例百選〔第4版〕227頁等）がある一方で、ベルヌ条約5条2項（第3文）を抵触規則と捉え、かつその単位法律関係を例示列挙と位置付けることで、同条項に根拠を求める見解（松岡博「判批」リマークス29号〔2004〕139頁）や、著作権の属地主義に根拠を求める見解（木棚照一「判批」発明106巻9号〔2009〕61頁等）等もある。

5 解答例

(1) 問題1

本問の事案において、Aは自身が有する甲国特許権であるα特許をB社が

侵害したことを理由として，(1)損害賠償請求，および(2)侵害行為（甲国向け輸出を目的とする日本国内での製造と甲国への輸出）の差止請求を行っている。

前掲カードリーダー事件最高裁判決の立場を踏まえると，損害賠償請求については，不法行為一般と性質決定し，通則法17条に基づき結果発生地法が準拠法に指定される一方，差止請求については，特許権の排他的効力の問題として，条理に基づく登録国法によると考えられる。これを本問の事案に即して検討すると，(1)AのB社に対する損害賠償請求については，権利侵害という結果が発生している地は甲国であり，B社と同等の立場にある一般的な者であれば，甲国でかかる結果が発生することを予見しうることから，通則法17条本文に基づき，結果発生地法である甲国法が準拠法とされる。他方で，(2)差止めの請求については，B社により侵害を受けたとされるα特許は甲国で登録されていることから，登録国法である甲国法が準拠法とされる。

なお，上記の最高裁判決とは異なり，(1)損害賠償請求と(2)差止請求をともに不法行為として性質決定する見解や，両請求ともに保護国法を準拠法とする見解があるが，これらいずれの見解に依拠した場合でも，結果的に(1)および(2)の準拠法はともに甲国法とされる。

(2) 問題 2

本問のポイントは，DE間でなされた画家Dの絵画に関する著作権の譲渡が第三者Cとの関係でいかなる効力を有するかという問題にある。したがって，検討すべきは，本件著作権をめぐる物権類似の支配関係の変動がCとの関係で有効と考えられるか，である。

裁判実務を踏まえれば，著作権をめぐる物権類似の支配関係の変動に関する問題は，目的物所在地法原則を規定した通則法13条の趣旨に基づき保護国法によるべきとされる。本問において著作物が複製され，それを掲載した書籍が頒布されたのは日本であることから，保護国法は日本法になる。日本法によれば，著作権の移転の効力は原因となる譲渡契約の締結により直ちに生ずるため，DE間の譲渡契約が有効に成立していれば，その時点で，著作権はE社に移転することになる。

次にDE間における著作権譲渡契約が有効に成立しているかが問題となる

が，その準拠法は，当事者による主観的法選択があった事実が窺われないため，客観的連結により決せられる。通則法8条2項に基づき，特徴的給付者（D）の常居所地法（乙国法）が推定を受け，これを破る事情もない。よって，同条1項に基づき乙国法がその契約準拠法とされる。

6 例題の検討

　例題1の争点は，著作権の存続期間の準拠法である。著作権の存続期間については，学説上はベルヌ条約7条8項（本文）に基づき保護国法によるとの見解（澤木＝道垣内260頁等）が有力であり，この見解に立つ裁判例（東京地決平成18・7・11判時1933号68頁）もある。この見解によれば，本例題では甲国もベルヌ条約加盟国であるから，同条約7条8項（本文）に基づき，保護国である日本の著作権法（54条）に基づいて，βの保護期間が決せられることになる（日本は甲国との二国間条約およびわが国の国内特別法により，ベルヌ条約7条8項ただし書および日本の著作権法58条が規定する相互主義の適用が排除される）。**知的財産権の発生，消滅，帰属，属性**等の問題は一般に，権利自体の準拠法，すなわち保護国法（または登録国法）によるとの見解が有力である。もっとも，職務著作にかかる**著作権の原始的帰属**をめぐっては，保護国法によるとの見解（注釈国際私法(1)641頁〔道垣内〕等）と，被用者と使用者間の雇用契約の準拠法によるとの見解（木棚・前掲国際知的財産法478頁，田村・前掲565頁等）との間で争いがあり，後者に立脚する裁判例（前掲東京高判平成13・5・30）が存在する。

　例題2は**国際的な商標権侵害**の事案であり，フレッドペリー事件（最判平成15・2・27民集57巻2号125頁）を参考にしている。同事件では，差止請求および損害賠償請求のいずれについても日本法を適用しているが，判決文中では，日本法を適用した抵触法上の根拠について明示的な説明はなされていない。しかしながら，裁判実務は特許権および著作権の侵害事案について差止請求と損害賠償請求とで性質決定を別個に行う立場を採用しており，商標権侵害に当たっても同様の立場によるものと考えられる。こうした視点に立てば，差止請求は商標権の効力の問題として保護国法（または登録国法）により，損害賠償請求は不法行為の問題として通則法17条以下の規定によることになる。例題2の事案に即して言えば，商標権の保護国（または登録国）および不法行為の結果

発生地のいずれも日本である（したがって，いずれの請求とも準拠法は日本法である）との結論が得られよう。

例題3は，**職務発明の譲渡**に関する法適用関係に焦点を当てた問題である。特許法35条3項および4項は，従業員が職務発明を行いその特許を受ける権利を使用者に譲渡した場合には，使用者に対して「相当の利益」の支払を請求しうる旨等を規定するが，果たして日本の特許のみならず，外国の特許を受ける権利にもこれら条項の適用があると考えるべきかが問題となる。この点に関しては，①雇用契約もしくは特許を受ける権利の譲渡契約の準拠法による見解（田村善之「職務発明に関する抵触法上の課題」知的財産法政策学研究5号〔2005〕8頁等），②特許法35条3項および4項を国際的な強行法規と位置付け，契約準拠法のいかんにかかわらず，事案が一定の内国牽連性を有する場合にこれら条項の適用を肯定する見解（陳一「特許法の国際的適用問題に関する一考察」金沢法学46巻2号〔2004〕82頁〜85頁，横溝大・百選〔新法対応補正版〕97頁）等が示されていた。最高裁は，①の見解に立ち，特許を受ける権利の譲渡に伴う対価の支払に関する問題は譲渡の原因関係である契約（雇用契約や譲渡契約等）の準拠法によるとした。その上で，こうした契約準拠法が日本法である場合には，特許権をめぐる属地主義の原則等を踏まえると，外国の特許を受ける権利にはわが国特許法35条3項および4項の直接の適用はないとしつつも，これら条項が類推適用される旨を判示した（最判平成18・10・17民集60巻8号2853頁。なお，本事案の原審〔東京高判平成16・1・29判時1848号25頁〕は上記②の見解に近い立場に基づくものと解される）。

例 題

1 甲国（ベルヌ条約加盟国）の映画会社F社は60年前に西部劇β（主演は西部劇の英雄たる俳優Gである）を公表し，そのDVDを世界各国で販売している。甲国の著作権法によれば，映画の著作権の存続期間は公表後50年と規定されている。H社（日本法人）はF社の許可なく，10年前より日本国内においてβのDVDを安価で販売したことから，F社はH社に対して，著作権侵害の差止請求訴訟を日本

の裁判所に提起した。H社は訴訟の中で、「甲国著作権法によれば、F社のβに関する著作権は消滅している」と主張したのに対して、F社は「存続期間の準拠法は日本法であり、βに関する自身の著作権は存続期間内にある」として争った。日本と甲国の間には、日本が甲国を本国とする著作物の著作権について内国民待遇を付与する旨の二国間条約が、わが国にはこの条約に対応する国内特別法が、それぞれ存在するものとして、これら主張の当否を論じなさい。なお、日本の裁判所に国際裁判管轄があることを前提としてよい（この点は例題2以下においても同様とする）。

2　世界的に著名なγ商標については、I社（日本法人）が日本の商標権を、J社（I社の完全子会社で、甲国法人）がその他の国の商標権を、それぞれ有している。K社（日本法人）は、γ商標と同一の商標が付されたシャツを日本に輸入販売していた。このシャツは、J社からγ商標と同一の商標の使用許諾を受けたL社（乙国法人）が丙国にあるM社に発注して下請け製造させたものである。JL間における商標使用許諾契約では、シャツの製造・販売を乙国内に制限していたほか、L社がJ社の書面による同意なく製造の下請けに関する取決めを行うことを禁じていた。I社はK社による日本へのシャツの輸入および日本国内でのシャツの販売行為が自身の商標権侵害に当たるとして、これら行為の差止めと損害賠償を求める訴えを日本の裁判所に提起した。I社による請求の準拠法について論じなさい。

3　N（日本人）は甲国の総合メーカーであるO社の元研究員である。NはO社の日本事務所に勤務していた期間に、特許にかかるいくつかの発明を行い、O社との間で、それぞれの発明について日本および外国の特許を受ける権利一切をO社に譲渡する旨の契約を締結した（この譲渡契約の準拠法は日本法である）。これを受けて、O社は世界各国で上記発明について特許権を取得した。NはO社を相手取り日本の裁判所に訴訟を提起し、日本および外国の特許を受ける権利をO社に譲渡したことに伴い、O社に対して特許法35条4項に規定する「相当の利益」の支払を求めた。NのO社に対する請求の可否について論じなさい。

［嶋　拓哉］

No.13 債権・債務関係

問題

1　日本のA社は，甲国のB社から3000万円の融資を受けていたところ，B社のメイン・バンクである乙国のC銀行からこの債権について質権を設定した旨文書で通知があった。ところが，数日後，B社から甲国のD社に上記債権を譲渡したとの通知が当日の日付の内容証明郵便で郵送されてきた。A社は，D社から支払を請求された場合，C銀行による質権の設定を理由として支払を拒絶することができるか。なお，A社とB社の融資契約は日本法によることが合意されていた。

2　日本人Eは，東京都内の路上を通行中，丙国人Fが運転する乗用車に追突され死亡した。事故の原因は，Fの前方不注意であった。Fは甲国の保険会社G社の任意保険契約に加入していたが，事故後，丙国に帰国したまま所在不明となっている。Eの遺族である日本人Hは，G社に対して債権者代位権に基づいて保険金請求権を代位行使する訴えを日本の裁判所に提起した。FとG社の保険契約の準拠法は丙国法とされていた場合，Hの請求の準拠法は何国法になるか。

3　日本の食品会社I社は，丁国での販売を拡大するために，同国でスーパーマーケットを展開している丁国会社J社から融資を受けて現地工場を設立し，丁国向けの食品を生産してJ社に販売していた。その後，融資契約の期間が満了したため，J社はI社に対して返済を求めたところ，I社はJ社に対する売掛債権により相殺する旨主張している。I社とJ社は，融資契約の準拠法は丁国法による旨合意していたが，売買契約については準拠法の合意をしていない。この場合，I社による相殺の可否は何国法によることになるか。

論 点

① 債権譲渡の準拠法
② 債権質の準拠法
③ 債権者代位権の準拠法
④ 相殺の準拠法

解 説

1 債権・債務関係の全体像

　本問は，国際私法上の債権・債務関係について扱う。通則法は，法律行為に関する節（第2節；7条〜12条），物権等に関する節（第3節；13条）および債権に関する節（第4節；14条〜23条）を有している。第2節が実質的には約定債権に関する中心的な規定群であり，第4節はもっぱら法定債権に関するものである。そこで成立した債権の対外的効力ならびに移転および消滅についてはとりわけ第三者との関係で特別な考慮を要する（山田374頁）とされてきたが，通則法では23条が債権譲渡の対債務者その他第三者効について定めているにすぎず，その他の論点は，学説・判例に委ねられてきた。

　ここでは，主に債権譲渡，債権質，債権者代位権および相殺について取り扱う。既述のとおり，日本には債権譲渡自体の明文の規定は存在していない。「債権」を「譲渡」するという制度を，抵触法上，（準）物権的に捉えるか否か争いがあるのでここで扱う。債権質も，質権それ自体は物権であるが，債権譲渡と機能的に類似することからここで扱う。債権者代位権と相殺は，ある債権が別の債権に直接的に影響を与える制度であり，両債権準拠法の関係が問題となる。債権者代位権は，相殺と同じく，債権者の権利充足を企図する点で共通性もある。この点，債務者の詐害行為を取り消すという別の方法で類似の目的を持つ債権者取消権についても，必要な範囲で言及する。前提として，当該債権固有の問題はその準拠法による。債権の消滅時効などがそれに当たる。後掲例題2で考えてもらいたい。ただし，時効の問題はしばしば国際私法上の公序（No. 25〔公序〕参照）の問題を惹起しうる点にも留意が必要である（松岡143

頁)。なお，取得時効については No. 6（物権）を参照。

2　債権譲渡の準拠法

　ある債権者（譲渡人）が，他者（譲受人）に対してその債権を譲渡することを債権譲渡という。当該債権には当然債務者が存在する。また，その債権に関連を有する第三者も存在しうる。これら債務者または第三者と債権譲渡の関係をいかに規律するのかも問題となる。

　債権譲渡は，債権者の特定性の観点から分類することができる。債権者が特定されているのが指名債権であり，特定されず債権が抽象的に証券にあらわされているのが無記名債権である。無記名債権は証券所在地法によると解されてきている（溜池 412 頁，櫻田 268 頁等参照。No. 6 も参照されたい）。ここでは，指名債権の譲渡（以下「債権譲渡」という）について検討する。

　債権譲渡は譲渡人と譲受人の間の法律行為であるので，当該法律行為に適用される法が存在する。例えば，契約の場合は通則法 7 条以下で定まる準拠法によるのであり，これを**原因行為準拠法**とする。この原因行為準拠法と債権譲渡自体の関係が問題とされてきた（櫻田 266 頁〜267 頁参照）。通説は，債権の譲渡とは有体物の売買に準えて準物権行為であるとし，原因行為準拠法とは区別し譲渡の対象となる債権の準拠法（**譲渡対象債権準拠法説**）によるとしてきた（溜池 410 頁，山田 377 頁，木棚＝松岡＝渡辺 186 頁，横山 227 頁）。

　これとは異なり，債権譲渡自体についても，当事者による準拠法の選択を認める，すなわち債権譲渡も債権的法律行為とみる立場がある（**債権的法律行為説**）（近時のものとして河野俊行「証券化と債権譲渡」渡辺惺之＝野村美明編・論点解説　国際取引法〔法律文化社，2002〕132 頁，松岡 144 頁，注釈国際私法(1)554 頁〔北澤安紀〕，藤澤尚江・百選 95 頁等）。

　この両説の相違点は，債権的法律行為説が債権流通の円滑化の要請に資し，譲渡対象債権準拠法説は債務者の利益保護に資する点にあるとされてきた（折茂 202 頁参照）。また，債権的法律行為説からは，債権譲渡において原因行為と債権譲渡自体を区分する実益に乏しいとされる一方，譲渡対象債権準拠法説からは，対象が債権であっても国際私法上の物権変動の一般理論（No. 6 参照）に即して説明することが可能となるとされ，準物権行為の把握に相違がみられる

（道垣内・各論 275 頁以下参照。両説の対比につき小出・逐条解説 272 頁～274 頁も参照）。

　いずれの説に立っても債権の譲渡可能性が譲渡対象債権準拠法によることに相違はない（中西ほか 252 頁等参照）。両説の相違点は，債権譲渡の実質的成立要件および譲渡人と譲受人間の法律関係であり，譲渡対象債権準拠法説の立場からは，わざわざこの部分につき別の準拠法を観念する必要性に疑問が呈せられる（木棚＝松岡＝渡辺 186 頁）。債務者の予見可能性，対第三者関係との法的処理の統一性の観点から，譲渡対象債権準拠法の適用を導くものもある（横山 227 頁）。これに対して，債権的法律行為説からは，とりわけ対象債権が契約債権の場合，明示の合意でもない限りその準拠法が不明確で流通には不適切であること，将来債権譲渡などに不向きであることが対象債権準拠法説に対する批判として挙げられる（松岡 144 頁）。

　譲渡対象債権に質権が設定されているなど付随的な権利がある場合，付随的な権利も移転するのかは，譲渡対象債権準拠法と担保物権（この場合は質権）の準拠法を累積的に適用するのが通説である（木棚＝松岡＝渡辺 186 頁ほか。中西ほか 255 頁も参照）。これに対しては，もっぱら担保物権の準拠法によるとする立場もある（澤木＝道垣内 244 頁～245 頁）。

　次に，通則法 23 条は，債権譲渡の対第三者効を定める。法例 12 条が債務者の住所地法と定めていたものを，通則法 23 条は譲渡対象債権の準拠法によるとした。法例 12 条は債務者保護を具現するそれなりに簡明な規定ではあったが，債務者保護は対象債権準拠法でも十分であること，債務者の住所地変更が第三者に与える影響が大きいことなどから，立法論的な批判が強かった（山田 378 頁等）。対第三者効の規定の不備が，上述の債権譲渡自体の，とりわけ準物権的性質を認める議論に与えた影響は大きい（中西ほか 252 頁）。改正の結果，対第三者効も広義には効力であるので，通説の立場からは一貫した法適用が債権譲渡には用意されることになった。

　対第三者効を改正した通則法の全体像からは，債権譲渡の当事者間においても準物権的性質を認め譲渡対象債権準拠法による通説が整合的であり，改正によって法適用の簡明さは確保されたと解される。しかし，これまでの議論が集合債権譲渡・多数債権譲渡にも妥当するかなど，残された課題はまだ多いとさ

れ（注釈国際私法(1)558頁〔北澤〕，神前＝早川＝元永211頁等参照），今後も引き続き議論を要する分野である（藤澤尚江・債権・動産を活用した金融取引と国際私法〔同友館，2014〕125頁以下も参照）。

　このような法律行為の債権の移転のほかにも，法律の定めに従って債権が移転することもある（後掲例題1）。この場合，法律行為による債権の移転の場合の原因行為準拠法に対応するものとして原因行為（あるいは事実）準拠法があり，同じく譲渡対象債権準拠法に対応するものとして移転対象債権準拠法がある。現在では，原因行為準拠法によるのが多数説である（櫻田265頁，横山231頁等参照。これに対しては澤木＝道垣内246頁～247頁を対比参照）。

3　債権質の準拠法

　例えば，融資を受ける際に債務者が自己の別債権に質権を設定することがある。権利を対象とする質権であるので権利質と言われ，中でも債権を対象とするので債権質と言われる。この準拠法のいかんを考える。

　通則法の体系に照らした場合，約定担保物権の一つである債権質は物権の問題である（No. 6）。したがって，目的物の所在地法（通則法13条）によることになり，従前は債務者の住所地を目的物の所在地と擬制する説があったが，今は支持者をみない。有体物を対象とする通則法13条の理念は客体が権利の場合は活かされないからである（注釈国際私法(1)385頁〔竹下啓介〕等参照）。そこで，債権質は物権であるとみつつ，通則法13条ではなく条理により質権の対象となった債権の準拠法による立場（**質権対象債権準拠法説**）がある（山田297頁，溜池337頁等）。このような物権法的な視座とは少し異なり，機能面での債権譲渡との親和性から，債権質を抵触法上は債権譲渡とみる立場（**債権譲渡説**）がある（佐野寛・争点112頁およびそこに掲げられる諸文献参照）。

　債権譲渡説は，債権質の対第三者効の問題を債権譲渡の対第三者効と併せることに重きを置くものと解されてきた（櫻田嘉章「債権質」山田鐐一＝早田芳郎編・演習国際私法〔有斐閣，新版，1992〕110頁，112頁等参照）。したがって，通則法の制定により債権譲渡の対第三者効は対象債権の準拠法となっていることから，いずれの説をとっても結論は大きく異ならない（中西ほか257頁，出口317頁等参照。ただし，通則法23条の準用のあり方については議論が残る。野村美明・百

選 63 頁参照）。

　理論的には，担保目的で債権を支配する債権質と，債権者の変更を伴う債権譲渡とでは，それを同視することは困難である（山田 297 頁），あるいは相当に性質の違うものを機能的同一性で包摂することは，国際私法の性質決定論としても限界がある（櫻田・前掲演習国際私法 113 頁以下参照）との立場がなお妥当しよう。質権対象債権準拠法説が多数説であり，その立場に立つ最高裁判決もある（最判昭和 53・4・20 民集 32 巻 3 号 616 頁も参照）。

4　債権者代位権（および債権者取消権）の準拠法

　ある二当事者間の債権・債務関係に適用される債権準拠法上，第三者にも影響が及ぶ権利が定められている場合，その行使に当たって国際私法上も考慮が必要かは問題となりうる。例えば，債権者に，自らの権利を守るため，債務者が有する権利を代わって行使する権限が認められる，あるいは同じ目的で，債務者が自己の財産を積極的に減少させる行為を止める権限が認められる場合などである。日本民法上，前者については債権者代位権（民 423 条）が，後者については詐害行為取消権または債権者取消権（民 424 条）が定められている。説明の便宜上，本節のタイトルもそれにならったが，むろん日本民法上の概念に拘束されるものではなく，諸国の上述のような諸制度が広く対象となることは，他の単位法律関係と同じである。

　ただし，これらには実質法に一定留意すべき特徴が存在する。なぜなら，現行日本法上債権者代位権は執行法と，債権者取消権は破産法と機能的に通じるとされてきたからである。とりわけ，債権者取消権は，日本では，裁判所への請求という形式をとっている。このようなことを背景としてか，両権利については，抵触法上も法廷地法によるとの説がみられる（債権者代位権について法廷地法によった裁判例として東京地判昭和 37・7・20 下民集 13 巻 7 号 1482 頁がある）。しかし，ここで問題とするのはあくまで債権の効力として認められる権限である。裁判上行使すべき権利が訴訟上の権利ではない（債権者取消権につき奥田昌道・債権総論〔悠々社，増補版，1992〕276 頁）という実質法上の指摘の趣旨は，抵触法上も妥当するであろう（澤木敬郎・争点 214 頁も参照。なお，一般的に，法廷地が連結点としての妥当性を欠くことについては澤木＝道垣内 262 頁参照）。

債権者代位権においては，債権者が債務者に有する債権と，債務者が第三者との間に有する債権の2つがあり，それぞれに準拠法が存在する。通説は，この2つの準拠法の累積的適用を主張する（山田375頁等。**累積的適用説**）。債務者に属する債権の債務者など，第三者に与える影響を勘案してのことである。

　他方，債権者代位権の対象となる権利は第三者にとっても行使されてしかるべき権限である。債権者代位権において第三者を考慮する余地は低いとも解される。そのような観点を根拠に，債権者代位権については，債権者・債務者間の債権準拠法によることで十分であろうとの説がある（単に**債権準拠法説**とする。溜池407頁，松岡141頁〔同所で選択的適用にも言及する〕，注釈国際私法(1)570頁〔北澤〕，楢﨑みどり・百選97頁）。さらに，近時は債務者の有する債権の準拠法によるとの説（**代位対象債権準拠法説**）も主張されている（澤木＝道垣内248頁，神前＝早川＝元永234頁〜235頁，出口321頁）。代位対象債権を誰が行使できるかという視点から，実態に応じた判断を基にするものであるが，代位権行使の局面では第三者への配慮はやはり副次的な要素ではないか。債権準拠法説が妥当だと考える。

　債権者取消権においても，債権者の有する債権と債務者の行った取消対象となっている法律関係の2つがあり，それぞれに準拠法が存在する。ここでは累積的適用説が多数説である（西谷祐子・平成27年度重判解〔2016〕296頁等参照）。累積的適用により国際私法上も第三者の利益を考慮する必要のある場面と解される（溜池407頁等）。これに対しては，取消対象法律関係準拠法説（神前＝早川＝元永236頁），帰属の争われている財産所在地法説（澤木＝道垣内249頁）も主張されるが，先のような理由から多数説を支持したい。なお近時の判例（東京地判平成27・3・31平成24年(ワ)第30809号）も累積的適用によっている（後掲例題3で考えてみてほしい）。

5　相殺の準拠法

　相殺とは，二当事者間において，互いに同等の債権・債務を消滅させることである。二当事者間の合意による相殺契約と，一定の状況をもとに（実質法上は相殺適状という），一方的意思表示によるいわば法定の相殺がある。意思表示する側の債権を自働債権，その対象となる債権を受働債権という。

　日本民法上，相殺契約に関する規定はわずかであるが，契約自由の観点から

否定する理由はないと解されている（潮見佳男・債権総論Ⅱ〔信山社出版，第3版，2005〕351頁）。国際社会においても，国際私法の指定する準拠法に従い，当事者間で事前に契約を結ぶことが可能である。この場合，通則法7条以下によって準拠法が決定されることになる（神前＝早川＝元永214頁等参照）。抵触法上も当事者自治を否定する理由はない。

合意のない場合の相殺について，裁判例は少ないものの学説は多様を極める（詳細は注釈国際私法(1)579頁以下〔北澤〕に譲りここでは2説に絞る）。伝統的通説は，2つの債権の消滅の問題であるとみて，それぞれの債権において消滅が認められる必要を説く。結果的には自働債権準拠法と受働債権準拠法の累積的適用となる（山田381頁等。**累積的適用説**）。

他方，相殺の本質を見極めれば，それは受働債権者の債務免除であるので，もっぱら受働債権の準拠法によるとの立場が以前から提唱されている。受働債権の担保化という実際的機能にもこの説は着目する。近時はこの受働債権の準拠法によるとの立場が多数説あるいは現在の通説とも言われている（道垣内・各論288頁〜289頁，中西ほか260頁，出口319頁等。**受働債権準拠法説**）。

このような学説状況の中，相殺を手続法的に捉える法制が諸外国にはあること，ネッティングといわれる多数当事者間相殺が登場していることなどに鑑みて，立法は見送られた（小出・逐条解説301頁）。したがって，今後も解釈にゆだねられている。自働債権準拠法と受働債権準拠法が同じ場合はむろんその法による（横山233頁。なお東京地判平成25・4・26平成23年(ワ)第19406号も参照）。両者が異なる場合が問題となるが，自働債権固有の問題は自働債権の準拠法によるのを前提に相殺については基本的に受働債権準拠法説によるとの解釈が有力である（横山233頁。櫻田269頁も参照）。他方，日本においては相殺の成否を慎重にするために累積的連結になお合理性があるとの立場もみられる（木棚照一編・国際私法〔成文堂，2016〕314頁〔木棚照一＝伊藤敬也〕）。

6 解答例

(1) 問題1

　C銀行による質権設定においてA社は（第三）債務者であると同時に，D社

に対する債権譲渡においても，A 社は債務者である。したがって，A 社に対する C 銀行の質権の効力は通説によれば，質権対象債権準拠法となり，債権譲渡の債務者への効力は通則法 23 条により譲渡対象債権の準拠法による（佐野寛・争点 112 頁等参照）。本件ではいずれも日本法となる。日本法上，（第三）債務者である A 社は弁済を禁じられていると解せば，A 社は支払を拒絶することが可能となる。

(2) 問題 2

債権者代位権の問題である。E の遺族 H が F に対して有する債権と F が G 社に対して有している保険金債権の準拠法が問題となる。HF 間の債権は日本を結果発生地とする不法行為債権であり（17 条），他により密接な関係を有する地もないように解されるので（20 条），準拠法は日本法となる。FG 間の保険契約の準拠法は丙国法である。累積的適用説によれば，H の G 社に対する債権者代位権の行使は，日本法および丙国法の双方で認められる必要があるのに対して，債権準拠法説ならば日本法上認められればよい。

(3) 問題 3

相殺に関する事案である。I 社の J 社に対する売掛債権が自働債権，J 社の I 社に対する融資債権が受働債権となる。融資契約の準拠法は丁国法である。売買契約については明示の合意がないので，最密接関係地法による（8 条）。売買契約の特徴的給付者は売主となり，売主 I 社は日本の食品会社であるので，その常居所ないし事業所の所在地は日本と解される。他により密接な関係を有する国もないとみてよい。累積的適用説によれば，I 社による相殺の可否は，日本法と丁国法の双方で認められる必要があり，受働債権準拠法説によれば丁国法のみの適用となる。

7　例題の検討

例題 1 は運送品に関する保険金支払後の保険会社による代位請求の問題である。例題 2 は消滅時効に関する問題である。国際私法上の公序（通則法 42 条）と併せて検討してもらいたい。例題 3 は債権者取消権に関する問題である。

▶▶▶ 例 題

1　日本の輸入業者K社は，甲国の輸出業者L社から，石材を買い付けた（準拠法は甲国法）。K社はその石材の運送につき日本にも営業所を有する乙国法人M社と海上運送契約を締結した（準拠法は乙国法）。しかし，M社の使用人の取扱いが悪く，石材の大半は破損してしまった。K社は，日本の保険会社N社との間で，本件石材に関する損害保険契約を締結していた（準拠法は日本法）。N社はK社に対して保険金を支払った。その後，N社は，K社のM社に対する損害賠償請求権を代位取得したとして，日本においてM社に賠償を請求した。N社がK社の賠償請求権を代位したかは，何国法によって判断すべきか。

2　日本人Oと甲国人Pは，甲国において，金銭消費貸借契約を締結した。その際，準拠法を甲国法とすることで，OとPは合意に至っていた。返済の期日はそれから1年後であったが，Pは弁済をしなかった。返済の期日から10年経った今年，日本の裁判所において，OはPに対して，貸金の返還を求める裁判を提起した。甲国法上，金銭債権の消滅時効期間は15年であるとする。Pは日本において時効による債権消滅を主張できるか。

3　甲国の銀行Qは日本人夫妻R_1 R_2との間で，乙国に同夫妻が所有する不動産を担保に，準拠法を日本法とする金銭消費貸借契約を締結した。数年後，Q銀行は約定に基づきR_1 R_2に丙国にある同夫妻所有の別の不動産の担保提供を求めた。しかし，R_1 R_2はそれを拒否した上，その直後にその子R_3に丙国の不動産を丙国法に基づいて贈与した。Q銀行がこの贈与の取消しを求め，日本の裁判所に訴えを提起した。このQ銀行の申立てに適用されるのは何国法か。

［樋爪　誠］

PART 2

各論（家族法）

No.14 婚姻の成立

問題

1　日本に居住する日本人男Aと甲国人女Bから婚姻届が提出された。以下の問いに答えなさい。
　(1)　Aは20歳であるが、Bはまだ15歳である。この婚姻届は受理されるか。なお、甲国法では、女性の婚姻年齢は15歳以上とされている。
　(2)　Bは離婚後95日を経過したばかりである。この婚姻届は受理されるか。なお、甲国法によれば、女性は婚姻解消後3か月を経過しないと婚姻できないとされている。

2　日本に居住する丙国人男Cは、本国に妻Dがいることを隠して、日本において日本人女Eと結婚した。Dは、Cが10年以上経っても帰国しないため、来日してCがEと結婚した事実を知った。丙国法によれば重婚は無効とされていることから、DはCとEの婚姻の無効確認を日本の裁判所に求めた。Dの請求は認められるか。

3　日本に居住する日本人女Fは、日本において乙国人男Gと知り合い、Gの本国において乙国法に従い2名の証人の立ち会いの下に公開の結婚式を催した。その後、FとGは日本に帰国したが、婚姻届は提出していない。この場合、FとGとの婚姻は有効に成立しているか。
　また、公開の結婚式を挙行したのが、日本であった場合はどうなるか。

論　点

① 準拠法の配分的適用
② 婚姻の無効・取消し
③ 任意的挙行地法主義
④ 日本人条項

解　説

1　婚姻の成立の準拠法

　婚姻の成立については，通則法は，その実質的成立要件（24条1項）と方式（形式的成立要件，24条2項および3項）に分けてその準拠法を定めている。

2　婚姻の実質的成立要件の準拠法

　(1)　婚姻の実質的成立要件とは，方式を除いた成立要件をいうが，これについては，通則法は，属人法，特に，本国法主義を採用している。すると婚姻の当事者は男女2人であるので，それぞれがその本国法を異にする場合，準拠法が2つの本国法となるが，両本国法を重畳的に適用することは，婚姻の成立をより困難にする。そこで，当事者は対等の地位にあるので，いずれかの本国法を優先することなく，各当事者につきそれぞれの本国法による，**配分的**（結合的）**連結主義**がとられている。これは婚姻の自由にもかなうであろう。

　(2)　婚姻の実質的成立要件，特に**婚姻障害**については，それが一方当事者についてのみ問題とされる**一方的要件**と当事者双方について問題とされる**双方的要件**が区別されている。この区別について，通則法のレベルにおいてその性質上決定されるとする見解と，準拠実質法である各当事者の本国法の解釈問題として決定されるという見解がある。このような区別の必要性ならびに前者の考え方をとる理由は，次のように説明される。

　各人の本国法は，属人法であるから，その国の国民である者についてのみ適用されるのが原則で，それぞれの本国法上その者に適用される婚姻の実質的成立要件が，すべて具備されなければならない。規定の趣旨から見れば，その意

味では，すべてが一方的要件である。しかし例えば，男の本国法上，**再婚禁止期間**が女にのみ設定されているとして，実質法上その国の国民たる女にのみ適用されるのが一般的であるとしても，それでは出生子における血の混淆による紛争を避けるという比較法上一般的に認められ，かつわが国でも採用している要件の趣旨は実現されないこととなろう（例えば，男が日本人であり，婚姻の相手方が離婚直後の韓国人女である場合，男の本国法である日本法上，再婚禁止期間は日本人男にはあてはまらず〔実質法上一方的要件であり，離婚直後の外国人女との再婚を禁止する趣旨までは含まない〕，他方，女の本国法である韓国法ではそもそも再婚禁止期間は定められていないので，女は離婚後直ちに再婚できることとなる。女の再婚後の出生子の父親が誰かの決定が難しくなるようなことが往々生じるであろう）。そこで，実質法上の適用意思によってその人的適用範囲を決めるのではなく，その要件の性質上，一般的に男の本国の国民に限らず，その国に属さない女にも適用するようにその適用範囲を定める必要がある。ここに，原則である一方的要件のみならず，一方当事者の本国法を，その本国に属さない他方当事者にも適用するものとする双方的要件を通則法上認める必要性が生じる（結果的に**双方の本国法の累積的適用**となり跛行婚は避けられるが，近時の立法傾向からは，このような要件の必要性に疑問はある）。特に当事者間の関係に基礎を置くものとされる要件，その相手方や第三者を保護する要件は，双方的要件とされる。このように，日本法上の実質的成立要件をもとにして，比較法上一般に認められうる要件について，法適用上，それぞれ一方的要件か双方的要件かを区別することがこれまで認められてきた（規定上，双方的要件は予定されていないが，通則法〔法例〕の解釈上認められてきたのである）。

　つまり，相手方保護など，本人以外の者の利益（または秩序利益）を通則法上保護すべき要件である場合には，例外的に双方的要件とされる。

　(3)　一方的要件としては，**当事者間の婚姻の合意，婚姻適齢，第三者の同意**などがある。

　婚姻適齢については，例えば，日本法上男が18歳以上，女が16歳以上であるが，日本人男が18歳以上であるほか，外国人女が16歳以上，とされることはない。一説によれば，日本人男について，16歳未満の女との婚姻を禁ずるという趣旨で，日本人男の実質的成立要件として女の婚姻適齢も日本法による

とするが，これは日本人たる16歳未満の女との婚姻を禁止するという意味であり，16歳未満の外国人女との婚姻をも禁止するまでの規定目的はないのが普通であるので，実質法上も通則法上も一方的要件である。**重婚禁止**も，日本人当事者自身が重ねて婚姻することを禁止するというのが普通の趣旨であり，一方的要件と解されうる（この立場に立てば，独身の日本人女が，イスラーム教徒の第二夫人となることは，公序に反しない限り，婚姻の自由の観点からは認められるべきである）。しかし，通説は，これを双方的要件としている（ちなみに，刑法184条の重婚罪は，重婚の相手方になった者をも処罰する規定ぶりではある）。双方的要件としては，ほかに**近親婚の禁止**があり，当事者の親族関係性を問題にするものと考えられる。精神的・肉体的障害については，それが一般的に相手方保護などを目的とすると解される場合には，例外的に双方的要件とされる（例えば男の性的不能を，女の本国法のみが婚姻障害として定めている例を考えてみればよい）。

3 方　式

(1) 総　説

方式は，婚姻の有効な成立のために必要な，婚姻の合意の外部的形式としてのその表現方法を指し，例えば，官庁への届出の要否・手続，一定の儀式の必要性等，その表示に至る段階的手続などが考えられる。

(2) 準拠法

方式の準拠法は，通則法24条2項により，その挙行地において婚姻として認められる利益を考慮して，挙行地法とされる。したがって，外国において，外国の方式で挙行される日本人の婚姻も認められるが，戸籍法41条の報告的届出が必要とされる。

通則法24条3項本文は，挙行地法主義を絶対的とすると生じうる当事者の不便宜をも考慮して，任意的挙行地法主義を導入しており，一方当事者の本国法による方式も許容する，選択的連結主義を採用している。例えば，わが国内で行われる**領事婚・宗教婚**や，外国で行われる日本人同士の領事婚（民741条，戸40条），当事者の双方または一方が日本人である場合の外国から本籍地への

直接郵送による届出などを可能とする。その例外は，**日本人条項**と呼ばれる定めで（24条3項ただし書），わが国に常居所を有する日本人を一方当事者とする，日本で挙行される婚姻については，挙行地法たる日本法によることとしている。日本人の身分変動を直ちに戸籍に反映させるためであり，このような場合には日本法上報告的届出が必要とされるはずなので，創設的届出を要求しても当事者に格別の困難を強いるわけではないからである。

(3) 婚姻の無効および取消し

婚姻無効の訴えについての**わが国の裁判管轄**については規定はないが，婚姻解消と同視して離婚の管轄に合わせる考え方もある。しかし，婚姻の有効性の争いとして別に考えて，被告の住所地管轄のほか，原告の住所地かつそれが手続上正当化される場合（本国である場合でかつ被告にとっての応訴の利益に適うか，婚姻住所地である場合）などが考えられよう（人訴法改正案3条の2参照）。

婚姻の実質的成立要件を充足しない場合の無効，取消しについては，その要件欠缺が問題となっている一方当事者の本国法による。要件欠缺が双方の当事者について問題となる場合には，婚姻の成立がより困難になる方の法律（より厳格な効果を認める方の法）による。**方式の欠缺**の効果は方式の準拠法による。ただし，方式の欠缺とは，すべての方式の準拠法について認められなければならず，実際には，無効とされるのが普通であろう。

4 解　答　例

(1) 問　題　1

問題1は，婚姻の実質的成立要件の準拠法を問題としており，一方的要件と双方的要件の区別を問う。なお，婚姻の方式については，通則法24条2項・3項ただし書により，挙行地法である日本法上の届出があり，受理されれば成立する。

(a) 問題1(1)

婚姻適齢は一方的要件であるので，Aは日本人であり，20歳というのであるから，Aの本国法である日本民法731条により婚姻適齢に達しており，他

方，Bの本国法である甲国法上，女は15歳で婚姻適齢に達するというのであるから，通則法24条1項により，婚姻は成立するので届出は受理される。

(b) 問題1(2)

再婚禁止期間は，双方的要件であるから，Bの本国法上の定めである3か月の待婚期間は満たしているものの，Aの本国法である日本民法733条1項（平成28年法律第71号による改正規定）により，女の前婚解消後100日間の待婚期間を満たさないため，ABの婚姻は成立しておらず，同条2項の場合を除き届出は受理されない。

(2) 問題2

(a) この訴えの日本の裁判所の管轄は，被告および原告の住所が日本にあるので，認められる（人訴法改正案3条の2第1号参照）。

(b) その上で，CのEとの婚姻は重婚となり，Cの本国法である丙国法上無効とされるので，重婚をいずれの要件と解するとしても，無効である。

(3) 問題3

(a) 設問前段の場合には，乙国において乙国の方式により婚姻しているので，通則法24条3項本文により有効である。ただし，戸籍法41条による報告的届出が必要とされる。

(b) 設問後段については，日本人条項により，日本法上の方式，すなわち，戸籍法40条の届出が必要とされ，届出がない場合には婚姻は成立していない。

5 例題の検討

例題1については，通則法24条3項本文により，一方当事者の本国法である日本法上認められる日本人の本籍地の市町村長への婚姻届出書の郵送により，受理される。

例題2については，
(1) 通則法24条2項により検討する。
(2) 通則法24条3項本文によるが，日本民法741条を充足せず，成立しない。
(3) 通則法24条3項本文により，成立する。

(4) 例題1の検討を参照。
(5) 通則法24条3項により，当該婚姻が甲国法で認められていれば成立する。
(6) 通則法24条3項ただし書から，不成立。

例　題

1　甲国に居住する日本人男Hは，甲国人女Iとの婚姻届をHの本籍地の戸籍係宛に郵送した。甲国では，当事者が身分登録役場に出頭して婚姻の届出を行うこととされているが，日本の戸籍実務では郵送による婚姻の届出が認められている。この婚姻届は受理されるべきか。

2　次のそれぞれの場合に婚姻は成立しているか。
(1) 甲国において，日本人が甲国人と甲国の方式で婚姻する場合。
(2) 甲国において，日本人と甲国人が，甲国に駐在する日本の大使，公使または領事に婚姻届出をした場合。
(3) (2)の場合において，日本人同士が婚姻しようとする場合はどうか。
(4) (2)の場合に，日本人たる当事者が，その者の本籍地に届出書を郵送した場合。
(5) 日本において，甲国人と乙国人が，甲国法上許されている宗教的儀式によって婚姻した場合。
(6) 日本において，日本人が甲国人と日本に駐在する甲国の領事館で，甲国の方式によって婚姻した場合。

［櫻田嘉章］

No.15 婚姻の効力

問題

1　日本に居住する夫婦Ａ（夫，国籍：甲国）とＢ（妻，国籍：日本）は，日頃から夫婦関係に円満を欠いていたが，勤務の事情からＡは３年前に甲国に転勤となって，単身で赴任した。しかし，赴任後１年して生活費を送ってくることがなくなった。その後の調査で，Ａは，転勤後，甲国人の女性と親しくなり，その女性と同棲していることが明らかとなった。Ｂは，Ａとの離婚も考えたが，現在まだ離婚に踏み切ることには躊躇しており，とりあえず，当面の生活費について，Ａに対し婚姻費用の分担を求めたいと考えている。日本の裁判所で裁判ができるとした場合，Ｂの婚姻費用分担請求は何国法によることになるか。

2　日本に居住する乙国人男Ｃと丙国人女Ｄの夫婦は，Ｃ名義で日本国内にマンションを取得した。しかし，その後，ＣとＤは不仲となり離婚することとなったが，乙国法は夫婦の財産について別産制を採用しているのに対し，丙国法は名義にかかわらず婚姻中に取得した財産について共有制を採用していることから，上記マンションの持分について争いが生じている。
(1)　Ｄは，丙国法に基づいてＣに対して２分の１の持分を主張しているが，この主張は認められるか。
(2)　(1)の主張が認められない場合，Ｄとしては，夫婦財産制の準拠法に関して，どのような対策を講じておくべきであったか。
(3)　すでにＣが上記マンションを日本の不動産会社Ｅに売却する契約を結んでいた場合，Ｄは，(2)による対策によってＥ社に対して２分の１の持分を主張することができるか。

論点

① 婚姻費用分担請求の準拠法
② 段階的連結
③ 夫婦財産制の準拠法
④ 準拠法の選択
⑤ 内国取引保護

解説

1 婚姻の一般的効力

婚姻の財産的効力（夫婦財産制）を除いた，婚姻の効力が婚姻の一般的効力であり，通則法はこれについて 25 条を，夫婦財産制について 26 条を置いている。

婚姻の一般的効力については，夫婦の本国法を準拠法とするが，夫と妻が国籍を異にする場合に備えて，**両性平等**の観点から，共通の本国法とし，それぞれの者の属人法としての本国法と相違することがないように，まずそれぞれの者の本国法を確定した上で（通則法 38 条），両法が一致する場合には**同一本国法**によることとした（なお，反致はない〔通則法 41 条ただし書〕）。すると，このような本国法が存在しない場合が生じるので，補充的な連結点として，常居所を用い，夫婦に共通な要素として**同一常居所地法**によるものとする。しかしそれも存在しない場合には，夫婦に共に密接に関係している地の法を準拠法とするという，**段階的連結**を定めている。なお，これは変更主義をとっている。

この準拠法の適用範囲としては，制度の性質決定が問題となるが，夫婦間の権利義務の問題一般が挙げられるほか，かつての多数説は**夫婦の氏**の問題も挙げていた。しかし，氏の問題はその称氏者の属人法，すなわち本国法によるというのが，現在の多数説であろう（注釈国際私法(2)173 頁以下〔北澤安紀〕）。婚姻費用の分担の問題は**夫婦間扶養**として法例 14 条（通則法 25 条）によらしめるという裁判例もあるが（東京家審昭和 49・1・29 家月 27 巻 2 号 95 頁，大阪高決昭和 55・8・28 家月 32 巻 10 号 90 頁，東京家審昭和 55・9・22 家月 35 巻 6 号 120 頁），

現在の多数説は**扶養義務の準拠法に関する法律2条1項**による（注釈国際私法(2)38頁以下〔青木清〕参照，神戸家審平成4・9・22家月45巻9号61頁，熊本家審平成10・7・28家月50巻12号48頁。大阪高決平成18・7・31家月59巻6号44頁は，タイ在住の夫と日本に帰住している妻という日本人夫婦間の婚姻費用分担について，日本法によらしめている。要は条約の解釈の問題である）。未成年者の婚姻による**成年擬制**の問題もかつての通説は通則法25条によっていたが，近時の有力説は，通則法4条によらしめている。妻の行為能力についても通説は25条による（溜池446頁参照）。日常家事行為についての夫婦の責任は，法定の家事代理権の問題として，その原因関係の準拠法によらしめると，25条説と26条説が対立するが，25条説によれば通則法4条2項の類推適用が問題となり，26条説によれば同条4項に基づく夫婦財産契約による制度の排除が問題とされる。

2　婚姻の財産的効力（夫婦財産制）

(1)　準拠法の決定

　通則法26条1項は，夫婦財産関係の準拠法として，まず，財産的側面よりも夫婦との関連性を重視して，婚姻関係における準拠法の一致を図るために，25条（変更主義）の考え方に合わせ，ただその準用にとどめている。ここに準用とするのは，最密接関係地について25条とは単位法律関係を異にする点を考慮したものである。したがって，まず，25条について述べたような準拠法の決定がなされる。しかし，夫婦財産制の財産的側面にも配慮して，26条2項において，**当事者自治**が認められ，ただし，**量的制限**を課している（26条2項各号）。後日における準拠法の合意についての紛争を避けるために，通則法上の方式，すなわち，「夫婦が，その署名した書面で日付を記載したもの」が必要とされる。この準拠法選択は，**抵触法上の合意**であるが，その実質的要件については，「選択された法律」の定めにより，不動産を除く分割指定は許されず，また，選択の時期などについては制限がない。ただし，これは夫婦財産制について客観的に定められた準拠法または自ら選択した準拠法の変更に当たるので，継続的法律関係である夫婦財産制の性質を考慮して，夫婦財産制の旧準拠法による状態を変更するものではないという意味で，将来に向かってのみ

その効力を有するものとされている。なお，26条1項により定まる準拠法が変更されるときにも（例えば，同一本国法が婚姻中になくなったとき），同様のことが言えるであろう。

(2) 内国取引保護

　以上の結果，夫婦財産制の準拠法は決まるのであるが，そうすると，夫婦と取引関係に入る第三者にとっては，夫婦の財産状態を決める準拠法が何であるのかは，およそ把握できないのが通常であるので，不測の損害を避けるために，通則法4条2項の場合と異なり，内国の取引保護を図っている。すなわち，通則法26条3項によれば，準拠法である**外国法上の夫婦財産制**は，日本で行った法律行為および日本にある財産については，**善意の第三者に対抗できない**ものとし，その場合にはその第三者との関係においては夫婦財産制は日本法によるものとした。ここでいう善意が何かが問題となるが，準拠外国法の内容を知らないことではなく，夫婦の国籍または常居所という連結点に当たる事実，準拠法選択の事実について知らないことであり，例えば，夫婦が共に外国人であることを知っていれば**悪意**であるとするのが多数説である。

　このように悪意を広く認めると内国取引保護にならず，また，特に外国人夫婦にとっても，場合によっては準拠法上の効果とは異なり，夫婦の意図とは異なる結果を招きうるので，自ら望む夫婦財産制を第三者に**対抗**することを可能とする制度を設ける必要がある。そこで，通則法26条4項は外国法に基づく夫婦財産契約をわが国で**登記**すれば（外国法上の法定夫婦財産制を登記することはできないが，それを夫婦財産契約の内容に取り込めば登記も可能である），それをもって第三者に対抗できるものとした。この登記は，非訟事件手続法（明治31年法律第14号）125条2項および夫婦財産契約登記規則に基づき行われ，登記事項は次のようになっている（なお，この登記申請にあたっては，外国法による夫婦財産契約であることを証する書面等が必要とされる）。

　夫婦財産契約登記規則6条
「夫婦財産契約に関する登記の登記事項は，次のとおりとする。
一　各契約者の氏名及び住所

二　登記の目的
　三　登記原因及びその日付
　四　夫婦財産契約の内容」

(3) 準拠法の適用範囲

　準拠法は，**夫婦財産契約**について，その締結の可否，契約当事者，締結の時期，その内容・効力，契約の変更の可否・方法および解除などのほか，締結能力にも及ぶ。さらに夫婦の財産の帰属，共有または特有財産の管理，使用，収益および処分に関する夫婦の権利義務関係もこの準拠法による。次に，夫婦財産契約がない場合の，**法定夫婦財産制**の内容もこの準拠法による。

　婚姻費用分担については，まず夫婦財産法上の婚費分担を定め，その負担に耐えられないときに他の配偶者による扶養の問題となるとする見解もあるが，一元的に決すべきとして，法性決定において，夫婦財産制の問題とするよりも，夫婦間扶養の問題として，前述のように扶養義務の準拠法に関する法律によるのが多数説である。

　日常家事債務については，前述のとおり，26条説が有力である。

3　解 答 例

(1)　問 題 1

　別居中の夫婦間における婚姻費用の分担は，夫婦間の扶養の問題であるとすると，扶養義務の準拠法に関する法律2条1項により，権利者の常居所地法によることになるので，Bの常居所地法である日本法が準拠法となる。

(2)　問題2(1)

　法定夫婦財産制の問題は，通則法26条によるので，準拠法の合意もまた，夫婦財産契約もない本件事案の場合には，日本在住の外国人夫婦について同一常居所地法である日本法が準拠法となる。したがって，丙国法に基づく夫婦財産制は認められず，日本法上も法定夫婦財産制としては別産制をとっているので，Dの主張は認められない。

(3) **問題2(2)**

　通則法26条2項により，夫婦財産制の準拠法の合意ができるので，書面により，日付を記して，妻Dの本国法である丙国法を準拠法として選択しておくことができる。この合意自体は時期についての制限がないので，婚姻後も可能である。ただし，対抗問題は生じる。

(4) **問題2(3)**

　外国法である丙国法上の夫婦財産制は，通則法26条2項により，本件のように日本においてなしたる法律行為であり，日本に所在する財産である不動産については，善意の第三者には対抗できず，E社が，外国日本法上の夫婦財産制を主張する可能性が高い。ただし，E社が，外国法が準拠法となりうることや，CがDと外国法を夫婦財産制の準拠法として選択していることを知っておれば「悪意」とされるので，その場合には，例外的に，Dの主張が認められる。

　翻って，通則法26条3項による対抗関係を考えれば，CD夫婦が，あらかじめ，丙国法に基づく夫婦財産契約を合意しておき，特に，日本所在のマンションの2分の1の持分を明記する契約を行い，それを登記しておけば，E社に対してもDは対抗できる。

4　例題の検討

(1) **例題 1**

　夫婦の氏については，通則法25条説，公法説などもあるが，当事者の本国法によるのが多数説であろう。すると妻の氏は，その本国法（日本法）によるが，外国人と婚姻した日本人には民法750条の適用がないとされ，戸籍法107条2項の婚姻後6か月以内のEの氏への変更届がない限り，戸籍法上の氏の変動はない。したがって，妻は，婚姻届により，旧氏のまま新戸籍が編制される。その後の氏の変動は，戸籍法107条1項の氏の変更の許可審判を得る必要がある。

(2) 例題 2

　妻の債務は，その契約の結果生じたわけであるから，契約の準拠法によるべきであるが，日常家事債務に当たる場合には夫婦の連帯責任が認められる場合がある。このような問題は，法定代理であるとされて，原因法律関係の準拠法によるので，かつての通説のように通則法25条によるか，あるいは近時の有力説のように26条によるか争いがある。後者が最近の多数説であろう（注釈国際私法(2)〔青木〕）。前者によれば，25条により，同一本国法として丙国法が準拠法となり，Gは，丙国法上日常家事債務の連帯責任が認められておれば，支払義務があるが，それがない場合に，通則法4条2項の準用として日本法上（民761条）の連帯責任を負うこととなる。後者によれば，26条1項により，丙国法が準拠法となり，内国取引保護は26条2項，3項により図られる。

(3) 例題 3

　夫婦財産制は，通則法26条1項により甲国法が準拠法となり，夫婦財産契約の可否，内容はそれにより判断される。同条2項により，夫婦は準拠法を合意できるが，本問の場合，準拠法選択は量的に制限されており，不動産に関する夫婦財産制についてのみ，不動産所在地法，すなわち日本法を選択できる。その夫婦財産契約が仮に無効であったとしても，準拠法選択は，契約書の中で，日付を記し，かつ署名されているので，方式上有効な準拠法選択となろう。夫婦財産契約が有効かは，日本民法によるので，夫が取り戻せるかどうかは，日本民法の解釈問題となる。

▶▶▶ 例 題

1　甲国人男Eと日本人女Fが甲国において同国の方式に従って婚姻した。Fの氏はどうなるか。

2　丙国人男Gと丙国人女Hが日本で知り合って婚姻し，GH間に子Iも生まれ

たが，HがクレジットでH名義で子の教育用音楽教材等を購入した。その後，夫婦間に不和が生じ，Hは，Iを連れて急きょ丙国へ帰国してしまった。Gは，金融機関から，その支払を請求されている。

3 甲国人夫婦が，同国の政情が不安定であるので，日本において不動産を購入し，また，日本に資産の一部を移した。そして，それらについて，妻名義としておくが，その所有権は共有とすることとして，日本の弁護士に依頼して，日本法を夫婦財産関係の準拠法とする夫婦財産契約書を作成し，日付が記され，署名した。その後，妻が，甲国を逃れて，日本にやってきて，それらの財産を処分しようとしている。夫は，これに反対して，日本で財産を取り戻そうとしている。これは認められるか。

[櫻田嘉章]

No.16 離婚

問題

　甲国籍を有する男Aと，乙国籍を有する女Bは，10年前に丙国で婚姻し，その後丙国で生活を送っていた。しかしその後，ABの夫婦仲が悪くなり，Bは単身，両親の住む日本に帰国した。そして，BはAとの離婚を求めて，わが国の裁判所に調停を申し立てた。

(1)　AとBの離婚にはいかなる国の法が適用されるか。

(2)　上記(1)の離婚準拠法においては，離婚は裁判所の判決によってのみ可能とされている場合，わが国において調停離婚は可能か。

(3)　離婚に伴い，Bは，Aに対し財産分与として，夫婦財産の清算，離婚後の扶養，離婚に伴う慰謝料を内容とする一定の金銭の給付を請求したいと考えている。なお，ABは婚姻の際に，その署名した書面で日付を記載したものにより，夫婦財産の準拠法として甲国法を指定した上で夫婦財産契約を締結していたものとする。

　(a)　夫婦財産の清算には，いかなる国の法が適用されるか。

　(b)　離婚後の扶養には，いかなる国の法が適用されるか。

　(c)　離婚に伴う慰謝料請求には，いかなる国の法が適用されるか。Bが，ABの夫婦関係の悪化のきっかけがAの暴力によるものであるとし，そのようなAの暴力についての慰謝料も請求していた場合にはどうか。

論　点

① 離婚の準拠法
② 離婚準拠法の適用範囲(1)——離婚の方法
③ 離婚準拠法の適用範囲(2)——離婚に伴う財産給付

解　説

1　離婚の準拠法

(1) 原則（27条本文）

　離婚については法適用通則法 27 条が定めており，27 条は平成元年改正後の法例 16 条と同内容である。平成元年改正前法例 16 条は離婚原因発生当時の夫の本国法を準拠法としていたが，準拠法決定に際する両性平等の実現を図った平成元年改正により，変更主義をとり，さらに婚姻の効力の規定を準用するように改められた（櫻田 293 頁，注釈国際私法(2)45 頁〔青木清〕）。よって，離婚が求められる時点を基準に（裁判離婚であれば口頭弁論終結時。木棚＝松岡＝渡辺 218 頁，中西ほか 305 頁，注釈国際私法(2)46 頁〔青木〕），**①当事者の同一本国法，②当事者の同一常居所地法，③最密接関係地法**という**段階的連結**によって準拠法が決定される。準用するとされたのは，最密接関係地法の認定において，問題となる法律関係の違いから 25 条とは異なる要素が考慮されうることに配慮されたものであるから（櫻田 294 頁），27 条の最密接関係地法の認定においては，端的に離婚についての最密接関係地を問うことになる。

(2) 例外（日本人条項・27条ただし書）

　27 条はただし書を置き，夫婦の一方が日本に常居所を有する日本人であるときは，離婚は日本法によると規定する。これは，書類の不備のみを審査する戸籍窓口では，最密接関係地の判断が困難であることから，当事者の一方が日本人である場合には日本法が最密接関係地法である場合も多いであろうことも理由に，**戸籍実務の処理の便宜**のために設けられたものである（中西ほか 305

頁以下)。

　しかし，このいわゆる**日本人条項**に対しては，他方配偶者の国籍や常居所とは無関係に準拠法を決定するというのは内外法平等という国際私法の理念に反するという批判がある。特に，外国人と結婚し外国で婚姻生活を送っていた日本人による，いわゆる**逃げ帰り離婚**の場合，日本の戸籍実務上日本人には常居所が認められるケースが多く，日本人条項の適用を受けるケースも多いことになる。このような場合，相手方配偶者は日本とは全く関係を持たない場合でも日本法が適用されるため，妥当ではないとされるのである（中西ほか306頁。なお横山262頁は自国民のために自国法の適用を確保しようとすることは比較法的に見て異常ではないとして，一定の理解を示す）。

2　離婚準拠法の適用範囲(1)——離婚の方法

　離婚準拠法は，離婚がそもそも可能であるか，離婚原因が何であるかという問題に適用されるが，さらに離婚が夫婦の合意のみによって成立するか，あるいは裁判所や宗教裁判所といった何らかの機関の関与を必要とするかといった**離婚の方法**の問題にも適用される。日本には，協議離婚を基礎とし，調停離婚・審判離婚・裁判離婚という方法が用意されているが，離婚準拠法が外国法である場合，どのように処理することになるか。

　外国法が**協議離婚**を認める場合については，協議離婚が可能であり，その場合の**方式**には34条が適用される（櫻田294頁）とするのが一般的である。34条は，離婚準拠法と離婚地法との**選択的連結**を定めているので，離婚地が日本であれば，日本法上の協議離婚をなしうることになる（櫻田177頁）。例えば，韓国法においては協議離婚前に裁判所による離婚意思の確認を要求するが，これは方式であるとすると離婚地法たる日本法上の協議離婚届の提出でよいことになる（もっとも近時，かかる裁判所の確認は方式ではなく，実質的成立要件の問題であるとして離婚準拠法たる韓国法によるべきとすることが指摘されている。注釈国際私法(2)54頁以下〔青木〕。木棚＝松岡＝渡辺223頁）。問題になるのは，外国法が協議離婚を認めず，裁判所や宗教裁判所といった機関の関与を要求する場合である。

(1) **裁判所以外の機関の関与を要求する場合**

　厳格に解すると，このような場合には一切日本では離婚がなしえないということになるが，そのような結論は妥当ではないとして，一定の離婚原因に基づくものであり裁判離婚に準ずるものであれば，日本の裁判所による**代行**を認めるべきであるとされる（木棚＝松岡＝渡辺220頁，中西ほか308頁）。

(2) **裁判所の関与を要求する場合**

　日本にも裁判離婚は存在するが，**調停前置主義**がとられていることから（家事257条），日本の裁判所が**調停離婚**や**審判離婚**で処理しうるかが問題となる。この点，離婚準拠法がこれらの方法を認めている場合には，問題なく肯定される（山田448頁）。しかし，もっぱら裁判離婚を要求する場合について，調停離婚や審判離婚で処理することを認めるかどうかについては，議論が分かれている。

　ⓐ　裁判実務では以前より，日本での調停・審判離婚による処理を認めており，このような処理に対しては，学説においても，調停離婚や審判離婚も裁判所の判断の一種であるとして支持する見解や，このような実務の積み重ねにより慣習法が成立しているとする見解がみられた（詳細については，注釈国際私法(2)52頁以下〔青木〕参照）。しかし，調停離婚・審判離婚とも当事者の意思を前提とする点で協議離婚的性質を有するから，裁判離婚しか認めないとする離婚準拠法たる外国法の趣旨に反するとして，もっぱら裁判離婚で処理すべきとする見解（溜池464頁以下）もあり，対立していた。

　これに対してはさらに，本来は当事者による任意の処分を認めないはずの事項について合意に代わる審判を定めている家事事件手続法277条（合意に相当する審判。かつての家審23条）に着目し，本条によってであれば審判をなしうるとする見解が主張された（詳細については溜池466頁参照）。

　ⓑ　その後，裁判離婚を要求する外国法の多くが，当事者間の婚姻関係が破綻していることを直接の離婚原因として認める方向への改正に動いており，離婚の合意がある場合には裁判手続を簡易化する制度も少なくない（基本法コンメンタール103頁〔渡辺惺之〕）。そこで，近時は学説においても，裁判離婚を要

求することからすぐに調停・審判を不可とするのではなく，離婚準拠法の定める離婚の方法をいかに日本において代行するかという観点から，離婚準拠法の趣旨を勘案しつつ個別的に検討すべきとの見解が一般的となっている（中西康・百選125頁，注釈国際私法(2)54頁〔青木〕）。

(c) この点，調停離婚は裁判所の手続とはいえ当事者の合意を前提にするものであり，裁判離婚と性質づけることは難しいが，審判離婚は裁判官が独自に下す判断であり，司法機関による処理として認められる。そこで，当該離婚準拠法の定める離婚要件において，当事者の意思を勘案する度合いが高ければ通常の調停離婚の方法（家事284条，かつての家審24条），低い場合には同法277条を用いることによって，審判をなしうると考えてよいだろう（注釈国際私法(2)54頁〔青木〕）。

3　離婚準拠法の適用範囲(2)——離婚に伴う財産給付

　離婚の際の一方から他方への財産給付について，日本民法では財産分与（民768条）という制度があり，ここには夫婦財産の清算，離婚後の扶養，離婚慰謝料といった様々な要素が含まれる（中西ほか310頁）。これらを離婚給付として一括して離婚準拠法によらせるとする見解（山田452頁）もあるが，通説は内容に応じて別個に準拠法決定を行う（神前＝早川＝元永178頁，中西ほか309頁，澤木＝道垣内54頁）。

(1)　夫婦財産の清算

　夫婦財産の清算について，離婚準拠法と夫婦財産制準拠法（26条）のいずれによるか。まず，個々の財産が夫婦のいずれに帰属するかといった夫婦財産の清算は，**夫婦財産制の終了**の問題であるとして26条によるべきとする点にはほぼ異論がない。ところが，日本民法上の財産分与では，一方配偶者の特有財産とされる部分であっても，事情に応じ他方配偶者の潜在的持分が存在しうるとして，その潜在的持分の清算もなされることになっている。そこで次に，このような実質的な夫婦財産清算部分としての財産分与（**狭義の財産分与**）をどのように考えるかが問題となりうる。このような**狭義の財産分与**については，離婚の可否と密接に関連するとして**離婚準拠法**によるべきとする見解が一般的で

ある（横山265頁，櫻田296頁，山田451頁，溜池470頁。最判昭和59・7・20民集38巻8号1051頁は，財産分与を離婚準拠法によるとした原審を前提として，離婚準拠法たる韓国法の公序違反性を検討する）。しかしこれに対しては，夫婦財産契約が結ばれた場合には特に，このような実質的清算部分までを念頭に置いていることを考えると，夫婦財産制はその清算段階で現実的な意味を有するものであるとして，むしろ法26条の適用範囲に含めるべきとの反対説がある（澤木＝道垣内114頁，神前＝早川＝元永178頁，中西ほか311頁）。

(2) **離婚後の扶養**

離婚後の扶養については，**扶養義務の準拠法に関する法律4条**に明文規定があり，離婚準拠法が準拠法とされる。なお，離婚準拠法とは実際に当該離婚に適用される法を指し，公序則により排斥された場合には排斥後に適用された法（溜池469頁），離婚が外国判決により行われ，当該判決がわが国で承認されたという場合（離婚判決の承認については No.30 解説3(1)参照）には当該外国判決で用いられた法（木棚＝松岡＝渡辺222頁）によることになる。

(3) **離婚による慰謝料**

離婚慰謝料については，まず離婚に至らしめた有責配偶者の賠償責任について，通説は，離婚夫婦という特別な身分関係にある者の法律関係であり，離婚と不可分の関係にあるとして**離婚準拠法**によるべきとする（溜池469頁，木棚＝松岡＝渡辺222頁）。もっとも，一方配偶者の他方配偶者への暴力等，特定の行為による損害に対する慰謝料が問題となる場合については，**不法行為**として17条以下によるべきとするのが一般的である（山田450頁，澤木＝道垣内114頁）が，この問題もやはり離婚準拠法による（溜池469頁）とする見解もある。なお，不法行為とする見解に立っても，通則法においては20条で基本関係の準拠法（25条や27条）への連結が認められていることから，結果的には多くの場合で離婚準拠法が準拠法とされよう（なお横山264頁は25条への附従的連結を説く）。

4 解答例

(1) AとBとの離婚の準拠法は,「離婚」の問題として27条によって決定される。27条本文は,夫婦の同一本国法,夫婦の同一常居所地法,夫婦の最密接関係地法への段階的連結を定める。

まず同一本国法の有無を検討すると,Aは甲国籍であり,Bは乙国籍である。よってABの間には同一本国法は存在しない。次に,同一常居所地法の有無を検討する。常居所地とは,人が常時居住する場所で人が相当長期間にわたって居住する場所とされる。Aは10年前に丙国で婚姻しており以降現在も丙国にとどまっていることから,Aの常居所は丙国である。これに対しBは現在日本に住んでいるものの,その期間はさほど長くないものと思われ,むしろ10年前に丙国で婚姻して以降丙国で生活していたことから,常居所は丙国と認定される。よって,AとBの常居所はいずれも丙国となり,丙国法が同一常居所地法となる。

以上より,AとBとの離婚には丙国法が適用される。

(2) 離婚がどのような方法でなされるかについては,27条によって定まる離婚準拠法により判断され,外国法が準拠法となる場合には当該準拠外国法の内容に応じわが国の手続法で代行することになる。

離婚準拠法により離婚は裁判所の判決によってのみ可能とされている場合,わが国の調停離婚も裁判所の判断の一種として,わが国の調停離婚による方法を認めるとする見解もある。しかし,調停離婚は当事者の合意を前提としたものであり,裁判離婚を要求する準拠外国法の趣旨を実現する手段としては不十分である。

よって,離婚準拠法において離婚は裁判所の判決によってのみ可能とされている場合,わが国において調停離婚をなすことはできない。

(3) (a) 夫婦財産制の清算の問題については,夫婦財産制の終了の問題として,26条による。

この点,夫婦財産の帰属の形式的確定を超えた,一方の特有財産とされたものの実質的清算部分については,離婚の可否と密接に関連する問題であるとして,27条に定める離婚準拠法によるとする見解がある。しかし,夫婦財産制

はその清算段階で現実的な意味を有するのであるから，このような実質的清算部分についても夫婦財産制の終了の問題に含め，26条によるべきである。

26条は，1項において25条を準用し，2項において，夫婦の一方が国籍を有する法，夫婦の一方の常居所地法，不動産に関する夫婦財産制については不動産所在地法のうちから準拠法を選択することを認める。本件において，ABは婚姻の際に，夫婦財産制の準拠法として甲国法を指定し，夫婦財産契約を締結している。夫婦の一方であるAの国籍は甲国であり，甲国法の指定は，「夫婦の一方が国籍を有する国の法」（26条2項1号）の指定として有効である。

以上より，本件夫婦財産の清算には，甲国法が適用される。

(b) 離婚後の扶養の問題には，扶養義務の準拠法に関する法律4条により，離婚に適用された法が準拠法となる。

本件では問題(1)により，離婚には丙国法が適用される。よって，本件において離婚後の扶養の問題には，丙国法が適用される。

(c) 離婚に伴う慰謝料請求の問題は，離婚の効果として法27条で定まる離婚準拠法による。よって，本件では問題(1)から離婚準拠法は丙国法であるから，離婚に伴う慰謝料請求の問題には丙国法が適用される。

しかし，離婚の原因となった暴力等個々の行為に対する慰謝料については，不法行為の問題として，17条以下により準拠法を決定すべきである。17条は不法行為について，加害者の予見可能性を前提として（同条ただし書），結果発生地法を準拠法とする。本件では，婚姻生活は丙国で営まれていることから，Aの暴力も丙国で行われており，丙国で結果が発生することについてのAの予見可能性も認められる。また，丙国法以外に明らかにより密接な関係がある地の法（20条）も見当たらない。

よって，ABによる準拠法の変更（21条）がなされない限り，Aの暴力についての慰謝料に関しても丙国法が準拠法となり，損害賠償の要件および効果には日本法が累積適用される（22条）。

5　例題の検討

例題1では，本問とは異なりBの離婚調停の申立てが，Bが帰国してから3年後になされることで，常居所地の認定が変わりうるという点がポイントであ

る。また，Bが日本人である場合には，日本人条項（27条ただし書）について検討が必要である。

　Bの常居所地の認定であるが，上記解答例のように「人が常時居住する場所で人が相当長期間にわたって居住する場所」という基準による場合には，Bが日本に帰国してから3年後であれば，Bの常居所はその国籍を問わず日本と認定されることになろう（なお，常居所認定について，法務省平成元年通達に従う場合にはBの国籍や在留資格により結論が変わりうる点にも注意が必要である）。よってBの常居所地は日本となり，(1)においては丙国に常居所を有するAとの間には同一常居所地が存在しないことになる。そこで次に，ABの離婚に関しての最密接関係地法の検討に移ることになる。(3)においては，Bが日本人であり，かつ日本が常居所地であると認定されれば，日本人条項（27条ただし書）が適用される。

　例題2では，本問とは異なり審判離婚が求められている。当事者の合意を直接の基礎とする調停離婚とは異なり，審判では裁判所の独自の判断がなされる点に着目すれば，日本において審判離婚は可能であるという結論になろう。

　例題3は，協議離婚の方式を問うものである。まず，協議離婚が可能かどうかを，27条により定まる法で確認する必要がある。その法により協議離婚が可能であるとされる場合には，次に，協議離婚の方式の準拠法を34条により決する。34条は，離婚準拠法と離婚地法との選択的適用を定めているので，そのいずれかが日本法となる場合には，日本法上の離婚届により離婚しうることになる。

　例題4は，離婚に伴う財産給付を一括して請求した場合について，本問における解説で見たように個々の請求ごとに準拠法を決める場合，夫婦財産の清算は26条により丙国法が，個々の不法行為に基づく慰謝料には17条が適用され離婚準拠法以外の法が準拠法とされうる（例えば，不法行為が甲国や乙国で行われたというような場合には甲国法や乙国法が準拠法される可能性がある）。このように同一当事者間の離婚に複数の準拠法が適用されることは妥当でないと考える場合には，離婚後の扶養に関しては上述のように明文上離婚準拠法によると定められていることからも，離婚に伴う財産給付は一括して離婚準拠法によるべきとの見解が説得力を持つことになる。もっとも，このように準拠法が複数にな

る事態は国際私法の宿命であるとして，過度に強調すべきでないとも反論される（これらの点について，笠原俊宏・百選127頁）。その場合は，やはり基本問題の解説同様，個々の問題に対し準拠法を決定するという方法が維持されるべきことになる。

例　題

1　設問の事例が以下のようなものであった場合には，離婚準拠法はどのように判断されるか。
(1)　Bの離婚調停の申立てが，Bが帰国してから3年後になされた場合。
(2)　Bが日本人であった場合。
(3)　Bの離婚調停の申立てが，Bが帰国してから3年後になされ，しかもBが日本人であった場合。

2　離婚準拠法においては，離婚は裁判所の判決によってのみ離婚が可能とされている場合，わが国において審判離婚は可能か。

3　甲国法において協議離婚が認められている場合，甲国人夫婦はわが国において届出をすることで離婚することができるか。

4　設問(3)において，当事者が(a)から(c)を一括して請求した場合，準拠法はどのように判断されるか。

［釜谷真史］

No.17 実親子関係

問題

　甲国籍を有する男Aと，乙国籍を有する女Bは，10年前にわが国で婚姻し，その後わが国で生活している。ところがABの夫婦仲が悪くなり，Bは1年前に家を出てわが国内の別の場所で生活を始めた。その後Bは日本国籍を有する男Cと付き合い始めた。

1　ABの離婚が成立する前に，Bが子Dを出産した。Aは，Dは自分の子ではないと考えている。
　(1)　DがABの嫡出子であると推定されるのはどのような場合であるか。
　(2)　DがABの嫡出子と推定された場合，Aによる嫡出否認はどのような場合に可能となるか。

2　BはAと離婚し，数年後に子Dを出産した。Dが乙国籍を有し，またDの血縁上の父親がCであることを前提に，以下の設問を検討せよ。
　(1)　CD間の法的親子関係がDの出生のみにより成立したとされるのはどのような場合か。
　(2)　上記(1)は否定されたとする。その後，CがDを認知しようとした場合，その認知はどのような場合に有効になしうるか。
　(3)　上記(2)の認知が認められた後に，BCが婚姻した。DがBCの嫡出子と扱われるかについてはいかなる国の法によって判断すべきか。

論　点

① 嫡出親子関係の成立
② 非嫡出親子関係の成立
③ 準　　正

解　説

1　嫡出親子関係の成立

(1)　法適用通則法における親子関係に関する規定

　法適用通則法は、親子関係につきその成立の問題と効力の問題とを区別し、成立のうちでも**実質的成立要件**については、親子関係の種類に応じて各々準拠法を定め（28条～31条）、**形式的成立要件（方式）**の準拠法は離婚の場合と同じく 34 条により（No. 8 参照）、親子関係の効力の問題については、親子関係の種類にかかわらず 32 条により統一的に準拠法を定めるという構成をとっている。
　親子関係の実質的成立要件の問題は、実親子関係の場合と養親子関係の場合とに分けられ、前者はさらに、**嫡出である子の親子関係**（嫡出親子関係）と**嫡出でない子の親子関係**（非嫡出親子関係）とに分けて規定される。嫡出親子関係、すなわち法律上の夫婦とその間に生まれた子との関係の成立の準拠法について定めているのが 28 条である。

(2)　嫡出親子関係の成立の準拠法によるべき問題

　嫡出親子関係は、一般に、両親が法律上の夫婦であることを前提とする（28条が「夫婦」という文言を用いているのは、親子関係の成立が認められるまでは「父・母」とは言えないからであるが、29条では「父・母」の語が用いられており、一貫していない。澤木＝道垣内119頁参照）。嫡出親子関係は夫婦とその子との関係であるため、その成立は父母それぞれについてではなく、父母一体として判断される。28条が（「～は○○法による」というサヴィニー型国際私法の通常の規定の仕方とは異なり）実質法的に規定されているのは、このことを分かりやすく示すた

めであるとされる（注釈国際私法(2)74頁〔佐野寛〕）。

28条は，**嫡出推定**に関する問題（例えば，婚姻中に妻が懐胎した子は夫の子と推定されるか否か，婚姻解消後どのくらいの期間内に生まれた子が婚姻中に懐胎されたものと推定されるか等）のみならず，**嫡出否認**に関する問題（嫡出否認が許されるか否か，嫡出否認の方法，否認権者は誰か，否認権の行使期間等）にも適用される。嫡出親子関係の成立とその否定は表裏の関係に立つと考えられるからである（注釈国際私法(2)72頁〔佐野〕）。

再婚した妻が出産した子につき，前婚，後婚いずれの夫婦の一方の本国法によっても嫡出推定が及ぶ場合には，**嫡出推定の重複**という難しい問題が生じる（28条の文言が，「子の出生の当時の夫婦の一方の本国法」ではなく，「夫婦の一方の本国法で子の出生の当時におけるもの」とされているのは，「夫」が後婚の夫のみを指すとの解釈を回避するためでもある）。これは複数の嫡出親子関係の準拠法が適用されることによって生じる重複の問題であるから国際私法自体の立場から独自に決定するほかなく，実際には裁判所が具体的な事情に応じて判断してゆくことになろう（中西ほか324頁，横山271頁参照）。

なお，嫡出親子関係の形式的成立要件（方式）の準拠法についてはNo.8参照。

(3) **嫡出親子関係成立の準拠法はどのようにして決まるのか**

(a) **選択的連結の採用と子の利益**

28条は，夫婦のいずれか一方の本国法を準拠法とする，いわゆる**選択的連結**の手法を採用している。その趣旨は，夫婦を平等に取り扱うという両性平等の理念，および嫡出親子関係の成立をできる限り広く認めることが子の利益に適うと考えられることにある（注釈国際私法(2)74頁〔佐野〕）。

この考え方に立てば，子の嫡出性を否定する嫡出否認に対しては慎重にならざるをえないため，夫婦双方の本国法によって嫡出とされる場合には，そのいずれの本国法によっても嫡出性が否認される場合でなければ嫡出性は否認されないと解することになろう（水戸家審平成10・1・12家月50巻7号100頁。ある法に基づき認められた嫡出推定は，同じ法によってのみ破られる。岡野祐子・百選135頁）。しかし，真実の父との親子関係を求める子の利益の確保の観点から，嫡

出否認についても選択的連結を認めるべきであるとの見解も主張されている（横山271頁）。

なお，本条は「当事者の本国法によるべき場合」（41条本文）に当たるため，反致を認める余地があるが，選択的連結を認める趣旨に照らして，これを否定する見解もある。同様のことは，後述の29条，30条についても当てはまる（注釈国際私法(2)76頁～77頁〔佐野〕）（反致については No. 24 参照）。

(b) 誰のいつの本国法か

嫡出親子関係は，一般に，子の出生時において確定するものであるから，準拠法決定も子の出生時が基準とされる（28条1項）。子の出生前に夫が死亡した場合は，その死亡当時の夫の本国法が適用されることになる（28条2項）。

死亡した母から子が出生することは想定されていないが，そのような事態が生じたときは2項が類推適用されることになろう（注釈国際私法(2)76頁〔佐野〕）。

(4) 渉外的代理出産により出生した子の親子関係

渉外的代理出産によって出生した子の法的親子関係について，わが国の議論は進んでいない。代理出産にはいくつもの類型があり，また，各国法の対応も様々であることが，問題を難しくしている大きな要因の一つであろう。しかし，近年は，子を望む夫婦が代理出産を容認する外国へ出かけて代理母に子を出産してもらい，出生した子との法的親子関係を日本の裁判所で争う事案も登場しており（例えば，最決平成19・3・23民集61巻2号619頁），早期の法整備が強く求められている。

例えば，日本人夫婦E・Fと甲国人夫婦G・Hとの間で，E・Fの受精卵をHの子宮に移植しHに子を出産してもらう旨の契約を結び，その契約に従ってHが子Ⅰを出産した場合のE・FとⅠの親子関係については，(1)E・F夫婦，G・H夫婦のそれぞれにつき28条を適用し，Ⅰとの嫡出親子関係の成否を判断する，(2)国際私法上，分娩（出産）者を母（妻）として28条を適用する，という2つの見解が主張されている。(1)説は，通則法の原則に従い「親となるべき者」ごとに親子関係の成否が判断されるため，母の重複や不存在が発生するおそれは払拭できない。他方，分娩者夫婦の本国法によって依頼者夫婦と子と

の親子関係を決定する(2)説に対しては，親ごとに親子関係の成否を決定する通則法の基本原理に反し，また，国際私法上の概念は実質法上の概念より広範に解すべきであるとして，母（妻）を分娩者に限定するのは適切ではないとの批判がある（注釈国際私法(2) 81頁～82頁〔佐野〕，中西ほか334頁～335頁）。

2　非嫡出親子関係の成立

(1)　非嫡出親子関係の成立の準拠法と29条

　諸国の実質法上，婚姻外における実親子関係の成立については，生物学的な血縁関係に基づいて当然に法的親子関係の成立を認める**事実主義（ゲルマン主義）**と，一定の方式を具備した親の認知を必要とする**認知主義（ローマ主義）**とが並存していると言われる（わが国の実質法〔民法〕は認知主義を採用している）。「嫡出でない子の親子関係の成立」の準拠法は，29条によって決定される。本条において，事実主義による親子関係の成立の準拠法については1項前段が，認知主義による親子関係の成立の準拠法については1項前段および2項前段が，それぞれ定めている。なお，1項および2項の後段には，認知主義による場合の子の保護を図る**セーフガード条項**が置かれている。

(2)　非嫡出親子関係の成立の準拠法によるべき問題

　出生の事実のみにより親子関係が成立するか，成立する場合にはどのような事実を証明する必要があるか等の問題は，29条1項前段で扱われる。また，**認知の成立**（認知が許されるか否か，裁判認知，胎児認知，死後認知などは認められるか，その場合の要件は何か等），認知の無効取消し，認知の効力（認知によって子はいかなる身分を取得するか，認知はいつの時点から効力を発揮するか，認知を撤回できるか等）は，本条1項前段および2項前段による。

　父母が嫡出と非嫡出の区別を認めない法域に属する場合，本条と28条との適用関係が問題となる。この点について，28条が「子が嫡出となるべきとき」を対象とし，夫婦を一体として親子関係の成否を問題としていることから，28条により定まる準拠法に従えば子が嫡出子とならない場合には，（父母が婚姻関係にあるときでも）本条によるべきとの見解が有力である（澤木＝道垣内121頁，

道垣内・総論98頁〜99頁)。これに対し，28条は，成立する親子関係の内容を問題にしているのではなく，夫婦間の子については法的親子関係の成立を広く認める趣旨であると解し，父母となるべき者が婚姻していない場合には本条によるとの見解もある（神前＝早川＝元永190頁〜191頁）。なお，28条と29条の適用順序について，最高裁は，「まず嫡出親子関係の成立についての準拠法により嫡出親子関係が成立するかどうかを見た上，そこで嫡出親子関係が否定された場合には，右嫡出とされなかった子について嫡出以外の親子関係の成立の準拠法を別途見いだし，その準拠法を適用して親子関係の成立を判断すべきである」と述べている（最判平成12・1・27民集54巻1号1頁）。非嫡出親子関係の形式的成立要件（方式）の準拠法については No. 8 参照。

(3) 非嫡出親子関係の成立の準拠法はどのようにして決まるのか

29条1項前段は，事実主義であると認知主義であるとを問わず，父子関係については子の出生当時の父の本国法，母子関係については子の出生当時の母の本国法を，それぞれ準拠法と定めている。嫡出親子関係の場合とは異なり，子の両親は夫婦として共同体を構成しているわけではないため，父子関係と母子関係は別個に準拠法が決定される（中西ほか326頁）。

認知については，1項前段が定める準拠法に加えて，2項前段により，認知当時の認知者の本国法，または認知当時の子の本国法のいずれによることもできる。認知による親子関係の成立は，子の出生時から相当の年数が経過した後に問題とされる場合もあり，その時点での当事者と密接な関係にある法を適用することが望ましいことから，認知の時点も基準時とされている。また，認知ができる限り広く認められることが子の利益に資すると考えられるため，1項前段と2項前段は選択的連結の関係とされ，結局，父子関係，母子関係いずれについてもそれぞれ3つの連結点が選択的に認められることになる。

1項において，父が子の出生前に死亡したときは，その死亡当時の父の本国法が，2項において，認知者が認知前に死亡したときは，その死亡当時の認知者の本国法がそれぞれ適用される（3項）。

胎児認知については明文規定がないが，解釈上，1項後段および2項が適用（準用）される。その際，「子の本国法」は観念できないため，「母の本国法」

に読み替えられる。

(4) セーフガード条項

29条1項後段およびこれを準用する2項後段は，子の保護を図るための規定，いわゆるセーフガード条項と呼ばれる。本条が選択的連結を採用したために，父，母，認知者の本国法によって認知がなされる場合には，子の本国法上の認知に関する要件が適用されない場合もありえ，実質的に子の利益に反すると考えられることから，認知当時の子の本国法が，その子または第三者の承諾または同意を認知の要件としているときはその要件をも具備しなければならないとし，その限りで子の本国法が累積的に適用されている。

セーフガード条項の対象には，子の利益に関するものはもちろん，関係者の利害調整機能を果たす要件（例えば，胎児認知における母の承諾）も含まれる。

セーフガード条項についても反致を認めるべきか否か議論があり，41条の文言を重視して反致を認める見解とセーフガード条項の規定ぶりや子の保護の見地から，これを否定する見解に分かれている（反致についてはNo.24参照）。

3 親子関係の存否確認

真実の親子関係は存在しないのに公簿上は親子とされている場合，わが国では，親子関係の存否確認の訴えによって親子関係が争われることが多い。とりわけ，虚偽の出生届に基づき公簿上は親子とされている者の間の親子関係存否確認の準拠法については議論がある。このような親子関係存否確認は一般的な親子関係の存否確認を求めるものにすぎず，通則法には規定がないためもっぱら条理によるとして，実親子関係成立に関する規定等の趣旨を参照し，当事者双方の本国法を累積適用すべきであるとの見解も主張される。しかし，ここでの問題は嫡出親子関係ないし非嫡出親子関係の存否であるとした上で，不存在確認については，いかなる意味においても実親子関係が存在しないことを確認する必要があるから，28条，29条1項および3項を段階的または同時的に適用し，存在確認については上記規定を段階的に適用すべきであるとの見解が有力とされ，前出の最高裁平成12年判決も同様の立場に立つものと解されている（注釈国際私法(2)77頁〜79頁〔佐野〕，中西ほか331頁〜332頁参照）。

4 準　　正

(1) 準正と30条

　準正とは，嫡出でない子が，出生後に嫡出子の身分を取得する法制度である。諸国の実質法上，非嫡出子が父母の婚姻によって嫡出子となるもの（婚姻準正）や，父母が婚姻後に婚姻外で生まれた子を認知することによって嫡出子となるもの（認知準正）等がある。準正の準拠法について定める30条1項が対象とするのは，28条が定める準拠法により嫡出子の身分を取得していないすべての子である（道垣内・総論100頁）。なお，準正自体は独立した法律行為ではなく，方式の問題は生じないとされる（櫻田284頁）。

(2) 準正の準拠法によるべき問題

　30条によって定まる準正の準拠法は，準正の成立の問題（準正の許否，その要件等），および効力の問題（準正の遡及効，認知や婚姻など準正の要件である事実の無効または取消しが準正の成否に及ぼす影響等）に適用される。準正の準拠法は，嫡出子の身分の取得の問題にのみ適用され，準正の要件とされる父母の婚姻の成否や非嫡出親子関係の成立の問題はそれぞれの準拠法による（澤木＝道垣内123頁）。

　母の本国法が事実主義をとり，父の本国法が認知主義をとる場合，準正の成立には，父母の婚姻のほかに父の認知も必要である。嫡出親子関係の性質上，夫婦の一方との関係でのみ嫡出子になることを認めるのは適切ではないからである（注釈国際私法(2)104頁〔佐野〕）。

(3) 準正の準拠法はどのようにして決まるのか

　準正の準拠法は，準正の要件である事実が完成した当時の父もしくは母または子の本国法である（30条1項）。嫡出子たる身分の取得が子の利益に資するとの立場から，本条も選択的連結を採用している。

　「準正の要件である事実が完成した当時」に関し，何が準正の要件であるか，その要件たる事実の完成時点がいつであるかは，準拠法たる実質法を適用して

みなければ分からないので，父，母，子の本国法を適用し続け，いずれかの法により準正が成立するときに，嫡出子の身分を取得することになる（澤木＝道垣内124頁）。すなわち，3つの潜在的準拠法のうち，準正の成立を肯定する最初の準拠法によるとの趣旨である（横山277頁）。

父または母の本国法によるのは，嫡出親子関係の成立に関する28条1項との整合性を考慮したためにすぎず，子の利益を考慮して，子の本国法によっても嫡出親子関係の成立を認めることにした点にこそ，30条1項の実質的意義が認められる（澤木＝道垣内124頁）。

準正の要件たる事実が完成する前に，父，母，子が死亡したときは，その者の死亡当時の本国法が適用されることになる（30条2項）。

5　解答例

(1)　**問題1(1)**

本問では，嫡出推定の準拠法を決める必要がある。この問題を扱うのは嫡出である子の親子関係の成立に関する28条である。これを本問に当てはめると，夫Aの子Dが出生した当時の本国法たる甲国法，または妻Bの子Dが出生した当時の本国法たる乙国法のいずれかにより嫡出子とされる場合に，子Dは嫡出子となる。なお，本問題においては全体を通じて，反致の検討は求められていない。

(2)　**問題1(2)**

子の嫡出性を否定する嫡出否認の準拠法についても28条が規律している。(1)で検討したように，甲国法か乙国法のいずれかにより嫡出推定が認められる場合には，その法によって否認されれば嫡出否認が成立する。しかし，甲国法，乙国法の双方により嫡出性が認められる場合は，双方の法により嫡出性が否認される必要があるかにつき，本条の趣旨をどのように解するか（できる限り広く嫡出子の身分を認めることが子の利益に適うことになるのか，それとも，真実の父を求めることが子の利益にとって重要なのか）によって解答が異なってこよう。

(3) 問題2(1)

　BはAと離婚した後，婚姻関係にないCとの間でDを出産しているから，嫡出でない子の親子関係の成立（29条）が問題となる。そのうち，CDの親子関係がDの出生のみにより成立する可能性については，事実主義による親子関係の成立の準拠法が検討されなければならない（29条1項前段）。仮に，Dの出生当時のCの本国法を日本法とするならば，日本の実質法（民法）は認知主義を採用しているため，子の出生という事実のみから法的親子関係の成立を認めることはできない。しかし，Dの出生時点でCの本国法が事実主義を採用する国の法に変更されていたならば，Dの出生のみによってCD間の非嫡出親子関係が成立することになろう。

(4) 問題2(2)

　29条1項前段および2項前段によれば，本問における認知の準拠法は，Dの出生当時のCの本国法たる日本法か（認知当時のCの本国法も同じ），認知当時のDの本国法たる乙国法となるから，CがDを有効に認知しうるのは，日本法か乙国法によって，あるいはその双方によって認知が認められる場合である（双方によって認知が認められる場合には，Dにとってより有利な法を準拠法と解することが子の利益に適うだろう）。なお，日本法による場合は，同条1項後段または2項後段のセーフガード条項により，乙国法上の子の保護要件をも満たす必要がある。

(5) 問題2(3)

　本問は，準正によって非嫡出子が嫡出子の身分を取得しうるか否かの準拠法を問うており，この問題は準正に関する30条1項によって決せられる。本問では，BCの婚姻時を「準正の要件である事実が完成した当時」と仮定し，その時点のCの本国法たる日本法，またはBDの本国法たる乙国法のいずれかによって準正が成立する場合に，改めてその法を準拠法と解することになろう（双方の法によって準正が成立する場合には，子の利益の観点から，Dにとってより有利な法を準拠法と解するのが妥当であろう）。

6　例題の検討

例題1は渉外事案における嫡出推定が重複する場合の対処について，2は渉外的親子関係存否確認の準拠法について，3はいわゆる渉外的代理出産における法的親子関係の準拠法について，それぞれ問うものである。

前述のとおり，いずれのテーマも現在検討が進められているところであり，確定的な解答を得ることは難しいかもしれないが，どのようなことがなぜ問題となるのか，どのような方向での解決が望ましいか等について考えてみてほしい。

例　題

1　日本に居住する甲国人夫婦J男とK女が離婚した。その翌月，Kは，離婚前から交際していたL（日本人）と婚姻し，Lとの子Mを，婚姻の8か月後に出産した。甲国民法には，女性の再婚禁止期間の規定はなく，かつ，嫡出推定につき日本民法772条と同様の規定があるとした場合，Mの嫡出推定についてはどのように考えたらよいか。

2　日本に居住する妻N（日本人）は，夫であるO（日本人）以外の男性P（甲国人）との間にもうけた子Q（甲国と日本の二重国籍）を，NO夫妻の子として届け出ていた。しかし，後年，OはQとの親子関係不存在確認の訴えを日本の裁判所に提起した。この親子関係不存在確認の準拠法は何国法になると考えられるか。

3　日本に居住する日本人R・S夫妻は，乙国に居住する乙国人T・U夫妻との間で，R・Sの受精卵をUの子宮内に移植しUに出産してもらう旨の契約を交わし，やがてUは無事に子Vを出産した。乙国法がこのような出産方法を認めており，かつ，出産依頼した女性を子の母とする旨を規定している場合，Vの法律上の母は誰になると解すべきか。

［織田有基子］

No.18 養親子関係

問題

　甲国籍を有する男Aと，日本国籍を有する女Bは，わが国で婚姻し，その後わが国で生活している。ABの間には子どもCがいるが，乙国籍を有する10歳のDを養子に迎えたいと考えた。

(1) ABがDを養子にするに際しては，いかなる国の法のいかなる要件を満たす必要があるか。

(2) 甲国法では，養子縁組は裁判所の判決によって成立するものとされている。ABとDとの養子縁組はどのように成立させることができるか。なお，甲国法は，養子縁組の要件として，夫婦である養親がともに行うべきことを定めているものとする。

(3) 乙国法によれば，養子縁組には養親の嫡出子の同意が必要とされている。ABがDを養子とするのに，Cの同意は必要か。なお，養親の嫡出子の同意は甲国法では必要とされていない。

(4) ABとDとの養子縁組が成立した後，ABCDは，いずれもわが国の国籍を取得した。しかしABはDと不仲になったので，離縁したいと考えている。離縁の可否についてはいかなる国の法によって判断すべきか。

論点

① 養子縁組の準拠法
② いわゆる分解理論
③ セーフガード条項
④ 離縁

解説

1 養子縁組の準拠法

(1) 養親の本国法主義

養子縁組の実質的成立要件については，養子縁組の問題として，法適用通則法31条1項によって準拠法は定められる。通則法31条1項前段は，養子縁組につき，縁組の当時における養親の本国法によるとし，同条1項後段は，一定の事項について，養子の本国法を累積的に適用する（セーフガード条項）。

養親の本国法主義の根拠としては，一般に，①養子縁組の成立後，養親の本国で養親子の生活が営まれるのが通例であること，②養子縁組によって養親の国籍を養子に付与する国も多く，縁組成立後に養子と養親の本国法が一致する可能性が高いこと，③比較法的にも養親の本国法主義が広く採用されていること，といった点が挙げられる（養親の本国法主義の根拠については，櫻田316頁以下，横山280頁以下，中西ほか336頁，澤木＝道垣内127頁参照）。

(2) 夫婦共同養子縁組の準拠法

本問においては，**夫婦共同養子縁組**の準拠法が問題となっている。異国籍の夫婦が共同で養親となる場合，夫婦の本国法が異なることから，通則法31条1項前段は養親の本国法による旨しか規定していないため，どのように準拠法決定を行うのかが問題となる。これについて，通説は，養子縁組を養父子関係と養母子関係の2つの養子縁組に分け，それぞれについて各養親の本国法により養子縁組が成立するか否かを判断する（櫻田319頁，澤木＝道垣内127頁）。裁

判例も同様の見解に立つ（盛岡家審平成3・12・16家月44巻9号89頁〔百選70事件〕）。それによると，一方の本国法上養子縁組が成立しない場合で，他方の本国法上成立するときには，その者との間でせいぜい単独養子縁組が成立するにすぎない。さらにその者の本国法上夫婦は共同で縁組をしなければならないとされている場合には，単独養子縁組も成立しない。また，養子と実方の血族との親族関係の終了については，通則法31条2項に従い同条1項前段に規定する準拠法によるため，夫婦の一方の本国法が断絶型の養子縁組制度を採用し，他方の本国法が非断絶型の制度を採用する場合には，養親の一方との間では断絶効が，他方との間では非断絶効が生じうる。このような場合には，養親の本国法を累積的に適用し，弱い効果，すなわち，非断絶効を養親双方との関係で認めるべきであるとの見解も主張されている（澤木敬郎＝南敏文編著・新しい国際私法〔日本加除出版，1990〕178頁〔南〕）。このように夫婦が異国籍の場合には2つの異なる準拠法を適用しなければならず，様々な問題が生じうる。そのため，立法論として，夫婦共同養子縁組について特則を設けることや，解釈論として婚姻の効力の準拠法（森田博志「夫婦関係にある者による養子縁組の準拠法と夫婦の一体性の利益」千葉大学法学論集19巻3号〔2004〕49頁）や，夫婦の共通常居所地法（北澤安紀「判批」ジュリ1037号〔1994〕256頁），縁組成立後に養親子が養親の本国のいずれかで生活する場合にはその本国法を準拠法とする見解（注釈国際私法(2)124頁〔植松真生〕）などが主張されている。

2 公的機関の関与

養子縁組における公的機関の関与の形態は様々である。このような公的機関の許可・処分の要否は，通則法31条1項前段の養親の本国法による。問題(2)のように準拠外国法が養親子関係の創設に公的機関の処分を必要とする決定型の法制の場合，わが国の裁判所でこれを成立させうるかが問題となる。

わが国では昭和63年に特別養子縁組制度が導入されるまで，家庭裁判所は契約型の養子縁組制度を前提とする許可審判をすることしかできず，養親子関係の創設・形成を行う審判をすることができなかった。そこで，裁判実務や戸籍実務において準拠外国法上の決定型の養子縁組をわが国で成立させるために用いられたのがいわゆる分解理論であった。**分解理論**とは，準拠外国法上の養

子決定を，養子縁組の実質的成立要件として公的機関の関与を要する部分と養子縁組を創設する方式の部分とに分解し，前者については家庭裁判所の許可審判によって代行させ，後者については戸籍事務管掌者への届出（34 条）によって充足しうるとするものである。しかし，分解理論の方法で成立した養子縁組はあくまで届出によって成立したものにすぎず，公的機関の宣言によって養子縁組を成立させるという決定型の準拠外国法を正しく適用したことにはならないとの批判があった（溜池 509 頁）。わが国で特別養子縁組制度が導入されてからは，準拠外国法上の決定型の養子縁組を特別養子縁組の成立審判によって成立させることができるようになっている。

もっとも，特別養子縁組の成立審判で代行しうる今日においても分解理論の有用性を説くものもある。例えば，共同養子縁組の場合で，夫婦の一方の本国法が契約型の養子縁組制度しか認めておらず，他方の本国法が決定型の養子縁組で夫婦共同養子縁組しか認めていない場合には，分解理論を用いる裁判例がある（前掲盛岡家審平成 3・12・16）。養親双方の本国法上の養子縁組の成立方法が異なると，養親の一方の本国法上夫婦が共同で養子縁組をしなければならないにもかかわらず，同時に養子縁組を成立させることが難しいからである（南敏文・百選 143 頁，中西ほか 338 頁〜339 頁）。

3 セーフガード条項

通則法 31 条 1 項後段は養子の本国法の累積的適用について定めており，これはセーフガード条項と呼ばれる。通則法 31 条 1 項前段の定める養親の本国法のみによると，子の保護に欠けることがありうるため，**セーフガード条項**は，子の保護，すなわち社会経験や判断能力に乏しい未成年者の利益保護を図ることを目的としている（セーフガード条項の趣旨については，南敏文・改正法例の解説〔法曹会，1992〕136 頁，櫻田 319 頁，横山 281 頁以下，中西ほか 340 頁参照）。養子の本国法上，どのような要件が保護要件に該当するのかについては解釈論上争いがある。

(1) **養子となるべき者または第三者の承諾または同意**

養子自身の同意や養子の法定代理人である養子の実親等の同意が保護要件に

該当することについては，学説上異論はない。それに対し，養子の本国法上，当該養子縁組に対し，実方親族で構成される親族会の同意や養親の嫡出子の同意が必須のものとされている場合に，これらが保護要件に該当するか否かについては争いがある。まず，実方親族で構成される親族会について，親族会の同意が子の保護に関しない場合には，親族会は第三者には該当しないとする見解もある（炑場準一「養子縁組・離縁の準拠法及び国際的管轄」岡垣學＝野田愛子編・講座・実務家事審判法(5) 渉外事件関係〔日本評論社，1990〕254頁）。しかし，何が子の保護要件に該当するのかその峻別は困難であるとして，これを通則法31条1項後段の第三者と捉える見解がある（横山283頁，注釈国際私法(2)115頁〔植松〕）。保護要件は，養子の本国の承認の確保，すなわち，子の利益のために跛行的な養子縁組の成立を回避することや，養子縁組に関する事後の争いを予防し，あわせて関係人の利害調整機能を果たすこと，さらに，セーフガード条項が文言上，第三者の範囲を限定していないことなどを理由として挙げる。

つぎに，養親の嫡出子の同意についてであるが，学説上は，養親の嫡出子の同意を要求する規定は一般的には養子の保護のためであるとはいえないこと，養親の嫡出子は，養子の本国法上の規定により養子縁組の成否を左右する立場を得ることへの期待可能性を有していないことなどを理由に，通則法31条1項後段の第三者に含まれないとする見解がある（櫻田319頁以下，澤木＝道垣内128頁）。これに対し，養親の嫡出子は通則法31条1項後段の第三者に含まれるとする見解も主張されている（横山潤・国際家族法の研究〔有斐閣，1997〕221頁～222頁）。この立場を前提に，養親の嫡出子が通則法31条1項後段の第三者に含まれるとしながらも，養親の嫡出子の同意が得られないからといって養子縁組の成立を否定することは公序に反するとした裁判例がある（水戸家土浦支審平成11・2・15家月51巻7号93頁）。さらに，養親側の親族は養子の本国法の適用の予見可能性を有さず，セーフガード条項はその法律上の保護を念頭に置いていないことを理由に，養子との間に縁組の時点まで身分関係になかった者（例えば養親の配偶者や嫡出子）を第三者から除外する見解も学説上主張されている（注釈国際私法(2)116頁〔植松〕）。また，前述の裁判例のように養親の嫡出子の同意が得られないことをもって養子縁組の成立を否定することが公序違反になるとの立場に対しては，まず学説の多数が公序違反の判断については慎

重であるべきであると考えていることや，同意が得られないことで養子縁組の成立が否定されることが常に公序違反になるというのであれば，そもそもこの問題が保護要件に該当するという性質決定自体が条文の趣旨に反しているというべきであるとして，反対する見解も強い（澤木＝道垣内128頁）。

　養子の本国法が養子縁組を禁止している場合はどうなるか。例えばイスラム法国には養子制度自体が存在せず，当然，養子縁組に当たっての同意や承諾といった規定も存在しない。このように，イスラム法上養子縁組が禁止されていることから，日本で成立した養子縁組が養子の本国で承認される可能性は期待できないため，もし跛行的な養親子関係の成立を回避しようとすれば，養子縁組を禁止する養子の本国法の態度は無視しえないとする見解がある（横山283頁以下，注釈国際私法(2)117頁〔植松〕）。しかし，多数説は，養子の本国法が適用されるのは，通則法31条1項後段所定の保護要件についてのみであること，養子の本国法上の養子縁組の禁止を考慮する見解に対しては，養子の本国における承認の確保や養子縁組に関する事後の紛争防止機能をもって子の保護とするという従来考えられてきた子の保護とは別次元の子の保護を考えるものとして，養子縁組の禁止は保護要件には該当しないとする（溜池506頁，櫻田320頁，澤木＝道垣内127頁以下，中西ほか341頁）。

(2) **公的機関の許可その他の処分**

　通則法31条1項後段の「公的機関の許可」については，まず，養子の本国法が養子縁組の成立要件として裁判所の養子決定や命令を必要とする決定型の養子縁組制度を採用している場合には，当該裁判所の決定や命令もまた保護要件に該当するとの立場がある。この立場は，子の保護の観点から，公的機関の関与を認めることがセーフガード条項の趣旨に合致すると考えるものであり，裁判例はこの立場に立つものが多い（例えば，前掲盛岡家審平成3・12・16）。しかし，このような処理を行うと，養子決定の前提として養子の本国法の定めるすべての成立要件を充足しているか否かの審査がまず行われなければならないため，養親の本国法に重ねて養子の本国法を全面的に累積適用する結果となりかねない。そのため，養子の本国法の適用は，あくまでも子などの承諾・同意の問題に代わる公的機関の許可（例えば，児童福祉機関の許可など）に限られる

とする見解もある（横山283頁，植松真生「法例における"セーフ・ガード条項"について」一橋論叢116巻1号〔1996〕197頁）。この見解は，セーフガード条項の趣旨を，より厳密に養子または第三者が当該養子縁組に関与する権利を保護することにあると解しており，養子縁組成立自体の当否を判断する公的機関の関与を保護要件から除外する。

4　離縁の準拠法

　離縁については，通則法31条2項によって準拠法が定められ，同条1項前段の規定が適用される結果，養親の本国法が準拠法となる。婚姻の成立と離婚については異なる連結政策がとられているのに対し，養子縁組の成立と離縁では同一の準拠法が指定される。養子縁組には断絶型と非断絶型の養子縁組があり，それぞれ離縁の方法は著しく異なっている。養子縁組については，成立と解消とが密接に関係するものとして制度設計されているといえるため，成立と離縁の準拠法が異なることは適当ではない。そこで，養子縁組については，成立から終了までを同一の準拠法によらせることが望ましいとされたのである。なお，準拠外国法が離縁を全く認めない場合に，これを公序違反とした裁判例がある（水戸家審昭和48・11・8家月26巻6号56頁〔沼辺愛一・渉外判例百選〔第2版〕146頁〕）。

5　解答例

(1)　問題(1)

　AB夫婦とDとの間の養子縁組が成立するか否かは，通則法31条1項の養子縁組の問題である。本問は，夫婦共同養子縁組であるため，AD間の養子縁組とBD間の養子縁組とに分けて準拠法を指定する。AD間の養子縁組の実質的成立要件については，通則法31条1項前段の養親の本国法である甲国法が準拠法として指定され，甲国法上のすべての実質的成立要件を満たす必要がある。また，同条1項後段に従い，養子の本国法である乙国法が指定され，乙国法上の保護要件を充足する必要がある。BD間の養子縁組の実質的成立要件については，通則法31条1項前段の養親の本国法である日本法が準拠法として

指定され、日本民法上のすべての実質的成立要件を満たす必要がある。また、同条1項後段に従い、養子の本国法である乙国法が指定され、乙国法上の保護要件を充足する必要がある。

(2) 問題(2)

問題(1)の処理を前提にすると、AD間の養子縁組の成立については、Aの本国法たる甲国法が、BD間の養子縁組の成立については、Bの本国法たる日本法が準拠法となる。本問では、Dが10歳であるため日本法上は特別養子縁組ではなく契約型の普通養子縁組の成立要件について審査することになる。これに対し、甲国法上、決定型の養子制度が採用されていることから、準拠外国法上の養子縁組の代行可能性の問題、すなわち、わが国の家庭裁判所の許可審判と成立審判のどちらの手続を用いてこれを成立させうるかが問題となる。準拠外国法が決定型の養子縁組法制を採用している場合、特別養子縁組の成立審判によりこれを成立させることができるとする見解がある一方で、家庭裁判所の許可審判によってこれを代行するいわゆる分解理論も主張されている。分解理論とは、決定型の準拠外国法上の養子決定の裁判を、実質的成立要件としての公的機関の関与を要する部分（家庭裁判所の許可審判で代行）と養子縁組を創設させる方式の部分（養子縁組届出の受理〔34条〕による）とに分解して処理するものである。これら2つの立場のうち、一般論として、いずれの立場を採用するかであるが、分解理論の方法では養子縁組はあくまで届出によって成立したものにすぎず、決定型の準拠外国法を正しく適用したことにはならないため、家庭裁判所の特別養子縁組の成立審判によって成立させるべきであろう。

もっとも、家庭裁判所の成立審判で代行しようとすることは、本問については困難である。というのも、本件は夫婦共同養子縁組のケースであり、養親の一方であるBの本国法が契約型の養子縁組の成立を認め、他方のAの本国法が決定型の養子縁組でかつ夫婦が共同して縁組を行うことしか認めていない場合であるため、それぞれの養親の本国法上の養子縁組の成立方法が異なり、同時に養子縁組を成立させることが難しく、成立審判が使えないからである。そこで、分解理論に従い、甲国法上の養子決定の裁判を、実質的成立要件としての公的機関の関与を要する部分と養子縁組を創設させる方式の部分とに分け、

前者については，日本の家庭裁判所の許可審判で代行し，後者については，通則法34条に従い，日本の戸籍役場での養子縁組届出の受理によることになる。

(3) 問題(3)

通則法31条1項前段の養親の本国法に重ね，同条1項後段のセーフガード条項に従い，養子Dの本国法である乙国法が保護要件について累積的に適用される。乙国法によれば，養子縁組には養親の嫡出子の同意が必要とされているため，これが通則法31条1項後段の保護要件に該当するか否かが問題となる。なお，通則法31条1項前段で適用される養親Aの本国法である甲国法や養親Bの本国法である日本法上，養親の嫡出子の同意は要求されていない。

これについては，養子の本国法上の養親の嫡出子の同意を要求する規定は，一般的には養子の保護のためであるとはいえないし，また，養親の嫡出子は，養子の本国法上の規定により養子縁組の成否を左右する立場を得ることへの期待可能性を有していないため，通則法31条1項後段の第三者に含まれないと解すべきであろう。

(4) 問題(4)

ABとDとの間の離縁の可否については，通則法31条2項の離縁の問題である。離縁については，通則法31条2項に従い縁組当時の養親の本国法による。本問は，夫婦共同養子縁組の離縁の問題であるため，AD間の養子縁組の離縁の可否については，縁組当時の養親Aの本国法たる甲国法，BD間の離縁の可否については，縁組当時の養親Bの本国法たる日本法の要件を満たす必要がある。

6 例題の検討

例題1(1)については，夫婦共同養子縁組の準拠法決定の際に，養子と実方の血族との親族関係の終了について，それぞれの養親の本国法が異なる規律を設けている場合に，それぞれの養親との関係でどのような効力が生じるのかを検討することで結論が得られよう。

例題1(2)については，夫婦共同養子縁組の準拠法という論点と準拠外国法

が決定型の養子縁組制度を採用している場合の日本の裁判所の代行可能性の論点とが複雑に絡み合っている問題である。

例題 2 については，通則法 31 条 1 項後段のセーフガード条項の趣旨を検討することで結論が得られよう。

 例 題

1
(1) 問題(1)において，養子と実方の血族との親族関係の終了について，甲国法が断絶型の養子縁組制度を採用する場合には，養親双方との関係でどのような効力が生じうるか。
(2) 問題(2)において，D が 6 歳未満で日本法上特別養子縁組が成立する場合には，結論に差異が生じるか。

2 問題において，AB が D を養子とするのに，D の実親は同意しているし，D 自身もそれを望んでいる。甲国法および日本法のいずれもが本件養子縁組の成立を認めているが，乙国法はイスラム法国に属し，乙国には養子制度が存在しない。本件養子縁組の成立は可能か。

［北澤安紀］

No.19 親子関係と子の奪取

問題

　甲国籍を有する男Aと，日本国籍を有する女Bは夫婦であり，甲国籍を有する子Cがいる。ABCは，ずっと甲国で生活を営んでいたが，ABが不仲となり，Aは自宅にはほとんど帰らず，生活費をBに渡さないようになった。困ったBは，Cを連れて日本に帰国した。

(1) BCが日本に帰国した後，甲国においてAB間に離婚が成立し，その際にはAが親権者とされた。ところが，その後Aは再婚し，BやCから連絡しても返答がなくなってしまった。
　① ABが離婚したあとのCの氏については，いかなる国の法によって判断することとなるか。
　② BがCの親権者を自分に変更することができるか否かは，いかなる国の法によって判断することとなるか。
　③ CがAに対して扶養料の支払を求めた場合，その可否や金額等については，いかなる国の法によって判断することとなるか。

(2) BCが日本に帰国して5年後にAが死亡した。現在Cは18歳である。Cが親権に服するか，また服するとした場合の親権の所在や内容についてはいかなる国の法によって判断することとなるか。

(3) 仮に，BCが日本に帰国した直後に，AがCを取り戻したいと考えた場合には，Aにはどのような方法があったか。

論 点

① 親子間の法律関係の準拠法
② 親子間の法律関係と行為能力との関係
③ ハーグ子奪取条約

解 説

1 親子間の法律関係の準拠法

(1) 親子間の法律関係の準拠法によるべき問題

(a) 概 要

法適用通則法28条～31条が定める準拠法に従い成立した各種の親子関係について，その親子間の法律関係は一つの単位法律関係にまとめられ，その準拠法は一律に32条により定められる。これは，国際私法上も同一の親の下における子の平等を図る趣旨と解される（溜池514頁）。

32条により指定される準拠法は，身分関係であると財産関係であるとを問わず，親子間のすべての法律関係に適用される。例えば，**親権者・監護権者**の決定（父母の共同親権か，単独親権かの問題も含む），親権・監護権の内容（身上監護，財産管理のいずれも含まれる。居所指定権，面会交流権，懲戒権，職業許可権，財産管理権等），親権の消滅（親権の喪失，親権または管理権の剥奪等）がここに含まれる。

(b) 離婚の際の親権者の決定

離婚の際の親権者（監護権者）の決定について，従来は離婚に付随して生じる問題であり，離婚問題と統一的に処理すべきであるとして，離婚の問題と性質決定する見解も見られた。しかし，そもそもこの問題は未成年子に関し法的責任を負うべき親を決める問題であるから，夫婦間の問題ではなく親子関係の問題であると言えるし，また，離婚に関する27条が準用する25条が夫婦にのみ着目した連結政策を採用しているのに対して，32条は子にも留意した連結政策をとっており，抵触法上の子の利益（子の最密接関係地法の適用）に適うと

考えられるため，現在はこの問題を32条によらしめるのが通説・判例である。

(c) 面会交流権

面会交流権とは，親権や監護権を持たない親に，子と接触する（子との実際の対面のほか，手紙やメール，電話等の手段を用いるものも含まれる）機会を保障するものである。これは，親権や監護権の問題と統一的に処理されるべき問題であるから，面会交流権の準拠法も，親権・監護権の準拠法と同じく，32条によって決すべきである（横山44頁参照）。

(d) 後見との関係

未成年子に対する身上監護のために開始する後見（35条）と32条による親権の関係においては，基本的に後見の補充性が認められる。したがって，32条により定まる親権準拠法上は親権が消滅するのに，後見準拠法上は親権が消滅しないために後見が開始されない場合には，親権の有無は親権準拠法によって決定されるものと解して，親権が消滅したことを前提に後見開始を認めるべきである。逆に，親権準拠法上は親権が消滅しないのに後見準拠法上後見が開始される場合は，親権が存続する以上，親権準拠法により親権者による監護を決定すべきである（注釈国際私法(2)142頁〔河野俊行〕。No.2参照）。

(e) 氏

身分変動に伴って氏が変わる場合の氏の準拠法については一般に，3つの見解に大別される（澤木＝道垣内151頁〜152頁）。子の氏についても同様に，(1)氏の問題は人格権の問題の一種であるとして，常に本人の属人法たる本国法によるとの見解（**人格権説**），(2)身分変動に伴う氏の問題は身分変動の原因となった身分関係の効力の準拠法によるべきとし，子の氏については親子関係の効力の準拠法によらせる見解（**身分関係効力説**），(3)氏（姓）は自国民についての識別符号にすぎず，実体法上の身分変動に必ずしも直結しているわけではなく，公法上の問題であるとする見解（**公法説**，**氏名公法理論**）等が主張される。子の氏の問題について上記(2)の見解をとる場合にのみ32条の適用範囲に含まれることになろう。

(f) 子の扶養

子の扶養の準拠法について，32条の適用はない。この問題については43条1項本文により通則法の適用が排除され，「扶養義務の準拠法に関する法律」

（以下「扶養法」という）が適用されるからである。扶養法2条1項は，まず，扶養権利者（扶養を請求する者）の常居所地の法を扶養義務の準拠法と定め，その法により扶養を受けられない場合は，扶養権利者と扶養義務者との共通本国法を準拠法とするが，それでも扶養を受けられない場合は，同条2項により法廷地法たる日本法が準拠法とされている。この段階的連結は，扶養請求権ができるだけ認められるよう構成されている点で実質法的に方向づけられており（横山292頁），通則法において適切な準拠法を求めるために採用される段階的連結とは性質を異にしている（補正的連結とも呼ばれる〔溜池86頁〕）。

(2) 親子間の法律関係の準拠法はどのようにして決まるのか

(a) 段階的連結の採用

32条は，全体的には，第1順位を子の本国法，第2順位を子の常居所地法とする**段階的連結**を採用している。

第1順位の子の本国法については，父または母の本国法と子の本国法とが同一である場合という制約が付いているから，結局，父と子の同一本国法か母と子の同一本国法があればそれにより（この限りでは選択的連結），いずれの法もない場合には子の常居所地法によることになる。

同条括弧内の「父母の一方が死亡し，又は知れない場合にあっては，他の一方の本国法」という文言は，死亡または知れない親と子との間には同一本国法はないものとして扱うべきことを注意的に定めたものである（澤木＝道垣内130頁）。また，父母の一方が「知れない場合」とは，父母が法律上誰か分からない場合を指す（中西ほか344頁）。

(b) 準拠法の基準時

32条は，連結の時点を特に示していないため**変更主義**を採用しているものと解される。この場合，事実審の口頭弁論終結時までは準拠法の変更が可能である。

(c) 本国法の優先

32条につき，立法論上は子の常居所地法をより重視すべきであるとの見解もありうる。例えば，第三者の予見可能性，および子の迅速かつ実効的な保護という面からは，子の常居所地法を第1順位にする方が適切であるようにも思

われるからである。しかし，子の常居所は変更される可能性がある（横山287頁）。また，子の本国法を適用することによって，特に法定代理との関係で要求される準拠法の明確性の要請に応えることができるし，通則法が一般的に常居所地法より本国法を優先していることとも整合的である（神前＝早川＝元永197頁）。さらに，離婚準拠法が日本法となり協議離婚届が日本の戸籍窓口に提出される場合，戸籍事務の円滑な処理を図るためには親権者指定についても準拠法が明確であることが望ましく，戸籍により子が日本人であることが分かる場合には準拠法は日本法とすることができるため，本国法が優先されたという（通則法の前身である平成元年法例改正時の）立法経緯もある（澤木＝道垣内130頁〜131頁）。

(3) 反　　致

41条ただし書は，段階的連結を採用する32条を明文で除外している。その理由については，段階的連結の場合は関係当事者に共通する準拠法を精選しているからそれを尊重すべきである，通則法が子の福祉を基準にして準拠法を選択しているのに，子の本国の国際私法が親の住所地等を連結点として反致してくるならば，通則法の趣旨が損なわれる（注釈国際私法(2)141頁〔河野〕），32条の連結政策自体が，本国法主義と住所地法主義の対立緩和のために反致制度を定める41条の趣旨に合致しないからである（澤木＝道垣内46頁）等と説明されている。

2　親子間の法律関係と行為能力との関係

親権は未成年の子に対して行使される。とするならば，親権の対象となる子が未成年か否かを決定する準拠法についてどのように考えるべきかが問題となる。通説は，この問題を**行為能力**の問題として4条によらせ，同条が指定する準拠法によって子が成年に達したと判断されれば，32条で定まる準拠法いかんにかかわらず親権は消滅するものと考えている（注釈国際私法(2)137頁〔河野〕）。

3 ハーグ子奪取条約およびその実施法

　国際的に国境を越えた人や物の移動が盛んになるに従い国際結婚が増加する一方で，婚姻生活が破綻した際に，一方の親が他方の親の同意を得ることなく子を国外に連れ出して子と他方の親との交流を断つ等，子の国際的な連れ去りの問題が20世紀後半からクローズアップされてきた。国際私法の諸問題について議論する国際私法会議が1980年に採択した「**国際的な子の奪取の民事上の側面に関するハーグ条約**」（以下「本条約」という）は多くの国々で批准され，日本においても2014年に本条約は発効し，同時に本条約の実施法である「**国際的な子の奪取の民事上の側面に関する条約の実施に関する法律**」（全153条。以下「本実施法」という）が施行された。本条約は，子の元の常居所地が締約国内にある場合に適用される。

　子（本条約は16歳未満の子を対象とする）の利益を至高のものと捉える本条約は，一方の親の親権・監護権を不法に侵害して子が国外へ連れ出された場合には，子を元の常居所地国へ迅速に返還することこそが子の利益に適うものと解し，そのための協力体制を各締約国間で築こうとするものである。本実施法3条は，日本の窓口となる中央当局を外務大臣と定めている。本条約の原則的役割はあくまでも子を元の常居所地へ迅速に返還するところまでであり，子の監護に関する実質的な判断は，別途，子の常居所地国の裁判所で行われるべきである（本条約および本実施法は，返還命令を下す際に監護権に関する判断は行ってはならない旨規定する）。

　本実施法の26条以下には，子の返還手続に関する詳細な規定が置かれており，とりわけ，子の返還を例外的に拒絶しうる一定の事情を定めた同28条の解釈・適用は，本実施法における重要なポイントの1つと解されている。また，子の返還の実効性を確保するため，執行に関する諸規定も整備されている。

　さらに，本条約は，親権・監護権を有しない親と子との（国境を越える）面会交流の機会の確保を，子の利益の観点から，また子の奪取を防止するために重要なものと位置付け，これを受けて，本実施法も面会交流援助に関する規定を設けている。

4 解 答 例

(1) 問題(1)

① 氏の準拠法については，人格権説，身分関係効力説，公法説（氏名公法理論）の3つの見解がある。人格権説に立つならば，氏の問題はその者の人格権に関わる問題であり，属人法である本国法が準拠法となる。Cの本国法は甲国法であるから，この場合の氏の準拠法は甲国法となる。この説に立つ場合，反致をどのように解するかは明らかではないが，反致の成立を認めることは人格権説の趣旨に合致しないであろう。次に，身分関係効力説によれば，親の離婚により生ずる身分変動に伴う子の氏の問題は，親子間の法律関係の一問題として32条に従うことになり，本問では，父Aと子Cの同一本国法たる甲国法が準拠法となる。また，公法説によれば，氏の問題は日本の公法の問題として常に日本の公法に従うことになる。この場合，「氏」は日本人しか有しえないから甲国人たるCは氏を持たない。ただし，Cの「姓」（ファミリーネーム）をCの本国たる甲国の公法が規律することは考えられるだろう。

② Bが甲国在住のAを相手方として日本の裁判所において親権者変更を申し立てた場合，まず，この問題につき日本が国際裁判管轄を有するかが問題となる（この点については，No.29参照）。

仮に，日本に管轄が認められるとした場合，親権の帰属の問題は，親子間の法律関係の問題に含まれると解されるから，法32条により準拠法が決定される。本問では，父Aと子Cの同一本国法たる甲国法が準拠法となる。

③ 夫婦，親子その他の親族関係から生ずる扶養の問題は，扶養法の規定に従う（通則法43条1項本文も参照）。本問における父Aに対する子Cの扶養料請求の準拠法は，扶養法2条によって決められる。そこで同条を本問に当てはめると，扶養権利者であるCの常居所地が甲国である場合には甲国法が，日本であれば日本法がそれぞれ準拠法となる。Cの常居所が甲国であり，かつ甲国法では扶養を受けることができない場合，第2段階のAとCの共通本国法も甲国法であるため，第3段階の（法廷地法としての）日本法が準拠法となろう。

(2) 問題(2)

　親権は未成年者に対するものであるから，18歳たるＣが未成年者か否かを検討する必要がある。この問題は，行為能力に関する4条により定まる準拠法に基づき判断される。4条によれば，（反致が成立しない限りにおいて）Ｃの本国法たる甲国法が準拠法となる。甲国の実質法が成年年齢を19歳以上と定めている場合はＣは未成年となる。

　親権の所在や内容の問題は親子間の法律関係の問題と考えられるから，32条によって準拠法を決する。本問では，Ａは死亡しており，母たるＢ（日本人）と子たるＣ（甲国人）との間に同一本国法はないため，子Ｃの常居所地法による。子Ｃは日本に帰国して5年が経過しており，通常は日本に常居所ありと考えられるので，Ｃの常居所地法は日本法である。結局，親権の所在や内容については日本法によることになる。

(3) 問題(3)

　子の奪い合い事案において，日本で可能な子の引渡しの実現方法としては，(1)民事執行手続による方法（動産引渡執行に関する民事執行法169条の類推適用），(2)家事事件手続による方法（家事171条・175条等），(3)人身保護手続による方法があるが，これらは主として日本国内の事案を念頭に置くものであった。ここに新たに，ハーグ子奪取条約に基づく手続が加わった。ここでは，本条約およびその実施法による場合について述べる。

　国境を越えた子の連れ去り事案である本問において，甲国居住のＡとしては，甲国および日本が本条約の締約国である場合には，本条約（および甲国または日本の実施法）に従い，子の返還を求める手続を開始すること（日本や甲国の中央当局への申立て等）が可能であったと考えられる。

　例えば，日本の中央当局に申し立てる場合，子の返還命令を得るためには，以下のいずれの要件をも満たさなければならない。すなわち，(1)子が16歳に達していないこと，(2)子が日本国内に所在していること，(3)常居所地国の法令（国際私法も含む）によれば，当該連れ去りまたは留置が申立人の有する子についての監護の権利を侵害するものであること，(4)当該連れ去りの時または

当該留置の開始の時に，常居所地国が条約締約国であったこと，(5)子の返還拒否事由が存在しないこと，である（本実施法27条，28条1項・2項）。(1)について，本問では，日本に帰国した時点でCは13歳くらいであったと考えられ，その直後に返還を申し立てる場合，Cは本条約の適用対象となろう。(3)については，Cの元の常居所地である甲国においてA・Bの離婚が成立した際にAがCの単独の親権者とされているから，その後に親権者の変更等がない限り，BによるCの連れ去りはAの監護権を侵害していると言えよう。(5)について，本条約は，「迅速な」子の返還が子の利益に適うとの考えから，子の返還申立てが子の連れ去りまたは留置から1年経過後になされ，かつ子が新たな環境に適応している場合には子の返還拒否事由とする。しかし，本問では，B・Cが日本に帰国した直後にAがCを取り戻そうとしているので，この点の問題は生じないであろう（なお，本問のような事案では，特に，Cの甲国への返還が「子を耐え難い状況に置くこととなる重大な危険」をもたらさないか，あるいはCが「返還されることを拒んで」いないか等について，裁判所は慎重に判断すべきである）。

5　例題の検討

例題1は，日本の通則法による場合の面会交流権の準拠法，2は，本条約および本実施法による面会交流の実現方法を，それぞれ問うものである。2に関し，子が日本に所在する場合の面会交流については，本実施法16条〜20条に規定が置かれている。

▶▶▶　例　題

婚姻以来乙国に居住する夫D（乙国人）と妻E（日本人）は，子F（乙国と日本の二重国籍）が10歳になる頃から不仲となり，Dは自宅にはほとんど帰らず，生活費をEに渡さないようになった。そこで，Eが，乙国裁判所にDとの離婚およびFの親権を求める裁判を提起したところ，乙国裁判所はD・Eの離婚を認め，Fの親権者をEとする決定を下した。その後，EはFを連れて日本に帰国したため，DはFに全く会えなくなってしまった。

(1) DはEに対しFとの面会交流を求める審判を日本の裁判所に申し立てた。この場合，面会交流権に関する準拠法は何国法か。
(2) 上記(1)以外に，DがFとの面会交流を求める方法はないか，検討せよ。

［織田有基子］

No.20 相続・遺言

問題

　甲国籍を有し，わが国に住所を有するAが，わが国において，Bの運転する自動車にはねられて死亡した。Aはわが国および乙国に不動産を有するほか，わが国に動産，預金債権といった財産を有している。また，Aの残された親族には，日本人である配偶者のC，AC間の子であり日本と甲国の二重国籍者であるDEがいる。

(1) Cらは，Aの損害賠償請求権を相続したとして，Bに対してその支払を求めた。これに対してBは，様々な主張を行ったが，その中には，Aの慰謝料請求権は一身専属的なものであり，相続の対象とはならず，Cらはそれを相続していないというものがあった。Bのこのような主張については，いかなる国の法によって判断すべきか。

(2) 甲国法によれば，遺言がない場合には，死亡した者が有していた財産はすべて遺産管理人に帰属し，債務の弁済等の清算がなされた後にはじめて相続人に引き渡される。わが国にある財産についても，甲国法によって遺産管理がなされるべきであろうか。

(3) この事案において，Aが遺言を作成し，そこには「Fを認知する」旨記載されていたとする。Cは，Aが遺言作成時において正常な判断能力を失っていたとして，AによるFの認知は無効であると主張している。このような主張の当否はいかなる国の法によって判断されるか。なお，Fは日本国籍を有するものとする。

(4) この事案において，Aが遺言を作成し，自己の財産について各相続人について相続分の指定を行っていた。このような遺言が方式上有効とされるのはどのような場合か。

論 点

① 相続財産の構成
② 遺産管理の準拠法
③ 遺言の準拠法の適用範囲
④ 遺言の方式の準拠法

解 説

1 相続財産の構成

(1) 総 説

相続財産は，相続されるべき客体として集合的に捉えることができるが，具体的にみてみると，被相続人が有した個々の権利義務から構成されている。そのため，問題(1)のように，相続準拠法と個々の権利義務の準拠法（以下「個別財産準拠法」という）とが異なり，相続財産となるか否かについて異なる規律をしている場合，被相続人に属していた権利義務のうちどのようなものが相続されるのかという**相続財産の構成**の問題についての法適用が問題となる。

(2) 学 説

(a) 累積的適用説

かつての通説は，ドイツ国際私法において明文で定められている「**個別準拠法は総括準拠法を破る**」という原則がわが国にも継承されているとして，個別財産準拠法が相続準拠法と異なる定めをしている場合には，たとえ相続準拠法が相続財産であることを認めていても，個別財産準拠法の定めが優先されると解する（山田 575 頁，溜池 542 頁，335 頁，木棚＝松岡＝渡辺 266 頁，木棚照一・国際相続法の研究〔有斐閣，1995〕331 頁以下，基本法コンメンタール 135 頁〔笠原俊宏〕）。つまり，この見解によれば，相続準拠法と個別財産準拠法の双方が相続財産の構成の問題について累積的に適用されることになる。

しかし，「個別準拠法は総括準拠法を破る」の原則の意義（石黒一憲「相続の

準拠法」中川善之助先生追悼現代家族法大系編集委員会編・現代家族法大系4〔有斐閣，1980〕442頁，櫻田213頁以下，341頁，道垣内・各論124頁以下）や，この見解の形成経緯を辿りそのより正確な理解を試みるという観点から（早川眞一郎「『相続財産の構成』の準拠法について」関西大学法学論集38巻2＝3号〔1988〕707頁以下），あるいは，単位法律関係ごとに連結点を通じて準拠法を決定するという国際私法の構造上一つの問題を複数の単位法律関係に該当すると性質決定すべきでないという観点から（道垣内・各論121頁以下），次のような異なる見解が有力に主張されている。

(b) 配分的適用説

相続財産の構成という問題の適用範囲を明確に分けて相続準拠法と個別財産準拠法を配分的に適用する見解がある。しかし，いかに配分適用するかについて説によって違いが見受けられる。①説は，（ア）相続準拠法により，どのような属性・要素を持つ権利義務が相続されるのかを決定し，（イ）このようにして決定された属性・要素を当該権利が有するか否かは個別財産準拠法により判断する（早川・前掲743頁以下，道垣内・各論124頁）。その理論構成自体が，一身専属権を相続の対象外とする日本民法の規律に引きずられている，という指摘もある（神前＝早川＝元永227頁）。日本民法のような一身専属権の相続性を否定する規定を持たず，慰謝料請求権など個々の権利義務についてその相続性が直接に規定あるいは議論されている法制が相続準拠法となる場合にも万能であるかも問題となろう（中西康「演習」法教317号〔2007〕138頁）。また論者自身も認めるように，相続されるための属性の抽出という作業の困難やその実益の有無も問題となろう（早川・前掲357頁，365頁～367頁）。

②説は，（ア）権利義務の存続性と一般的な移転可能性を個別財産準拠法に依拠させ，（イ）当該権利義務が相続人への移転の対象となる種類の財産なのか（相続財産の構成，厳密な意味での相続性）は相続準拠法に依拠させる（烁場準一「判批」ジュリ909号〔1988〕120頁，注釈国際私法(2)197頁以下〔林貴美〕）。この説に対しては，個別財産準拠法にのみ存在する種類の権利義務の相続が問題となったときに，相続準拠法でその相続性を判断するのが難しいとの指摘がある（早川・前掲746頁）。

(c) 個別財産準拠法説

　相続財産の構成の問題をもっぱら個別財産準拠法のみに依拠させる見解もあるが，その論拠は多様である。例えば，ある財産権の移転可能性については当該財産権自体の準拠法によると考えられており，相続による移転の場合のみを特別扱いする理由はなく，この場合も端的に個別財産準拠法のみによることで足りるとして，個別財産準拠法説に立つものがある（神前＝早川＝元永223頁，中西康・百選161頁）。また，準拠法の累積ないし配分的適用は，不法行為債権・債務の相続を二重にチェックすることにより被害者保護を困難化する危険性をはらむことから不法行為準拠法のみに依拠させることに賛同する見解もある（中野俊一郎「判批」ジュリ1009号〔1992〕122頁，松岡博・国際家族法の理論〔大阪大学出版会，2002〕134頁以下。その他，個別財産準拠法説に立つものとして，石黒・前掲431頁以下，髙鳥（林脇）トシ子・昭和62年度重判解〔1988〕266頁，同・渉外判例百選〔第2版〕169頁，嶋拓哉「判批」ジュリ1485号〔2015〕141頁などがある）。

　しかし，個別財産準拠法説は，権利義務の移転可能性をその個別財産の準拠法に依拠させるという点では理にかなっているが，財産の種類を問わずすべてを包括的に被相続人の属人法に依拠させる**相続統一主義**とは整合的でなく，どのような種類の財産が相続されるかという問題は，やはり相続準拠法に依拠させるべきではないかとの批判もある（注釈国際私法(2)200頁〔林〕）。

(3) **裁 判 例**

　不法行為に基づく損害賠償債務が相続されるかが争われた事案で，累積的適用説に立った裁判例がある（大阪地判昭和62・2・27判時1263号32頁。中西康・百選160頁以下も参照）。米国カリフォルニア州においてZ（日本人）の過失による交通事故で重傷を負ったX（日本人）が，Z（同事故で死亡）に対する損害賠償債務を相続したとしてZの両親であるYらに対して損害賠償を請求した事案である。

　大阪地裁は，本件では，不法行為準拠法（カリフォルニア州法）と相続準拠法（日本法）とが異なる内容を規定するが，「そのうちのいずれかを優先的に適用すべきものとする根拠も見当たら」ず，本件債務の相続性を肯定しこれが相続

によってYらに承継されるには，不法行為準拠法も相続準拠法もともにこれを認めていることを要するとした。そして，カリフォルニア州法上債務の相続性が認められないことから請求を棄却した。

同様に，累積的適用説に立ったと思われる裁判例として，ハワイ州のジョイント・アカウント預金の相続性が問題となった東京地判平成26・7・8判タ1415号283頁がある。

2　遺産管理の準拠法

相続財産の管理・清算の問題に関しては，多数説は，**相続統一主義**の下では相続に関する問題を包括的に被相続人の本国法に依拠させるべきであることや，相続人の捜索や債権者による請求の申立てのための一定期間後それらの権利を失わせる機能を持っていることを重視し，相続人および相続財産の確定の問題として相続準拠法の適用範囲とする（山田578頁～579頁，溜池542頁，木棚・前掲264頁以下，287頁以下）。

これに対して，自国の遺産債権者・遺産債務者との関係の清算処理こそが相続財産の管理・清算行為の主たる機能であると捉え，英米法上もそのために管理・清算が属地的に行われていることなどを根拠に，この過程を一般的に，あるいは特に英米法上の相続財産の管理・清算について相続準拠法の適用範囲から除き，財産管理地法に依拠させるべきであるとする見解がある（矢ヶ崎武勝「英米法の遺産管理に関する牴触法上の一考察(3・完)」国際法外交雑誌57巻1号〔1958〕75頁以下，平塚真・渉外判例百選〔増補版〕150頁～151頁，沼辺愛一・争点213頁，田中徹「判批」ジュリ812号〔1984〕137頁以下）。

しかし，被相続人の本国法が**包括相続主義**をとるか，**清算主義**をとるかでその適用範囲を異にすると解することは，条文の解釈上も難しく（畑口紘・渉外判例百選〔増補版〕149頁），相続制度の中から管理・清算制度を分離独立させることの可能性・妥当性が疑わしいと批判されている（溜池良夫・昭和48年度重判解〔1974〕207頁，木棚・前掲290頁）。また，英米抵触法上，管理・清算を必ずしも財産所在地法に依拠させているとはいえない（木棚＝松岡＝渡辺263頁～264頁）。さらに，相続財産が複数の法域に所在する場合，特に遺産が全体として完済不能の場合など，遺産債権者間の衡平を維持するために，管理・清算を一

つの法によって統一的に処理する要請が働くことから，管理・清算を相続から除外することは妥当ではない（木棚・前掲265頁以下，山田570頁）。

なお，英米法系諸国では，相続財産の管理・清算と分配・移転とを分け，いわゆる相続準拠法が適用されるのは，後者のみである。前者の相続財産の管理・清算については，裁判管轄が認められた裁判所の法廷地法が適用されるため，隠れた反致が問題となる（澤木敬郎「渉外相続事件をめぐる問題点」川井健ほか編・講座 現代家族法(5)〔日本評論社，1992〕271頁以下，木棚・前掲291頁以下，櫻田嘉章「相続の準拠法」判タ996号〔1999〕188頁，基本法コンメンタール141頁〔笠原〕。なお，英米法上の相続財産の管理・清算については端的に反致が認められると述べる文献もある。早田芳郎「判批」ジュリ215号〔1960〕92頁，溜池・前掲207頁，山田570頁以下）。

3　遺言の準拠法の適用範囲

通説は，意思表示としての**遺言**自体の問題と，遺言の内容として遺言で定められた法律行為の問題（遺言の実質的内容の問題）とに二分し，前者のみを法適用通則法37条の適用範囲とし，後者の遺言の実質的内容となる法律行為は，当該法律行為の準拠法に依拠させる。例えば，遺贈は相続に関わるものとして36条に，認知の成立および効力は29条に，後見人の指定は35条によることになる。

37条1項にいう遺言の成立には，遺言能力（遺言をする能力を指し，遺言の内容をなす法律行為をする能力ではない），詐欺や強迫などによる意思表示の瑕疵，遺言に条件をつけることの可否などの問題が含まれ，遺言の効力とは，遺言の効力発生時期の問題等を指す。遺言能力が欠けている場合や遺言という意思表示に瑕疵がある場合，その遺言の効力がどうなるかの問題も，遺言の成立の問題として本条1項の問題とされる（植松真生「遺言事項その他の準拠法」判タ1100号〔2002〕490頁以下）。

4　遺言の方式の準拠法

遺言の方式に関しては，1964年にハーグの「遺言の方式に関する法律の抵触に関する条約」を日本が批准したのに伴い，同条約を国内法化するために

「遺言の方式の準拠法に関する法律」が制定されている。同法は，遺言を方式上できるだけ有効にしようとする，いわゆる遺言保護の観点から制定されている。そのため，選択的連結を採用しており，遺言は，その方式が①行為地法，②遺言者が遺言の成立または死亡の当時国籍を有した国の法，③遺言者が遺言の成立または死亡の当時住所を有した地の法，④遺言者が遺言の成立または死亡の当時常居所を有した地の法，⑤不動産に関する遺言については，その不動産所在地法，のいずれか一つにでも適合するときは，方式に関して有効である（同法2条）。遺言を取り消す（撤回する）遺言については，前述①から⑤の法に加えて，取り消される従前の遺言の方式に関する準拠法のいずれかに適合するときも，方式に関して有効である（同法3条）。

5 解答例

(1) 問題(1)

本問で問題とされているのは，慰謝料請求権がAの相続財産に含まれるか否かという相続財産の構成に関する論点である。これに関しては，前述1のとおり，累積的適用説，配分的適用説，個別財産準拠法説が主張されている。

本問では，Aの相続準拠法は，通則法36条により，その本国法である甲国法となる。これに対して，交通事故に基づく慰謝料請求権については，不法行為準拠法が適用され，17条により日本法による。

かつての通説は，両準拠法を累積的に適用し，この立場に立つ裁判例も見受けられる。しかし，明文でこのような法適用が定められているドイツと異なり，日本ではこれに関して累積的適用を命ずる規定がない以上，相続財産に含まれるか否かという同じ問いを相続準拠法と不法行為準拠法とに投げかけるのではなく，可能な限りで，両準拠法の適用範囲を明確に分け，配分的に適用することが望ましいと思われる。また，債権譲渡などの他の領域における財産権の移転可能性の問題との整合性に着目し，個別財産の移転原因である相続によって相続財産として移転するかどうかは相続準拠法である甲国法を適用するが，移転可能性自体は当該財産自体の問題として日本法を適用する見解が妥当である。

(2) **問題**(2)

　内国の遺産債権者・遺産債務者との関係の清算処理こそが相続財産の管理・清算行為の主たる機能であると捉え，この過程を一般的に，あるいは特に英米法上の相続財産の管理・清算について相続準拠法の適用範囲から除き，財産管理地法に依拠させるべきであるとする見解がある。

　しかし，相続制度の中から管理・清算制度を分離独立させることの可能性・妥当性が疑わしく，通則法36条が採用する相続統一主義の下では，相続に関する問題を包括的に被相続人の本国法に依拠させるべきであると思われる。また，相続財産の管理過程で，相続人の捜索や債権者による請求の申立てのための一定期間後それらの権利を失わせる機能を持っていることも考慮すると，相続人および相続財産の確定の問題として相続財産の管理についても相続準拠法を適用すべきである。通説もこの立場に立つ。

　したがって，相続準拠法である甲国法によって遺産管理がなされるべきである。

(3) **問題**(3)

　本問では，遺言作成時に遺言者であるAが正常な判断能力，すなわち，遺言能力を有していたかが問題となっている。遺言能力に関しては，通則法37条1項により，遺言の成立の当時における遺言者の本国法によることから，甲国法が適用される。

　なお，認知を遺言ですることができるかどうかは，遺言の内容をなす法律行為の問題として，通説によれば，各法律行為の準拠法によることから，29条による。したがって，Aの本国法である甲国法（29条1項・2項前段）または認知される子Fの本国法である日本法（29条2項前段・38条1項ただし書）のいずれかの法が遺言による認知を認めていればよい。その他の認知の要件も29条による。

(4) **問題**(4)

　遺言の方式に関しては，「遺言の方式の準拠法に関する法律」が適用される。

同法2条により，本問においては，遺言者が遺言の成立または死亡の当時国籍を有した国の法（2号），遺言者が遺言の成立または死亡の当時住所を有した地の法（3号），遺言者が遺言の成立または死亡の当時常居所を有した地の法（4号），そしておそらく遺言を作成した地として（1号），日本法の方式要件を満たせばよい。また，同法2条5号により，不動産に関する遺言については，その不動産所在地法の適用も認められることから，日本にある不動産については日本法，乙国にある不動産については乙国法上の方式要件を満たすことでも有効とされる。

6　例題の検討

　例題1については，問題(1)の解説でとりあげた学説のどれかに拠った上で，結論を導くことになろう。

　例題2はともに，相続人がいない財産の問題である。いずれも，相続人の捜索・相続人不存在であることの確定等の相続財産の管理の問題とも関係する。

　(1)については，相続人不存在の財産の国庫帰属の問題について，(2)については，相続人はいないが，日本民法上の特別縁故者に該当するような者がいる場合に，そのような者への財産分与について，それぞれ相続の問題とみるか否かで議論がある。それらの学説の議論を踏まえた上で，法性決定をし，結論を導く必要がある。

　例題3は，遺言がなされた場合の遺留分に関する準拠法を問う問題である。このような被相続人の配偶者や近親者の保護の問題も，通則法36条の相続準拠法によると解されている。

　例題4は，遺言の方式，特に遺言を撤回する遺言の方式の準拠法に関して問うものである。遺言の方式の準拠法に関する法律3条は，遺言を取り消す遺言（ここでいう取消しは，詐欺や強迫等による取消しではなく，いわゆる撤回を意味する）については，前述の同法2条に掲げる法に加えて，取り消される従前の遺言の方式に関する準拠法のいずれかに適合するときも，方式に関して有効である旨定める。これに従って検討すればよいことになる。

例　題

　1　甲国人男Gは，内縁の妻Hを保険金受取人としてGが死亡した場合には，Hに5000万円支払われる旨の生命保険契約をI社との間で締結した。生命保険契約の準拠法は，日本法である。Gが死亡し，I社はHに当該生命保険金を支払った。Gと前妻の間に生まれたGの嫡出子Jが甲国法上，生命保険金も相続財産に含まれると主張してきた。Jのこのような主張について，いかなる国の法によって判断すべきか。

　2　甲国人男Kには配偶者や親族といった身寄りが誰もいない。
(1)　Kが日本で財産を残し死亡した。Kの財産の処理はどの準拠法によるか。
(2)　Kが日本人女Lと長年夫婦のように暮らしていた場合，その財産の処理はどの準拠法によるか。

　3　甲国人男Mには，前妻との間にその婚姻中に生まれた子Nがいる。Mは，Mの遺産をすべて内縁の妻Oに遺贈する旨の遺言をした。そこで，Nが自らには遺留分が認められるとして，遺留分を請求してきた。この主張はいかなる国の法によるか。

　4　問題(4)において，Aが作成した遺言を撤回する旨の遺言を甲国で作成した。当該撤回する旨の遺言が方式上有効とされるのはどのような場合か。

[林　貴美]

PART 3

総論

No.21 性質決定

問題

1 甲国人Aは，乙国人Bと日本で婚姻し，その間に生まれた子C（甲国籍）とともに，日本で生活を続けてきた。その後，ABは不仲となり，日本で離婚しようとしているが，離婚後のCの親権者について双方とも自らの単独親権を主張して意見が合わず，離婚訴訟を提起した。

子Cの親権者はどのように定められるか。なお，甲国法上は，父母の離婚後も共同親権が続くが，監護者については裁判で単独に定めることができる。

2 日本で手広く事業を営んでいる甲国人男Dは，甲国人女Eと婚姻し，その間に3人の子もあった。しかし，Dは日本人女Fとの間に2人の子（Gら）ももうけていた（認知済み）。Dが突然に死亡したので，その相続問題が生じたが，東京に所在する不動産について，Gらはそれぞれ甲国法上の法定相続分を取得した（甲国からの反致は生じない）。そこで，Fが，Gらの法定代理人として，その持分を日本の不動産業者H社に売却し，H社は当該相続持分移転の登記も済ませている。しかし，甲国法上は，不動産の相続については全相続人の合有とされていて，遺産分割が済むまでは原則として処分が禁止されており，全相続人の同意がない処分は無効であると考えられている。

Gらは，H社に対して，甲国法上当該売買契約は無効であるとして，持分移転登記抹消登記請求をしているが，これは認められるか。

3 甲国人Iと日本人Jは，東京で甲国法上認められた儀式婚を行い，日本においてI所有の不動産において夫婦として生活していた。その後日本における婚姻の届出を行うよう準備していたところ，Iが死亡した。Iの父K（甲国人）は，その後，甲国人Lを養子としていたが，突然死亡した。Lが，不動産を単独で相続したとして，Jに不動産の明渡しを求めている。これは認められるか。なお，甲国国際私法は，「婚姻締結の方式は，当事者の一方の本国法または挙行地法による」と定めている。また，甲国民法の相続人についての規定では，Iの相続については，もしJが法律婚の配偶者なら相続人となり，また，直系卑属がいないので，父Kも相続人となる。Kには配偶者はおらず，相続人は子Lのみである。

論 点

① 性質決定の意義
② 性質決定の基準
③ 先決問題の解決

解 説

1 性質決定一般

　問題1においては，子に対する親権が離婚によってどのように変動するか，あるいはしないかが問題となっている。この問題は，離婚の効果として法適用通則法27条によらしめることが考えられ，他方，親子間の法律関係の問題として32条によらしめることも考えられる。また，問題2においては，そもそも共同相続人間において，ある相続人が単独で持分を処分する権限を有するかという問題があり，次に，単独ではそのような権限がないにもかかわらず第三者への処分がなされた場合に権利移転の効果が発生するかという問題が生じ，いずれの問題についても，相続の問題として36条によるか，物権の問題として13条によるかが問題となる。

　このように，ある法的な問題がどの抵触規則の**単位法概念**に属するかの解釈問題が**国際私法上の性質決定問題**である（法律関係性質決定問題，法性決定問題とも言われる）。単位法概念とは，上記の例では「離婚」「親子間の法律関係」「相続」「物権」のように，その抵触規則の対象とする単位法律関係の範囲（外延，外枠）を画する概念であり，これが抵触規則の文の主題（「○○は～法による」の「○○」の部分）となっていることが多い（国友明彦・国際私法上の当事者利益による性質決定〔有斐閣，2002〕5頁）。この概念は，単位法律概念（久保岩太郎・国際私法構造論〔有斐閣，1955〕9頁以下，35頁，溜池125頁以下），指定概念（池原87頁以下，櫻田71頁，中西ほか45頁，56頁以下），事項概念（横山9頁，40頁以下）などとも呼ばれる。

　性質決定の基準については，かつては法廷地実質法説や準拠法説も唱えられていたが，今の日本では**国際私法自体（独自）説**が通説である。すなわち，性

質決定は国際私法の解釈問題であり，およそ法規の解釈はその法規の趣旨・目的に従ってなされるべきだから，この問題も国際私法自体の立場から解決される。性質決定は，特定の実質法に拘束されるものではない。

しかし，では，具体的にどのような方法によって国際私法上の法概念の構成・解釈を行うべきかについては立場が分かれている。大別すれば，比較法説，すなわち，比較法により諸国の法に共通な概念を導き出すべきであるとの立場と，抵触規則目的説，すなわち，各抵触規則の趣旨・目的を確定して，当該の法的問題についてそれらの趣旨・目的が当てはまるかどうかを検討し，よりよく当てはまるほうに法性決定するとの立場がある（詳細については，溜池135頁～143頁，櫻田77頁～79頁，国友・前掲28頁～32頁，中西ほか63頁）。性質決定については一つの方法ですべての問題を解決することはできず，複数の方法を組み合わせることとなるが，いずれの方法にどれだけの重点を置くかも論者により異なるので，限られた紙幅では各論者の説を紹介することはできない。

そこで，私見を示すこととする。まずは，問題の抵触規則と他の抵触規則との体系的・論理的関係を考察するという体系解釈・論理解釈を用いる。次に（またはそれとあわせて）抵触規則自体の趣旨・目的によって決するという目的論的解釈を行う。なお，以上の解釈に当たっては，諸外国の国際私法はもとより，比較実質法をも参考にする。抵触規則の趣旨・目的を考えてもいずれとも決めがたい場合もあるが，そのような場合には法廷地実質法上の法概念を中心としてそれを比較法的方法によって（外国法上の類似の概念をも包摂できるように）ある程度一般化・包容化するという方法によらざるをえないであろう（国友・前掲30頁～32頁）。

2 問題1（離婚の際の子の親権・監護権の決定）

子に対する親権が離婚によってどのように変動するか，あるいはしないかの問題は，上述のように離婚に関する27条によるか親子間の法律関係に関する32条によるかが問題となる。この問題に関する平成元年法例改正後の判例・行政解釈・学説についてみると，判例は，これまでに公表されたものをみる限りでは，一致して親子間の法律関係準拠法説をとっている（注釈国際私法(2)135

頁〜137頁〔河野俊行〕参照）。法務省の行政解釈（平成元年10月2日民二第3900号民事局長通達「基本通達・法例の一部を改正する法律の施行に伴う戸籍事務の取扱いについて」第2・1(2)）も同様の立場である。これは学説上も通説である（櫻田297頁〜298頁，澤木＝道垣内114頁〜115頁，130頁，神前＝早川＝元永196頁，松岡編・入門36頁〔多田望〕，218頁〜219頁〔岡野祐子〕，注釈国際私法(2)135頁〜137頁〔河野〕，横山43頁，265頁，288頁，井上泰人・百選148頁〜149頁）。

思うに，この問題は，親子間の法律関係が離婚によってどうなるかという問題であり，子を中心に考えるべきなので，子を中心とした連結を行う32条によらしめるべきである。また，親権・監護権の帰属の問題はその内容・行使と密接不可分の関係にあることからも32条説が支持される。

本問の場合，32条によれば，子と父の本国法がいずれも甲国法であり同一であるから甲国法による。同法によれば離婚しても共同親権が続くので親権者を定める必要はない。必要に応じていずれかを監護者に定めることは可能である。

なお，もし本問の場合に27条説によるとするならば，同一常居所地法または最密接関係法として日本法によることとなり，民法819条2項により父母のいずれかを単独親権者として指定しなければならないこととなる。しかし，それに対し，親権の内容・行使を規律する甲国法は離婚後も共同親権であることを前提に内容・行使について定めており，両準拠法間に矛盾・不調和が生じるという問題が出て来る。

3　問題2（物権と相続）

このような性質決定問題について，最判平成6・3・8民集48巻3号835頁は，「Dの相続人であるGらが，その相続に係る持分について，第三者であるHに対してした処分に権利移転（物権変動）の効果が生ずるかどうかということが問題となっているのであるから，右の問題に適用されるべき法律は，法例10条2項〔通則法13条2項〕により……本件不動産の所在地法である日本法」である。「もっとも，その前提として，Gらが共同相続した本件不動産に係る法律関係がどうなるか（それが共有になるかどうか），Gらが遺産分割前に相続に係る本件不動産の持分の処分をすることができるかどうかなどは，相続の

効果に属するものとして，法例25条〔通則法36条〕によ」ると判示し，共同相続人間の関係と第三者であるH社に対してした処分に物権変動の効果が生ずるかどうかの問題を分けて性質決定している（本判決の性質決定に関する判旨に賛成する学説として，森田博志「相続準拠法上許されない相続持分の処分への物権準拠法の適用範囲」同・国際私法論集〔信山社，2014〕68頁～69頁〔初出はジュリ1071号（1995）147頁〕，道垣内・各論134頁～135頁，山田576頁，注釈国際私法(2)202頁〔林貴美〕，木棚照一「国際家族法講義21 相続準拠法の適用(1)」戸籍時報720号〔2014〕58頁～59頁）。なお，この立場に対しては，それでは相続準拠法上の処分禁止が無意味になるのではないかとの疑問が出ると思われるが，そのような処分禁止を日本において強制履行させる方法としては，（処分がなされる前でなければ使えない方法であるが）処分禁止の仮処分があり，この場合，被保全権利は相続準拠法による（森田・前掲70頁，大内俊身・最判解民事篇〔平成6年度〕260頁，道垣内・各論135頁）。

　また，判旨の結論に賛成するが，相続準拠法を「総括準拠法」，物権のような個々の財産の準拠法を「個別準拠法」ととらえ，「総括準拠法の下での個々の財産にたいする支配は物権準拠法による承認にかかっている」との理論枠組みによる立場もある（横山301頁～302頁）が，これに対する批判として，道垣内・各論124頁～126頁，注釈国際私法(2)195頁～196頁〔林〕参照。

　判旨に反対する有力説として，第三者に対する効力も含めて相続と性質決定する説がある。すなわち，溜池良夫は，「相続統一主義が被相続人や相続人の立場を重視するもの」であることから〔第三者との関係でも〕「相続準拠法上の共同相続人の処分権の制限は尊重せざるをえない」とする（溜池545頁～546頁）。また，櫻田嘉章は，「『相続』は元来取引の安全によることなく，財産権の法定かつ包括的な移転を考えて」いるものであり（櫻田嘉章・百選5頁），「相続法上の制限である以上，公示方法がないことは性質決定の基準とはならない」とする（櫻田342頁。同旨，奥田安弘・国際家族法〔明石書店，2015〕422頁～423頁）。

　思うに，H社はDとは直接の法律関係には立たない第三者であり，そのような者への物権変動の問題は，被相続人を中心とする連結政策をとる36条の範囲外と解するのが自然であろう。H社への物権変動は13条により，日本法

によるべきである。

　日本法の解釈について前掲最判は「日本法上……相続財産の合有状態ないし相続人の処分の制限を公示する方法はな」いことや「取引の安全」を理由として，処分は第三者との関係では有効であるとしている。判旨の挙げる理由のほか，日本民法 909 条ただし書の存在からしても，相続準拠法上合有であることを前提としても，第三者への処分は有効であると考えられる（大内・前掲 261 頁注 9，森田・前掲 71 頁）。G らの持分移転登記抹消請求は認められない。

4　問題 3（先決問題）

(1)　先決問題はどのような場合に問題となるか

　問題 3 では I の相続人が誰かが問題となっている。それについて決定するには，まず 36 条によって指定される相続準拠法たる甲国法での相続人の定めを見なければならない。そこでは，（法律婚の）配偶者が相続人とされており，IJ 間に有効な婚姻が成立しているかどうかが問題となる。本問の場合は婚姻の方式（24 条 2 項・3 項）が問題となる。

　このような場合に，相続を**本問題**，婚姻の方式を**先決問題**という。先決問題としての考察が必要なのは，本問題の準拠実質法の適用段階で生じる前提問題が別の単位法律関係に属する場合である。そのために，先決問題が法廷地国際私法ではなく本問題所属国の国際私法によるという説が出てくるわけである。

　これに対し，離婚（27 条）の前提問題として婚姻の有効性の問題が生じる場合，27 条の定める「離婚」という単位法概念自体が有効な婚姻の成立を前提としているので，必然的に法廷地国際私法によらなければならず，先決問題について考察する必要はない（怺場準一「先決問題はどのように処理されるか」国際家族法実務研究会編・問答式国際家族法の実務(2)〔新日本法規出版，加除式〕1801 頁〜1803 頁，横山 81 頁）。

(2)　判例・学説

　問題 3 の元になったと目される東京地判昭和 48・4・26 判時 721 号 66 頁は，**法廷地国際私法説**をとる。また，最判平成 12・1・27 民集 54 巻 1 号 1 頁も，

「渉外的な法律関係において，ある一つの法律問題（本問題）を解決するためにまず決めなければならない不可欠の前提問題があり，その前提問題が国際私法上本問題とは別個の法律関係を構成している場合，その前提問題は，本問題の準拠法によるのでも，本問題の準拠法が所属する国の国際私法が指定する準拠法によるのでもなく，法廷地である我が国の国際私法により定まる準拠法によって解決すべきである」と判示して法廷地国際私法説をとることを明確にしている。

　学説を見るに，少なくとも原則としては法廷地国際私法説によるのが通説である（櫻田 145 頁〜146 頁，澤木＝道垣内 23 頁，横山 83 頁，中西ほか 123 頁ほか）。その基本的理由は，そもそも国際私法は単位法律関係ごとに準拠法を指定する構造をとっていることが基本であり，また，そうすることによって，同一の問題（例えば，婚姻が方式に関して有効に成立しているか否か）はそれ自体が問題となる場合でも別の問題（例えば，相続人の決定）の前提問題として問題となる場合でも同一の準拠法によらしめられる（いわゆる国内的裁判調和）ことにある。

　また，原則としては法廷地国際私法説をとりながら，「事案の具体的諸事情から国際私法的な利益を比較衡量し，本問題の準拠法所属国の国際私法によることがより望ましい結果を期待できる場合には，例外的にそれによることもできる」とする折衷説がある（山田 163 頁）。しかし，このような曖昧な基準によって前述のような国際私法の基本構造の例外を認めることは疑問である。

　なお，横山潤は，法廷地国際私法説を原則としながらも，「判決の国際的調和の要請に応えることが明白に求められるべき状況」では，準拠法所属国国際私法説によるとの例外を認める（横山 83 頁〜84 頁。奥田・前掲 501 頁〜503 頁もこれに類する立場か〔校正時に木棚照一編著・国際私法（成文堂，2016）133 頁以下，特に 137 頁〜139 頁〔木棚〕に接した〕）。

(3)　本問の事案の解決

　法廷地国際私法説によれば，先決問題たる婚姻の有効性も日本の国際私法による。方式に関する 24 条 2 項・3 項の適用が問題となるが，3 項についてはただし書に該当するので当事者の一方の本国法によることはできず，結局 2 項により挙行地法のみが準拠法となる。本問の場合，挙行地法たる日本法では届出

婚主義がとられている（民739条）ので，IJ間の婚姻は有効に成立していない。そのため，Jは相続人にはならない。Iの相続人はKのみであり，Kの相続人はLである。ゆえに，Lからの明渡請求が認められる。

なお，横山説によるとしても，ここでの問題は内国との関連も強く，例外の場合には当たらないと考えられる。

5 例題の検討

(1) 例題 1（証拠方法の制限）

甲国法の当該規定は直接的には訴訟で用いることのできる証拠方法を制限するものである。そこで，まず，これが（訴訟）「**手続**」に関するものとして**法廷地法**によることが考えられる。他方，このような規定は実体法上の契約の成立を左右するものであるので，実体の問題であり，「**法律行為の方式**」に関する通則法 10 条によらしめることも考えられる。この問題についての日本の裁判例は見当たらない。日本の学説状況については，櫻田嘉章「渉外的法律行為における証拠・証明方法の制限規定の取扱いについて」法学論叢 132 巻 4 = 6 号（1993）145 頁〜148 頁に詳しい。それ以降に出たものとしては，注釈国際私法(1)239 頁〔神前禎〕があり，10 条説を支持している。

(2) 例題 2（協議離婚における意思確認）

協議離婚における意思確認手続の要否が**離婚の実質**（27 条）か**方式**（34 条）かの性質決定が問題である。日本の裁判例としては，中華人民共和国婚姻法 31 条（2001 年改正前は 24 条）に関する高松高判平成 5・10・18 判タ 834 号 215 頁（方式説），大阪家判平成 19・9・10 戸籍時報 630 号 2 頁（実質説），大阪家判平成 21・6・4 戸籍時報 645 号 31 頁（方式説）がある。戸籍実務は，これを「方式」と性質決定している（韓国民法 836 条 1 項に関する昭和 53 年 12 月 15 日民二第 6678 号民事局第二課長依命通知）。学説については，注釈国際私法(2)54 頁〜57 頁〔青木清〕，153 頁〔神前禎〕，青木清＝佐野寛編著・国際〈家族と法〉（八千代出版，2012）62 頁〜65 頁〔青木清〕，小山昇・百選 123 頁，中西ほか 309 頁 Column 23-3，奥田・前掲 154 頁〜155 頁，およびそれらに引用される文献参

照。

(3) 例題 3（同性婚）

　同性婚が通則法 24 条にいう「婚姻」に該当するか，そこにいう「婚姻」そのものではないが，それに類似するものとして，24 条が類推適用されるか，あるいは，そのような法律関係自体は認めず，個々の問題を不法行為など個別の法律関係の準拠法に服させるべきかが問題となる。本問のように同性どうしであることを双方が認識して婚姻するというケースについては日本の裁判例は見当たらない。学説については，溜池 485 頁～486 頁，林貴美「日本国際私法における同性カップルの法的保護の可能性」国際私法年報 14 号 (2013) 2 頁以下，特に 18 頁～19 頁，横山 236 頁，注釈国際私法(2) 9 頁～10 頁〔横溝大〕，中西ほか 319 頁 Column 23-5，大谷美紀子編著・最新渉外家事事件の実務（新日本法規出版，2015）76 頁～78 頁〔鈴木雅子〕，参照。

▶▶▶ 例　題

　1　日本在住の甲国人 M が甲国に赴いて，乙国人 N の仲介・立会いのもと，甲国人 O から，骨とう品を 6000 ドルで購入するという売買契約を締結し，その準拠法を甲国法とした。ところが，M は手付けを払って N から品物を引き渡されたにもかかわらず，売買代金は 4000 ドルであったと主張して，支払わなかったので，O が日本で M を訴えた。この取引については覚書のようなものはあったが正式の契約書は作成されていなかったので，売買代金の記述は見当たらなかった。O は N を証人として 6000 ドルの支払を求めているが，それは可能か。

　なお，甲国法には，「5000 ドルの金額または価額を超える全ての事項については，公正証書，または，私署証書が作成されなければならない。より少ない金額または価額に関するものであっても，証書の内容に反しかつそれを逸脱する事項または証書の作成前，作成の際もしくは作成後に述べられたと主張される事項については，証人による証拠は許されないものとする。」という規定があった。

　2　日本在住の甲国人夫婦 PQ は，協議の上離婚することに同意したので，居住

地の戸籍窓口に協議離婚届を提出した。この離婚届は受理されるか。なお，甲国法は協議離婚を認めているが，離婚に当たっては，家庭裁判所による離婚意思確認を要するものとされている。甲国法上，夫婦双方が在外国民である場合には，その夫婦は，その居住地を管轄する在外公館の長に対し，離婚意思確認の申請をすることができる。

3　日本人の同性カップルであるRSは，同性婚を認める甲国において甲国の方式により婚姻を締結した。これは日本で有効な婚姻として認められるか。

［国友明彦］

No.22 連結点の確定（国籍・常居所）

問題

1　甲国人男Aと乙国人女Bが、日本で知り合って、婚姻の届出を行い、5年以上日本で生活を共にしてきた。しかし、生活が安定しないので、Bは、乙国の実家で子Cを生み、その後もCは乙国の実家にとどまっている（乙国発行の証明書によれば、子の国籍および常居所は乙国とされている）。そこで、Bは、仕事の関係もあって、出入国を繰り返し、日本には6割程度しか滞在していない状況である。なお、甲国、乙国ともに国籍の生来取得について父母両系血統主義をとっている。

(1)　両者はその後、協議離婚をすることとして日本の市役所へ離婚届を提出しようとしている。この場合の離婚の準拠法は何か。また、Cの親権者の決定の準拠法は何か。

(2)　Bは、その後乙国へ一時帰国したときに、密輸の疑いから拘束され、有罪判決を受けて収監されてしまった。この場合の離婚の準拠法は何か。

2 (1)　甲国と乙国の二重国籍者Dと日本と乙国の二重国籍者Eは、乙国で婚姻した後に、夫婦で日本に移住した。なお、Dは日本に移住する前まで乙国で生活していた。DEが日本で離婚する場合の準拠法は何か。

(2)　Dのみが乙国へ帰ってしまったにもかかわらず、日本でEが離婚訴訟を提起したときの準拠法は何か。

(3)　DEが日本で生活するうちに、Dが日本に帰化した場合の夫婦の離婚の準拠法は何か。

(4)　(1)において、Eが乙国に移住し、他方Dが甲国へ移住した後に、日本で離婚する場合の準拠法は何か。Eのみが乙国へ赴き、日本国籍を離脱した後に、日本で離婚する場合の準拠法は何か。

3　甲国の内乱を逃れて、日本に移住してきた甲国人Fが、難民申請をしているがなかなか認められない。援助組織の支援により、日本で小さなレストランを開き、その間に、日本に5年以上在住している甲国人Gと知り合い結婚した。しかし、Fは甲国における弾圧の恐怖から逃れられず精神的に不安定で、婚姻生活が破綻した。Gが提起した離婚訴訟の準拠法は何か。

論　点

① 本国法の決定
② 常居所の決定
③ 難民の本国法
④ 最密接関係地法の決定

解　説

1　問題1（常居所の決定ほか）

(1)　小問(1)の場合の常居所の決定

問題1では離婚準拠法の決定が問題になっている。法適用通則法27条による準拠法の決定が問題になる。本問の場合，同条本文により，25条が準用される。25条は段階的連結をとっている。AB間に第一段階の同一本国法はないので，第二段階の同一常居所地があるかどうかが問題となる。

常居所概念とその**決定**については紙幅の制約上，本問の解決に直接必要な範囲での解説にとどめる（一般的な解説として，国友明彦・百選10頁〜11頁，中西ほか75頁〜78頁，出口57頁〜60頁，奥田安弘・国際家族法〔明石書店，2015〕482頁〜486頁およびそれらに引用される文献参照）。ここでは常居所は，「事実的住所」であるが，ここにいう「事実的」にはその決定に法的擬制（例えば，未成年子の常居所は親の常居所に従うといったもの）を入れてはならないとの意味を有する点に争いはない。また，段階的連結の場合には，ある者のある時点での常居所は一つに決めなければならないことに争いはない。

Aはすでに5年以上日本で生活しており，日本に常居所を認めることには問題がない。それに対し，Bは，Aとともに5年以上日本で生活しているが，乙国の実家で出産してからは出入国を繰り返す生活を送っているので，日本と乙国のいずれに常居所を有するかが問題となる。しかし，Bは，6割程度は日本に滞在しているので，現在でも日本に常居所を有していると認めてよいであろう。それゆえ，離婚準拠法は日本法である。

(2) 外外重国籍者の本国法の決定

　Cの親権者の決定の問題は，親子間の法律関係の問題として通則法32条による（No. 21 解説 2 参照）。Cは甲国と乙国の重国籍者である。本国法は一つに絞らなければならない。そもそも通則法上，「本国法」は準拠法を一つに決定する場合に用いられる概念である（一つに絞る必要のない場合には「国籍を有する国〔国籍国〕の法」〔26条2項1号〕という概念が用いられる）。Cは外国籍を複数有する，いわゆる外外重国籍者であり，その本国法の決定は通則法38条1項本文による。それによれば，国籍国のいずれかに当事者が常居所を有していればその法が本国法である。そこでCの常居所の決定が問題となるが，Cは出生後も乙国にとどまったままであり，乙国発行の証明書でもその常居所に乙国とされているということであるから，Cの常居所は乙国にあると考えられる。その母Bの常居所は前述のとおり日本にあるが，常居所は本人の生活実態に即して決定すべきものであり，子の常居所が親の常居所に従属して決められるわけではないので，そのことはCの常居所の決定に影響しない。以上よりCの本国法は乙国法であり，それは母Bの本国法と同一であるので，親権者の決定は乙国法による。

(3) 小問(2)の場合の常居所の決定

　Bは乙国で生活しているが，それは乙国で有罪判決を受けて収監されたことによるものである。このように現在の生活の場所が本人の意思に基づかない，強制によるものである場合に，そこが常居所となるかどうかが問題となる。

　常居所の決定に本人の意思を考慮するかどうかについては学説に対立がある。まず，村岡二郎は，遺言の方式の準拠法に関する法律2条4号の解釈としてであるが，「常居所は，人がその場所に常時居住するという客観的事実のみを要素とし，定住の意思を要素としない点で，住所と区別される」「主観的要素を排除し」た概念である，と述べる（「遺言の方式の準拠法に関する法律の解説」曹時16巻7号〔1964〕80頁～81頁）。また，平成元年改正法例と法適用通則法の解釈として，笠原俊宏はこれと同旨の立場をとっている（争点81頁，国際私法原論〔文眞堂，2015〕83頁）。

このような立場に対し，池原季雄は，前記要件のうち，これから相当期間「滞在するであろうと認めるに足る事実」の認定において，「そこに相当期間居住しようとする意思」も「それが客観的に認識されうる限りにおいては，考慮されてよいであろう」とする（池原169頁）。次に，横山潤は，「常居所の任意性」という標題の下に「拉致などの結果として外国の収容所などに強制的に居住させられている者については，その外国に常居所を認めることはできない。原則として，人が最後に自由であった居所地に隣人がいるはずであり，その地が常居所地となろう」と述べる（横山52頁）。また，戸籍実務相談として，台湾系中国人女と日本で婚姻した日本人男が現在台湾の刑務所に収容されている場合における離婚準拠法決定のための常居所の認定につき，「居住を目的として本人の意思によって台湾に入国したものでなく，また，台湾人妻の配偶者の資格で台湾に滞在するわけでもなく，妻との同居の事実もないまま公設所〔刑務所〕に収容されたのであれば，……親族関係（身分法上）の連結点である『常居所』としての認定の要件を満たしているとは認められない」とするものがある（工藤寿恵「実務相談・日本人と外国（台湾）人の創設的離婚届における，常居所地の認定について」戸籍時報441号〔1994〕64頁〜66頁）。その他，意思も考慮しうるとする文献も多い（道垣内・総論156頁〜157頁，注釈国際私法(2)281頁〜282頁〔国友明彦〕，松岡〔高杉補訂〕40頁，奥田・前掲483頁およびそれらに引用される文献）。意思の考慮を，少なくとも一般的に排除することはしないのが通説であると言えよう。

　そもそも常居所が「事実的な」概念であるというのは，前述のように法的擬制を入れずに決定するという意味であり，これに意思を排除するという意味はない。客観的事実に裏付けられた意思は考慮すべきである。服役の場合のように強制された生活の地は通常は常居所とは認められない。ただし，本問の場合には服役地である乙国にはBの実家があり，その子Cの常居所があり，Bも乙国に一時帰国をすることが少なくなかったであろう。乙国が強制された生活の地であっても，その地ともともと上記のような密接な関係があったことをあわせて考えれば，Bの常居所は乙国にあるという解釈も可能かと思われる。しかし，強制された生活の地は常居所とは認めないとの立場からは，自由が奪われる前の日本の常居所が継続すると考えるほうが一貫しているであろう。Bの

常居所はなお日本にあると解される。それゆえ，この場合の離婚準拠法も日本法であると解される。

2 問題2（通則法27条の解釈ほか）

(1) 小問(1)(2)（通則法27条本文とただし書の関係ほか）

　通則法27条本文の第1段階，第2段階の連結と同条ただし書のいずれを優先的に適用すべきかについてまず考えてみよう。通常は，ただし書で例外を定めている場合においてその要件が満たされるときにはただし書が優先的に適用される。ところが，平成元年改正法例（以下，単に「法例」という場合，これを指す）の立案担当者は，その16条（通則法27条）につき，「ただし書は，規定の体裁にかかわらず，第3段階である密接関連法のみに優先して適用される。夫婦の一方が日本人の場合において共通〔同一〕本国法があるとすれば，それは日本法となるはずであり，夫婦の一方が日本に常居所を有する場合において共通〔同一〕常居所地法があるとすれば，これも日本法となるはずであり，ただし書が適用されるような場面では，本文の規定によっても準拠法は日本法となるからである。」「日本人条項がすべてに優先するような体裁となっている」のは法例「第14条〔通則法25条〕の規定を準用した結果」である，とする（南敏文・改正法例の解説〔法曹会，1992〕93頁）。学説上も法例16条（通則法27条）ただし書は同条本文の第3段階の最密接関係地への連結のみに優先すると解するものが多い（溜池460頁〜461頁，横山261頁，山田恒久・新・判例解説Watch10号〔2012〕318頁。反対，奥田・前掲151頁）。判例も，このような立場に立っているとみられる。すなわち，一方が日本に常居所を有する日本人である事案について，神戸地判平成6・2・22判タ851号282頁は法例16条本文により同一常居所地法たる日本法を適用している。通則法27条に関する東京家判平成19・9・11判時1995号114頁，広島家判平成22・10・21民集68巻1号20頁（控訴審の広島高判平成23・4・7同32頁でもそのまま引用）も，同様である。

　もっとも，協議離婚の場合につき戸籍実務は，法例16条ただし書（通則法27条ただし書）を優先的に適用し，夫婦の一方が日本人である場合にはその者が日本に常居所を有することを認定するだけで離婚準拠法を日本法とし，協議

離婚届を受理できるものとしている（平成元年10月2日民二第3900号民事局長通達「法例の一部を改正する法律の施行に伴う戸籍実務の取扱いについて」第2の1(1)イ(ア)，最終改正・平成24年6月25日民一第1550号民事局長通達〔例えば，中西ほか400頁に掲載．なお，この通達はその題名にもかかわらず，通則法の下でも引き続き用いられている〕）．このように日本人たる一方当事者に関する連結点のみを審査して日本法によらしめることに対しては，まず，これが「内外人を平等に扱うという国際私法の基本理念に沿うものとは思われない」との批判がある（鳥居淳子「内外人の婚姻と離婚」川井健ほか編・講座 現代家族法(2)〔日本評論社，1991〕316頁，同旨，同・争点167頁以下）．そのような理念的な批判のほか，外国人配偶者の居住状況についての審査を不要とすることにより，結果的に外国人配偶者の真意に基づかない協議離婚届が受理される危険性を増大させているとの批判がある（鳥居・前掲317頁～318頁が加えた批判であるが，その後平成21年に住民基本台帳法，出入国管理及び難民認定法〔以下「入管法」という〕等が改正されたことに伴い，戸籍実務が変わっている．以下では，鳥居の批判を現行法・戸籍実務に対するものに読み替えたかたちで紹介する）．すなわち，同条ただし書によらず，本文によるとした場合，戸籍実務上，外国人の常居所の認定は，「在留カード，特別永住者証明書又は住民票の写し及び旅券」によることとされる（平成24年改正後の前掲通達第8の1(2)）．これによれば旅券の提示が原則として必要であり，「旅券……を提示する場合には本人が直接出頭すると解されるから，その際に本人の協議離婚の意思の確認が可能であろう」．しかし，ただし書による場合には，「日本人についての常居所の判断だけで足り，他方当事者である外国人に関する常居所等につき何らの証明も必要とされない」（鳥居・前掲317頁～318頁）．これに対しては，日本の戸籍実務では離婚意思の確認をすることはない．本人の出頭も要しない，との批判がある（奥田・前掲151頁）．それはそうであるが，旅券は通常本人が所持しているので，旅券の提示を求めれば，その真意に基づかない離婚届が受理される危険性が減るのではないか（なお，平成19年改正戸籍法27条の2には届出の際の確認手続があるが，これは届出人の配偶者の本人確認を保障するものではない）．このように内外人平等という国際私法の理念と前記の危険性の減少の必要性から，通則法27条の規定の体裁にもかかわらず，その本文の第1段階，第2段階の連結に関する部分はただし書に優先

して適用されると解すべきであると考える。

　そこで，(1)の事案についての通則法27条本文の適用について検討する。27条本文により準用される25条の第1段階の同一本国法の存否が問題となる。Dは**外外重国籍者**であり，その本国法の決定は38条本文による。まず，その前段が適用されるかどうかが問題となるが，日本に「移住した」ということなので，乙国にはもはや常居所を有さず，前段の適用はない。その後段の適用について考えるに，日本に移住するまでは乙国に常居所を有していたので，乙国が最も密接な関係がある地であり，その本国法は乙国法である。Eは日本と乙国の重国籍者（**内外重国籍者**）であるので，38条1項ただし書により，その本国法は日本法である。よって，DE間に同一本国法はない。次に第2段階の同一常居所地法についてみるに，DEは夫婦で日本に「移住した」ということであり，また，その一方たるEは日本人であるので，この夫婦は日本社会に統合されるかたちで日本に生活の本拠を有しているものと考えられる。そこで，同一常居所地法として，日本法による。

　(2)の場合，Dが自分の国籍国である乙国に「帰ってしまった」というのであるから，Dはもはや日本には常居所を有していないものと考えられる。したがって，同一常居所地はなく，27条ただし書の適用が問題となる。Eは日本に常居所を有する日本人なので，同条ただし書により，日本法が準拠法となる。

(2)　**小問(3)（変更主義）**

　(3)の場合，日本での婚姻生活の途中で連結点に変更があったので，通則法27条の連結点をいつの時点を基準にして決定するかが問題となる。これから離婚という法律関係を形成するかどうかが問題になっているので，現在（訴訟の場合，事実審の口頭弁論終結時）が基準となる（変更主義）（欧龍雲・争点65頁参照）。

　通則法27条が変更主義をとっていることは，平成元年改正前法例16条が離婚の準拠法を「其原因タル事実ノ発生シタル時ニ於ケル夫ノ本国法」と定めていたのに対し，改正後の同条（通則法27条）では，過去の特定の時点に固定する文言はないことからも明らかである（改正の理由については，南・前掲94頁〜

95頁，溜池460頁，横山262頁参照)。

(3)の事案では，Dの本国法も日本法となるので，通則法27条の第1段階の連結により，同一本国法たる日本法が準拠法となる。

(3) 小問(4)（最密接関係地法ほか）

(4)前段の場合，「Eが乙国に移住し，他方Dが甲国へ移住した」というのであるから，いずれも日本には常居所を有していない。同一常居所地がなく，また，日本人たるGももはや日本に常居所を有していないので，通則法27条ただし書にも当たらない。そこで，同条本文の第3段階の最密接関係地法を探求することとなる。

それを決定するために考慮すべき要素は，「夫婦の双方に共通の要素」でなければならない（烁場準一「密接関係（地）法は，どのようにして決定されるか」国際家族法実務研究会編・問答式国際家族法の実務(2)〔新日本法規出版，加除式〕1830頁，1836頁。同旨，青木清・争点163頁，横山250頁，261頁）。

(4)前段の場合，夫婦に共通の要素に基づく最密接関係地の候補としては，婚姻締結地かつ現在の夫婦の共通国籍国たる乙国と，過去の同一常居所地たる日本が挙げられよう。

通則法27条が変更主義をとっていることから，現在の共通要素たる共通国籍を重視するとの考え方もありえよう。しかし，離婚の場合には，別居に至る前の婚姻共同生活地たる同一常居所地で発生した事実がその成立・効果との関係で重要であることが多いので，過去の同一常居所地たる日本が最密接関係地であると考える。このことには，離婚準拠法が，日本で婚姻生活を送っていた間の婚姻の身分的効力（通則法25条），（当事者による準拠法選択のない場合の）夫婦財産制（通則法26条1項），夫婦間扶養（扶養義務の準拠法に関する法律2条1項本文）の準拠法と一致するとの利点もある（通則法27条の最密接関係地法の決定一般については，烁場・前掲1829頁～1831頁，1836頁～1838頁，戸籍実務については「離婚の際に夫婦に最も密接な関係がある地の認定について」〔平成5・4・5民二・2986民事局第二課長通知〕民事月報48巻5号〔1993〕101頁，戸籍605号〔1993〕59頁参照)。

次に，(4)後段の場合であるが，まず，DEに同一本国法があるかどうかが問

題になる。Dの本国法は(1)でみたように乙国法である。Eは日本国籍を離脱したのでその本国法も乙国法である。通則法27条の第1段階の連結により，同一本国法たる乙国法による。

3　問題3（難民の本国法）

　通則法27条本文ではまず夫婦に同一本国法があるかどうかが問題となる。Fは甲国の内乱を逃れて日本で難民申請をしているとのことであるので，難民に該当するかどうかの検討をする。すなわち，難民については難民の地位に関する条約（以下「難民条約」という）12条にその「属人法」は住所地法であるとの規定がある。つまり，通則法27条の適用のために本国法を決定すべき場合，その者が難民であれば本国法に代えて住所地法による（南敏文「難民条約と国際私法」民事月報36巻11号〔1981〕10頁〜16頁，櫻田90頁〜91頁，佐野寛・争点78頁〜79頁，ほか）からである。

　ある者が難民条約12条にいう「難民」に該当するかどうかに関しては，入管法上の法務大臣による難民認定をされた者でなければならないか，あるいは裁判所が前記認定がなくとも難民であると認定することができるかが問題となる。通説は，難民条約12条が自力執行力のある（国内立法措置を要さずそのままのかたちで国内で直接適用できる）規定であることから，法務大臣による認定を受けておらずとも，条約上の難民の要件（難民条約1条〔特にA(2)〕，難民の地位に関する議定書1条2項）に当てはまる者には，これを適用していくこととなるとする（南・前掲「難民条約と国際私法」4頁以下，特に8頁〜9頁，櫻田91頁，佐野・争点80頁，ほか）。通説が正当であると考えられる。難民条約12条は，国内法たる入管法上の難民認定を前提とする規定ではないからである。

　よって，もしFが条約上の難民の要件に当てはまると裁判所が認定した場合には，通則法27条本文の第1段階の適用に当たっては本国法に代えて住所地法を用いることとなる。住所の決定については議論もあるが，本問ではFは日本に「移住してきた」というのであるから日本が住所地であることに問題はないであろう。よって，Gとの間に同一本国はない。次に第2段階であるが，FもGも日本に常居所を有すると認められ，同一常居所地法としての日本法による。それに対し，Fが条約上の難民の要件に当てはまらない場合に

は，Fの本国もGの本国も甲国なので，同一本国法たる甲国法による。

4 例題の検討

(1) 例題1（夫婦財産制における変更主義〔通則法26条1項〕）

通則法26条1項は25条を準用し，変更主義をとっている。本問の場合，日本人Hは甲国で知り合った甲国人Iと同国で婚姻しており，HIは婚姻締結後は甲国に同一常居所を有していたと解される。ところが，日本に移り住んだ後は日本に同一常居所を有することとなったと解される。日本に移住後に取得した財産については日本法によることに問題はない。では，甲国在住中に取得した財産についての夫婦財産関係は，日本移住後も甲国法によるのであろうか。通説はこれを肯定する（櫻田285頁，横山253頁〜254頁，260頁注1，注釈国際私法(2)40頁〔青木清〕，青木清＝佐野寛編著・国際〈家族と法〉〔八千代出版，2012〕57頁〔樋爪誠〕，北澤安紀・百選121頁，中西ほか300頁〜301頁，奥田・前掲143頁ほか）。これに対し，道垣内正人は，新準拠法がすべての財産に適用されると解する（澤木＝道垣内107頁）。

(2) 例題2（常居所の決定，外外重国籍者の本国法の決定ほか）

例題2は水戸家審平成3・3・4家月45巻12号57頁をモデルとしている。

(a) 小問(1)（常居所の決定ほか）

通則法27条本文により準用される25条によるが，JとKには同一本国法はないので，同一常居所地があるかどうかが問題となる。それぞれの常居所地の決定については，国友・百選11頁，奥田・前掲482頁〜484頁およびそれらに引用される文献参照。同一常居所地がないとした場合，最密接関係地法の決定が問題となる。

(b) 小問(2)（外外重国籍者の本国法の決定）

この問題は通則法32条によると解するのが通説・判例・戸籍実務である（No.21解説2参照）。子Lは外国籍どうしの重国籍者であるので，38条1項による。Lは甲国にも乙国にも常居所を有していないので，同項後段により最密接関係国法を決めなければならない。この問題については，注釈国際私法(2)

253 頁～256 頁〔国友明彦〕，奥田・前掲 467 頁～468 頁およびそれらに引用される文献参照。

 例 題

1 途上国の甲国で援助活動をしていた日本人Hは，現地で知り合った甲国人Iと同国で婚姻した後に，日本に帰国して事業を営むことになり，Iとともに日本に移り住み，夫婦で日本において生活している。HI 間の夫婦財産関係の準拠法は何か。HI 間に準拠法の合意はなかったものとする。

2 甲国人男J（相手方）は 1987 年に観光目的で来日し，半年後日本を離れた。Jは約 4 年半後再来日し，甲国語新聞のコピーライターとして稼働していた。Jは 1994 年ころ甲国に帰国したが，その約 1 年後再び来日し，ヨットの製作を始め，自作のヨットを住居として日本で生活していた。そして 2001 年に自分のヨットで甲国に向けて船出した。その途中インド洋の乙国において丙国人女K（申立人）と知り合い，生活をともにするようになった。JK は 2003 年 5 月に来日し，ヨットの製作や語学教師をしながら生活をしていた。同年 8 月には両者の間に長男L（甲国と丙国の重国籍者）が出生した。JK は在留許可を更新しながら約 4 年を日本で過ごした後，2007 年，Lとともにヨットで世界一周の旅に出発し，諸国を巡った後，2014 年に日本に到達した。JK はこの間丙国に 2 年間，アフリカの丁国（旧甲国領で甲国語が公用語の一つとして広く使われている）に 1 年半および丙国の海外領土 U に 1 年間滞在し，同地でそれぞれ働いて生活費を得ていた。JK は 2014 年 4 月に太平洋にある丙国で法律婚を挙行している。

ところが，Jは日本到着後，Kとの放浪的な生活を嫌うようになり，JK 間で協議の結果，離婚およびLの養育監護者をKとすることに合意ができたので，JはKに対して日本の家庭裁判所に離婚およびL（現在 12 歳）の親権者指定について調停申立てをした。

なお，Jは今後引き続き日本に居住し，Kとの離婚成立後には日本人であるMと婚姻する予定である。Kは 1 年前後は引き続き日本にとどまるつもりであるが，いずれLを連れて丁国に赴き，そこで事業をしながらLを甲国語学校に通わせたいとの意思を有している。

(1) 本件離婚申立てはいかなる法によるべきか。
(2) Lの親権者指定の要否はいかなる法によるべきか。

［国友明彦］

No.23 不統一法国

問題

1　ともに甲国籍を有するP州出身の男AとQ州出身の女Bは、甲国P州で知り合い、同州でその方式に従って婚姻し、翌年から同国Q州において生活していたが、Aの新しい勤務先の就業場所が東京となったために、10年前に夫婦で来日し、東京で生活をはじめた。しかし性格の不一致から、別居状態となり、東京において離婚と夫婦財産関係の清算を求める訴えを提起した。本件において、離婚の準拠法、および夫婦財産関係の準拠法は何か。

2　日本人女Cと甲国人男Dは、甲国で婚姻し、同国で生活していたが、子E、F、Gをもうけた。その後、Dの日本での就職とともに、一家を挙げて来日した。ところが、生活習慣の違いからCD間には争いが絶えず、結局離婚することとなったが、子らの親権者をめぐっては、合意が成立せず、離婚訴訟において争われることとなった。甲国はイスラム教、ヒンズー教、仏教、キリスト教など多くの宗徒が混在しており、身分関係についても宗教ごとに規律が異なっている。Dはイスラム教徒であるので、子らにもイスラム教育をしたいと考えているが、Cは、敬虔なキリスト教徒である。子らの親権者はどのように決めるべきであろうか。

3　甲国および乙国は、Z半島を領域とする単一国家丙が分裂したものであり、現在は、甲国がZ半島の北半分、乙国がその南半分を実効支配している。甲国および乙国の双方とも、それぞれ丙国の正当な承継国であり、Z半島全体が自国領域であると主張している。

　甲国に居住する乙国領域出身者H（18歳）は、日本を旅行中、日本の電気店Iでコンピュータを購入した。しかし、その後、Hは、日本法上は未成年であるとして、Iに対して契約を取り消すとの主張を行った。このHの主張は認められるか。

　なお、甲国法上は、16歳以上、乙国法上は19歳以上の者は、それぞれ完全な行為能力を有するものとされている。

論　点
① 不統一法国に属する者の本国法
② 人際私法
③ 分裂国家に属する者の本国法

解　説

1　不統一法国に属する者の本国法

(1) 総　説

　日本は単一の法体系を有するが，米国のように内容の異なる複数の法規範が一国内に併存している国もある。このような**地域的不統一法国**内における一国内部における法の抵触の処理をするのが，**準国際私法**である。

　地域的不統一法国とされる国の中でも，その国内で準国際私法が統一されている国と，準国際私法が統一されておらず，事案に適用される法を決定する規範が法域ごとに異なっている国とがある。また，カナダのように，地域的不統一法国でありながら，離婚法に関しては連邦法が存在している場合もあり，問題となっている国が通則法 38 条 3 項にいう「地域により法を異にする国」に該当するかどうかを事案ごとに検討する必要がある。

(2) 通則法 38 条 3 項

　38 条 3 項は，地域的不統一法国の法が本国法として指定された場合，(a)まず「その国の規則」により，いずれの地域の法が準拠法になるかを決定する（**間接指定主義**）。そのような規則が存在しない場合には，(b)次に，法廷地国際私法が「当事者に最も密接な関係がある地域の法」を直接指定する（**直接指定主義**）。

(a) 「その国の規則に従い指定される法」

　本項でいう「その国の規則」とは，38 条が本国法を特定するための条文であることから，準国際私法全体を指しているのではなく，準国際私法の中でも

属人法の決定基準として採用されている規則を指すと解するのが通説である（例えば，スペイン民法16条1項1号の「属人法は，民籍によって決定される。」という規則はそのような例として挙げられる）。したがって，相続につき不動産所在地法によるとの準国際私法が存在しているとしても，それにはよらず，その者の属する法域を定める「規則」があれば，それによることになる。

もっとも，38条3項の「その国の規則」とはその国の準国際私法ではなく，その国からみて外国の国際私法によって自国法が本国法として指定されたときに，いずれの地域の法を本国法とするかを定める規則であるとし，そのような規則は一般に存在しないため，38条3項前半部分は空文であるとする見解もある（澤木＝道垣内38頁）。これによれば，38条3項については，常に第2段階の括弧書のルールに従い直接指定を行うことになる。

(b) 「当事者に最も密接な関係がある地域の法」

地域的不統一法国に統一的な規則が存在しない場合には，第2段階として直接指定による（38条3項括弧書）。この場合，「当事者に最も密接な関係がある地域の法」を決定する基準として，常居所，過去の常居所，出生地，生育地などを総合考慮するものと（南敏文・改正法例の解説〔法曹会，1992〕183頁，澤木＝道垣内39頁，木棚＝松岡＝渡辺66頁など），38条1項が重国籍者の本国法の決定について常居所を基準としていることなどを考えあわせ，当事者の常居所を第1次的な基準とし，それがない場合には，他の様々な要素を考慮すべきであるとするものとがある（山田82頁以下，横山58頁，中西ほか97頁）。

(3) 同一本国法の決定

通則法25条ないし27条や32条により当事者の同一本国法によるべき場合において，当事者が同一国籍を有していても，当該国が地域的不統一法国であるときは，当該国に，いずれの地域の法を適用するかを定める統一規則があるか否かで，同一本国法の決定方法が異なる。統一規則がある場合には，同一本国法として当該国の法を指定すればよい。しかし，これがない場合には，当該国の法を指定するだけでは特定の法域が指定されたことにはならず，不十分である。後者の場合には，38条3項により各当事者についてその本国法を絞り込んでから同一本国法があるか否かを判断する必要がある（中西ほか297頁）。

2 人際私法

(1) 総　説

　インドやインドネシアのように人が信仰する宗教や人種などの人的集団ごとに適用される法律が異なる国のことを**人的不統一法国**と呼ぶ。このような国において，その国内での一国内部における人的な法の抵触を処理するのが，**人際私法**である。

　人的不統一法国の場合，人種・宗教などの人的集団ごとに適用される複数の法規範が併存しているが，例えば，イスラム教徒間の婚姻について適用される法は，○○法というように，ある事案に適用される法規範は統一的に定められている。したがって，人的不統一法国内のどの裁判所で問題になろうとも，その事案には同一の法規範が適用される。

(2) 通則法 40 条

　40 条は，人的不統一法国に属する者の本国法の決定について定めている。同条 1 項は，地域的不統一法国の場合と同様，間接指定主義に立ち，「その国の規則」に従うとする。ここでいう「その国の規則」とは，国内の人的抵触を解決するための人際私法を指すものと解されている。人的不統一法国については，国籍以外にも常居所や夫婦の最密接関係地等を連結点とする場合にも準拠法を特定できない可能性があるため，その場合にも同様の処理を行う（40 条 2 項）。

　このように，法の適用に関する通則法は，人的不統一法国を地域的不統一法国と同様に扱っているが，人的不統一法国の場合は，当該国の実質法秩序内の解釈問題であり，当該国の人際私法の規則に委ねるしかないとするのが近時の有力説である（澤木＝道垣内 40 頁，山田 89 頁，木棚＝松岡＝渡辺 67 頁以下，神前＝早川＝元永 77 頁以下，中西ほか 98 頁以下）。というのも，人的不統一法国においては，何らかの形で人的抵触の解決が図られているのであり，人際私法が存在しないという事態は想定しえず，人的不統一法国法が指定される場合には，40 条 1 項の「その国の規則」によること，すなわち，間接指定主義による以外の

方法は考えられず，地域的不統一法国の場合のように法廷地国際私法が直接指定を行うことは疑問だからである。したがって，40条1項本文の「その国の規則」ですべての問題が処理されることになるため，同項括弧書が空文化するおそれがある。しかし，同条が人的不統一法国の現状をとらえていない以上，このような解釈も仕方がないと思われる。

(3) 人的不統一法国と同一本国法

通則法25条ないし27条および32条により，当事者の同一本国法を適用する場合に，当該国が人的不統一法国であるときは，40条1項によれば，まず，各当事者の本国法を絞り込み，それが同一であるときに同一本国法があると判断することになる。これによると夫婦が同一国籍を有するが，当該国が宗教により人的不統一法国で，夫婦が異なる宗教の宗徒である場合には，同一本国法はないと判断されることになる（澤木敬郎＝南敏文編著・新しい国際私法〔日本加除出版，1990〕33頁，南・前掲186頁，基本法コンメンタール158頁〔佐藤やよひ〕，木棚＝松岡＝渡辺207頁，横山250頁）。ただし，このような場合でも異教徒間の婚姻等につき特別法が存在するときは，この特別法が同一本国法となるとする。インドネシア国籍を有する父と子について，父はイスラム教徒であるが子はそうではないとして，40条の適用上，同一本国法は存在しないとし，子の常居所地法である日本法を適用した裁判例がある（東京地判平成2・12・7判時1424号84頁）。

しかし，人的不統一法国においては，異なる人種間や宗教徒間の身分関係を規律する法規を有するのが通例であり，そのような場合には，同一本国法として当該人的不統一法国を指定することで足りると考えられる。したがって，各人について本国法が異なる場合として，それぞれについて40条によって本国法を特定する必要はないとする見解も有力に主張されている（澤木＝道垣内89頁以下，注釈国際私法(2)303頁以下〔佐野寛〕，中西ほか296頁以下）。

3 分裂国家に属する者の本国法

(1) 総　　説

　第二次世界大戦後，従来の国家または新たに独立した国家の内部が2つの政府に分裂し，それぞれが異なる法秩序を有するようになる事態が生じた。中華人民共和国と中華民国，大韓民国と朝鮮民主主義人民共和国などがこれに相応する。現在もなお，それぞれが分裂前の全領域について領域主権を主張しており，これらの**分裂国家**に属する者の本国法を通則法に基づき適用する場合，分裂した2つの法秩序のうちのいずれを本国法として適用すべきかが問題となる。これがいわゆる分裂国家に属する者の本国法の決定の問題である。

(2) わが国の判例・学説の状況

　この問題に関しては諸説主張されているが，ここでは有力な二説をとりあげることにする。

　まず，①説は，分裂国家の状態を，その国内に2つの政府が対立し，それぞれの支配領域に独自の法を有する1つの国家とみて，不統一法国に属する者の本国法の決定の問題として，通則法38条3項を適用または類推適用する（溜池良夫「わが国際私法上中国人の身分法問題に適用すべき法律」法律時報28巻10号〔1956〕45頁以下，同「朝鮮人の本国法として適用すべき法律」民商40巻4号〔1959〕594頁以下，木棚＝松岡＝渡辺73頁以下，溜池191頁以下，青木清「北朝鮮公民の韓国国籍」名古屋大学法政論集227号〔2008〕827頁以下，839頁，注釈国際私法(2)270頁〔国友明彦〕）。この説に対しては，国際私法上，朝鮮または中国という1つの国家とみて，そのような1つの国家としての国籍を有するかどうかを決定する基準を求めるのが理論上難しいとの批判がある。

　そこで，②説は，分裂国家の状態を，2つの政府を中心とする2つの国家とみて，それぞれの国籍法によって国籍の存否を決定し，当事者が両国の二重国籍者となる場合には，重国籍者の本国法の決定の問題として，38条1項または条理により，事案を処理することを主張する（山田107頁以下，澤木＝道垣内87頁，神前＝早川＝元永80頁以下，横山59頁ほか）。

もっとも，いずれの立場に立っても結論はほぼ同じである。①説によると，通常の不統一法国の場合と異なり，準国際私法は存在しないことから，間接指定主義によることはできず，最も密接な関係を有すると考えられる地域の法律によることになる。その際の判断基準として，まず，当事者の現在の住所，常居所や居所を，次に本国内のいずれの政府に所属するかという当事者の意思などが考慮される。②説の条理によるとする立場は，当事者の現在および過去の住所・常居所・居所・始祖の発祥の地名を指す籍貫または本貫，親族の住所・常居所・居所のほか，当事者の意思等を考慮し，38条1項によるとする立場は，常居所を有する国が優先され，それが存在しない場合には，国籍をもっている国のうち，密接に関連する国家を優先する。その際考慮される事項については，特に他の見解と差異はないと思われる。

　結局，いずれの見解をとっても結論的には同じであり，常居所がある国が当事者の本国法となり，当事者がいずれの国にも常居所をもたない場合（在日朝鮮・韓国人や在日中国・中華民国人がこれに該当しよう）には，諸要素を総合的に考慮して密接に関連する国の方が優先されることになる。

4　解答例

(1)　問題 1

　まず，離婚に関しては通則法27条で25条を準用していることから，夫婦の同一本国法があるか否かを検討する。本問では，AとBはともに甲国籍を有しているが，甲国は問題文から地域的不統一法国であると思われる。

　離婚に関していずれの地域の法を適用するかを定める統一規則が甲国にある場合には，甲国法を同一本国法として適用すればよい。

　これに対して，甲国にそのような統一規則がない場合には，通則法38条3項を適用し，AとBの本国法をさらに特定する必要がある。同項にいう「規則」，すなわち，その者が国内のいずれの法域に属するかを示す統一的な規則が甲国にある場合は，それに従う。そのような規則がない場合には，同項括弧書に従い，日本国際私法の立場から直接AとBの本国法を決定することになる。

問題文からは，前述の「規則」があるか否かがわからないが，「規則」がある場合には，それに従い，それぞれの本国法を決定し，同一本国法があるか否かをみる。そのような規則がない場合には，それぞれの出身地であるP州，Q州がAとBの本国法となる可能性が高いと思われるが，その場合には，27条の同一本国法はないことになる。

同一本国法がない場合には，第2段階の同一常居所地法があるか否かを検討する。10年間，東京で暮らしており，別居後も現時点に至るまで日本に住んでいるとすると，日本法が同一常居所地法となろう。仮に，別居後，AとBが異なる国に住んでおり，それぞれの常居所が異なる場合には，最密接関係地法を探求していくことになる。現在・過去の婚姻生活地や夫婦の同一国籍などが考慮要素となる。本問の場合は，最後の夫婦の婚姻生活地の法である日本法が最密接関係地法として考えられよう。

次に，夫婦財産関係の清算は，26条によって決定されるが，同条1項が25条を準用していることから，当事者が26条2項に基づく準拠法選択をしていない場合には，前述の離婚の準拠法と同様に，同一本国法，同一常居所地法，最密接関係地法が段階的に探求される。もっとも，最密接関係地法の決定にあたっては，離婚の場合と異なり，夫婦の財産の所在地も考慮要素とされることから，離婚の最密接関係地法と異なる可能性もある。

(2) **問題2**

本問で問題となっているのは，離婚の際の親権者の決定である。これについては，かつては，通則法27条の離婚の準拠法に依拠させる見解もあったが，今日では，子に重点を置いた連結点を考慮している32条の親子間の法律関係の準拠法に依拠させるのが通説である。

32条は，段階的連結を採用しており，第1段階として，父または母の本国法が子の本国法と同一であれば，子の本国法により，それがない場合には，第2段階として子の常居所地法を適用する。本問についてこれを当てはめると，問題文から，母Cは日本国籍，父Dは甲国籍であるが，子らの国籍については不明である。子らが日本国籍と甲国籍の二重国籍者である場合には，38条1項ただし書により，日本法が子らの本国法となる。したがって，32条の親子

間の法律関係の準拠法もCと子らの本国法が同一であることから日本法となる。子らが日本国籍のみを有する場合も同様である。

　これに対して，子らが甲国籍のみを有する場合は，状況が異なる。甲国が人的不統一法国であるため，40条1項によれば，各当事者の本国法を絞り込み，それが同一であるときに同一本国法があると判断することになる。しかし，人的不統一法国においては，異なる人種間や宗徒間の身分関係を規律する法規を有するのが通例である。したがって，異教徒間の関係であっても，各人について本国法を特定するのではなく，同一本国法の存在を認め，具体的な解決はその国内の人際私法に委ねるべきであるとする見解も有力に主張されている。

　この見解に従い，甲国法上，子がイスラム教徒であるかどうかの判断も含め，本問のような親子についてその親子関係を律するルールがあるか否かをまず見る必要がある。そのような法が仮にない場合には，第2段階の子の常居所地法である日本法が適用されることになる。

(3) 問題3

　本問で問題となっているのは，年齢に基づく行為能力の制限といわゆる分裂国家に属する者の本国法の決定である。

　年齢に基づく行為能力の制限およびそういった行為能力制限者が行った法律行為の効果等に関しては，行為能力の問題として，通則法4条が適用される。4条は，当事者の本国法主義を採用していることから（No.1参照），Hの本国法がいずれの法となるかを決定しなければならない。

　問題文から，丙国は，甲国および乙国に分裂した，いわゆる分裂国家であることがわかる。分裂国家に属する者の本国法に関しては，分裂国家を一国と扱うか，二国と扱うかで，大きく分けて2つの見解が主張されている。しかし，分裂国家を一国とみて，例えば，本問での丙国を1つの国家とみなし，その国籍を有するか否かを認定することは，丙国の国籍法が現実にはないことから難しい。したがって，丙国を甲国と乙国の二国に分裂した状態とみなして，それぞれの国籍法を適用し，重国籍者となる場合には38条1項を適用する見解が妥当であると思われる。

　問題文からHが甲国に居住していることがわかるが，甲国に常居所がある

と認められる場合には，甲国法をHの本国法とする。したがって，4条1項により，本国法である甲国法に従い，Hは16歳で完全な行為能力を有するものとされることから，契約を取り消すとのHの主張は認められない。

これに対して，Hの常居所が甲国にあると認められない場合には，Hの甲国または乙国における現在および過去の常居所や居所のほか，甲国と乙国のいずれに対して帰属意思を有するかといったことが考慮される。その結果，仮に乙国法が本国法とされる場合は，4条1項により，本国法である乙国法上，19歳で完全な行為能力を有するものとされることから，18歳であるHは，契約を取り消すことができる。

5　例題の検討

例題1では，通則法38条3項により決定された両当事者の本国法がどのような場合に「同一」とみなされるかが問題となる。たまたま両者の属する法域の法の内容が一致していても，裁判所での解釈が分かれうることもあり，単に条文が同じというだけでは同一とみなすことはできないとするのが多数説である（南・前掲186頁以下，山田84頁，注釈国際私法(2)265頁〔国友〕。反対，木棚＝松岡＝渡辺207頁）。

例題2では，当事者の本国法として人的不統一法国法が指定された場合に，通則法41条の反致の成否をどの段階でチェックするかが問題となる。神戸家審平成6・7・27家月47巻5号60頁は，法例31条1項（現行通則法40条に相当）に従い，人的不統一法国法であるインド法の中のどの法律によるべきかを決定した上で，法例32条（現行通則法41条に相当）の反致について判断している。しかし，人的不統一法国における人的な法の抵触の問題は一国の実質法秩序内の解釈問題であると解する立場からすれば，反致の成否は，人的不統一法国が本国法として指定された段階で判断すべきこととなる（注釈国際私法(2)305頁〔佐野〕，中西ほか99頁）。これによると，当該国の国際私法を適用し，まず反致の成否を検討し，反致が成立しない場合に初めて40条で本国法を絞り込むことになる。

例題3は，実効的国籍論とも関わる問題で，本国法主義の枠組みの中で問題を捉えることなく，むしろ当事者とより密接な関係を有する住所地ないしは

常居所地法によるべきであるとする見解がある（炑場準一「判批」ジュリ195号〔1960〕61頁，山本敬三・争点77頁）。しかし，住所地法ないしは常居所地法を本国法主義の枠組みの中で適用することは理論上説明できないように思われる。そうすると，前述3に従い，甲国法または乙国法のいずれかを本国法とすることになるが，当事者がいずれの国とも関連をあまり有さない場合には，その判断は難しくなろう。

例題

1　甲国X州出身の男JとY州出身の女Kは，日本で語学学校の教師として働いており，日本で婚姻を締結した。しかし，その後，JとKは，性格の不一致から離婚を決意した。甲国には統一的な準国際私法はないが，甲国内での法の統一を目指すモデル法を範とした離婚法をX州・Y州ともに制定しているため，両州の離婚法は同様の内容である。この離婚について適用される法はいずれの法か。

2　甲国人で仏教徒である男Lは，20歳の時に日本の大学に留学し，以後，日本に暮らしている。Lには，妻M（日本国籍）と子N（甲国と日本の二重国籍）がいる。このような中，Lが日本で死亡し，その相続財産としては，日本にある不動産と日本の銀行にある預金があった。甲国はイスラム教，ヒンズー教，仏教，キリスト教など多くの宗徒が混在しており，身分関係についても宗教ごとに規律が異なっている。なお，甲国国際私法は，相続は，不動産所在地法により，動産は，被相続人の最後の住所地法による旨の規定がある。Lの相続に適用される法はいずれの法か。

3　甲国および乙国は，Z半島を領域とする単一国丙が分裂したものであり，現在は，甲国がZ半島の北半分，乙国がその南半分を実効支配している。甲国および乙国双方ともに，それぞれ丙国の正当な承継国であり，Z半島全体が自国領域であると主張している。
　Oの父方の祖父母は甲国領域出身者で，母方の祖父母は乙国領域出身者で，すべて第二次世界大戦前に日本に移り住んだ者である。Oの父母およびOは，日本で

生まれ日本で生活し，一度もZ半島に行ったことがなく，言葉も日本語しか話すことができない。Oは，日本人女Pと婚姻した。このような中，Oが日本で死亡した。Pは，Oは甲国とも乙国とも全く何の関連もなく，Oの相続には住所地である日本法が適用されるべきであると主張する。このような主張は認められるか。

［林　貴美］

No.24 反致

問題

1　18歳の甲国人女Aと20歳の日本人男Bは，日本で知り合い，婚姻届を出した。甲国法によると女性の婚姻適齢は20歳であるが，その国際私法によれば，甲国人と外国人の婚姻の成立は，各当事者の本国法によるものとされているが，外国における婚姻の場合には，挙行地法によりうるものとされている。AとBの婚姻は認められるか。

2　出生以来日本に居住する甲国人Cと日本人Dは日本で婚姻して貿易業を営んでいたが，Cが乗っていた航空機の墜落により死亡した。Cは，日本にある不動産と銀行預金を残していたが，その相続の準拠法は何か。なお，甲国国際私法は，相続について不動産と動産を分けており，不動産の相続についてはその所在地法，動産の相続については被相続人の住所地法によるとしている。また，Cの公正証書遺言があり，すべての財産をある福祉施設に譲るとしていた場合はどうか。甲国法上は遺留分は認められていない。

3　日系の甲国人夫婦EFは，日本で婚姻し，生活していたが，夫Eの浮気もあって，婚姻関係が耐えがたくなったとして，妻Fが離婚の訴えを提起した。甲国国際私法は，離婚は婚姻住所地法によるとしている。この場合の離婚の準拠法は何か。

論　点

① 　反致の成立要件
② 　部分反致
③ 　法適用通則法 41 条ただし書
④ 　反致の種類（隠れた反致，二重反致，間接反致，転致）

解　説

1　反致の成立要件

　問題 1 から 3 のいずれにおいても，当事者の本国法として指定された準拠法所属国の国際私法から日本法への反致が成立するか否かが問題となっている。**反致**とは，広義の意味では，法廷地国際私法によって指定された準拠法所属国の国際私法が，同一の法律関係について，法廷地法または第三国法を準拠法として指定している場合に，その外国国際私法の指定を考慮し，法廷地国際私法として，法廷地または第三国の実質法を準拠法として指定する立場の総称である。法適用通則法 41 条は反致について定め，通則法が「本国法」として外国法を指定した場合で（ただし，段階的連結の場合には例外がある〔同条ただし書〕），当該外国国際私法が準拠法として日本法を指定するときにのみ，その外国国際私法の立場を考慮するいわゆる**狭義の反致**を認めている（同条の根拠については，注釈国際私法(2) 310 頁以下〔北澤安紀〕）。

　通則法 41 条の反致の成立要件は，①「当事者の本国法によるべき場合」として，通則法の指定する準拠外国法が本国法の資格を持つこと，②「その国の法に従えば日本法によるべきとき」として，外国国際私法が日本法を準拠法として指定していることの 2 つである。

(1)　「当事者の本国法によるべき場合」

　通則法 41 条本文の下で反致の成否を検討すべきなのが，通則法 4 条，24 条，28 条～31 条，33 条，35 条～37 条に従い本国法が指定される場合，またはそれらの規定を類推適用した結果，本国法が準拠法となる場合である。それに対

し，通則法25条，26条1項，27条，32条の段階的連結の規定に従い本国法が指定される場合には，反致は否定される（通則法41条ただし書）。また，通則法43条に従い，夫婦，親子その他の親族関係から生じる扶養義務および遺言の方式についても反致は成立しない。この他，通則法26条2項の規定に従い，夫婦財産制について「国籍を有する国の法」が準拠法として指定される場合には，規定の文言上，「本国法」によるべきときにはあたらず反致は認められない。さらに，無国籍者について，常居所地法からの反致はない（通則法38条2項参照）。

(2) 「その国の法に従えば日本法によるべきとき」

反致が成立するためには，外国国際私法が日本法を準拠法として指定していることが必要であるが，属人法としてであろうと，目的物の所在地法としてであろうと資格は問わない。外国国際私法の解釈，すなわち，法律関係の性質決定，連結点の確定，法律回避，公序則の適用等は，当該国際私法の立場から行われる。それに対し，外国国際私法の反致規定や転致規定までをも考慮すべきか否かについては争いがある。

2 部分反致

相続統一主義を採用する通則法36条に従い被相続人の本国法によるべき場合に，被相続人の本国法上の国際私法が相続分割主義を採用しており，被相続人が日本を含めて複数国に相続財産を遺して死亡したとする。その場合，被相続人の本国の国際私法が不動産所在地法として日本法を指定すれば，通則法41条本文に従い，相続財産の一部についてのみ，被相続人の本国法から日本法へ部分的に反致してくる可能性がある（これを**部分反致**という）。部分反致が認められると，一人の者の相続につき複数の準拠法が併存することになり，それぞれの相続財産ごとの準拠法に従い，相続人，相続分，遺留分などの問題が判断されることになる。その結果，相続人の範囲の相違等，相続財産の清算等について困難な問題が生じうる。そのため，かつて，わが国の学説の中には，反致が認められるのは，相続統一主義の原則が破られないときに限るとの見解があったが（山田鐐一・国際私法（現代法学全集47）〔筑摩書房，1982〕459頁〜460

頁），通説は部分反致を認める（江川英文・国際私法〔有斐閣，改訂版，1957〕295頁，折茂423頁，山田570頁ほか）。諸国の国際私法上，相続準拠法の決定に関する相続統一主義と相続分割主義の対立が依然として存在する現状においては，相続統一主義の貫徹よりも，国際的判決調和の要請の方を重視し，反致により両主義の対立を調整することが必要であるとする。

3　通則法41条ただし書

(1)　段階的連結と反致

　通則法41条ただし書の下で通則法25条等の段階的連結の場合に反致が否定される理由は，①段階的連結の場合には，関係当事者に共通する準拠法を厳選・精選しているから，その法律によるのが適当と考えられること，②本国の国際私法が段階的連結を採用し，いわゆる最密接関係地法の指定を認めるような場合には，その認定に困難が伴うこと，③例えば，同一本国法とされた国の国際私法が夫の住所地法としてわが国に反致してくるような場合，これを認めることは両性平等の見地から望ましくないこと，という点にある（南敏文・改正法例の解説〔法曹会，1992〕207頁）。もっとも，これらの理由のいずれを重視すべきかについて意見が一致しないことから，同条の解釈をめぐっては，議論の対立がある（例えば，ただし書の趣旨が，夫の住所地などの両性平等の要請に矛盾する連結点によって日本法を指定するときに反致を排除することにあるならば，外国国際私法が両性平等の要請に沿った連結点を採用している場合には，反致を否定する理由はないとする見解として，横山72頁～73頁）。多数説が，ただし書は限定列挙であり，段階的連結の場合にのみ反致を否定するものと解しているのに対し，ただし書は例示列挙であり，通則法の規定が定める「準拠法指定の趣旨」に反するときは反致を認めないことを例示的に表明したものであるとしてこれを柔軟に運用しようとする見解がある。解釈論上特に争いがあるのは，選択的連結を採用する規定や，いわゆるセーフガード条項について反致が認められるのかである。

(2) 選択的連結と反致

　通則法24条3項本文，28条1項，29条2項，30条1項，34条等の選択的連結を採用する規定の適用上，反致は認められるのか。わが国の多数説は，通則法41条ただし書は反致が否定される場合として段階的連結を限定的に列挙したものであり，選択的連結の規定はそこで挙げられていない以上，当然に反致すると解している（山田74頁，474頁，483頁，494頁，櫻田119頁，澤木＝道垣内46頁，出口95頁，97頁）。これに対し，前述のような通則法41条ただし書を柔軟に運用しようとする見解の中には，選択的連結の場合に反致を認めると，準拠法の選択肢の数が減少するおそれがあるため，それが選択的連結を採用した趣旨に反するとして，反致を一律に否定する立場（烁場準一ほか「〔座談会〕法例改正をめぐる諸問題と今後の課題」ジュリ943号〔1989〕36頁〔烁場発言〕）や，個別具体的なケースごとに，実親子関係の成立等の実質法的目的に適う限りにおいて反致を肯定あるいは否定する立場等がある（木棚＝松岡＝渡辺59頁～60頁，横山75頁～76頁）。しかし，このように，反致の成否を選択的連結が追求しようとする実質法上の結果の実現という目的に委ねる解釈に対しては，国際的判決調和とは別の目的を反致規定にもたせることになるため，疑問が示されている（中西ほか89頁，出口・前掲95頁，97頁）。

(3) セーフガード条項と反致

　認知や養子縁組の成立に関する通則法29条1項後段・2項後段，31条1項後段のいわゆるセーフガード条項の適用上，反致は認められるのか。学説上は，反致肯定説（山田73頁，485頁～486頁，504頁）と否定説（烁場準一「法例の新規定における反致政策についての小論」川井健ほか編・講座 現代家族法(1)〔日本評論社，1991〕105頁，澤木＝道垣内46頁，横山73頁）が対立している。肯定説は，通則法41条ただし書で，セーフガード条項が挙げられていないことを根拠とする。これに対し，否定説は，セーフガード条項の場合，準拠法指定の趣旨が特定の国の実質法を強行的に適用するところにあることを理由としている。

4　反致の種類

　講学上，反致には，すでに述べた狭義の反致以外に，隠れた反致，二重反致，間接反致，転致などの種類がある。通則法41条の文言との関係で議論がある順に説明する。

(1)　**隠れた反致**

　通則法41条本文の適用上，本国法の中に直接の国際私法規定がなくとも，その国の国際私法全体から総合的に判断して日本法を準拠法として指定していると解される場合には，反致が認められる。例えば，米国の諸州の法制においては，養子縁組等の問題については，準拠法選択規則は存在せず，裁判管轄規則のみが存在する。裁判管轄規則は，当事者の住所（ドミサイル）等を基準としたルールを定め，自州の裁判所に裁判管轄権が認められれば，当然に法廷地法を適用している。このような法が本国法として指定された場合に，その国の国際私法から日本法への反致が成立するのかが問題となる。**隠れた反致**とは，上記のような米国の州法に当事者の住所地法主義という準拠法選択規則が隠されていると考え，当事者の住所等が日本に存在する場合には，日本法への反致を認める立場である。隠れた反致を認めたわが国の裁判例は少なくない（例えば，青森家十和田支審平成20・3・28家月60巻12号63頁〔百選6事件〕）。

　学説上は，まず，米国国際私法上，日本に管轄権があるとされる場合，すなわち，養親または養子の双方または一方の住所が日本にある場合には，常に隠れた反致が成立するとする見解（全面肯定説。桑田三郎・昭和44年度重判解〔1970〕206頁，西賢・渉外判例百選〔増補版〕11頁）が主張されているほか，米国の諸州の裁判管轄規則は一方的な規則であり，当事者の住所（ドミサイル）が自州になければ，そもそも米国裁判所は事案を審理する管轄権を持たず，米国の目からみて住所が日本にあるからといって，米国裁判所がドミサイルの法として日本法を適用する事態は考えられないとして反致を否定する見解もある（全面否定説。池原217頁，道垣内・総論229頁，横山77頁〜78頁）。

　さらに，米国国際私法上，日本に専属管轄がある場合，すなわち，養親および養子の双方の住所が日本にある場合にのみ，隠れた反致を認め，競合管轄が

あるにすぎない場合，すなわち，養親または養子の一方のみの住所が日本にある場合には，隠れた反致は成立しないとする見解も有力に主張されている（中間説。溜池168頁〜169頁，櫻田123頁，出口・前掲100頁等）。この見解は，反致の根拠を国際的判決調和に求め，それが実現する場合に限り，隠れた反致を認める立場である。

(2) 二重反致と間接反致

通則法41条本文の適用上，指定された外国国際私法を解釈するに当たり，当該国際私法の反致規定や転致規定までを考慮すべきかについては争いがある。

まず，通則法41条の解釈論上，外国国際私法が狭義の反致を認める場合には，その反致規定を考慮し，いわゆる**二重反致**の成立を認めるべきか。わが国では肯定説（池原216頁，山田71頁）と否定説（櫻田122頁〜123頁，澤木＝道垣内48頁，横山73頁，奥田安弘・国際家族法〔明石書店，2015〕492頁など）が対立している。従来の通説は，外国国際私法も二重反致を認めている場合には循環論に陥ることや反致規定は国際私法の消極的抵触を解決するための規定であり，他の国際私法規定とは性質が異なるためこれを考慮せずとも一貫性を欠くことにはならないことなどを理由に，外国国際私法の反致規定を考慮する必要はないとし，二重反致を否定してきた。それに対し，通則法41条本文の「その国の法」である外国国際私法規定の中には反致規定も含まれるため，それにより外国国際私法の目からみて日本法から本国法への反致が肯定される場合には，結局，その国の法に従えば日本法によるべきときに当たらないため，通則法41条の反致は成立しないとして，実質的には二重反致と同様の結果を認める見解が主張されている（これを「二重反致」を認めたものとする説として，池原216頁，山田71頁，論理的には二重反致を認めた結果ではないとする説として，溜池164頁〜165頁を参照。また，二重反致を認めた唯一の裁判例として，東京高判昭和54・7・3判時939号37頁）。

つぎに，**間接反致**とは，外国国際私法が第三国法を準拠法として指定し，その第三国の国際私法が日本法を準拠法として指定している場合に，日本法への反致を認める立場である。通則法41条は，狭義の反致のみを認めており，転

致を認めていない。間接反致が認められるかについては、外国国際私法が日本法を直接準拠法として指定しているわけではないため、原則として認められない。では、この場合にさらに、外国国際私法が転致を認めている場合はどうか。転致の結果として第三国法が適用され、間接反致の結果として日本法が適用されるような場合であっても、外国国際私法の転致規定は考慮せず、わが国の国際私法が当初指定した準拠法を適用するのが従来の通説の立場である（江川・前掲71頁、櫻田122頁、横山73頁、奥田・前掲492頁）。これに対し、外国国際私法が転致を認めている場合には、その転致規定までをも考慮し、結局、外国国際私法によれば日本法によるべき場合に該当するとして、間接反致の成立を認める見解もある（池原221頁、溜池164頁、山田71頁）。

(3) 転　　致

転致とは、準拠法所属国の国際私法が第三国法を準拠法として指定する場合にも当該国の国際私法の立場を考慮するものである。通則法41条は、狭義の反致のみを認めており、転致を認めていない。

5　解　答　例

(1) 問題1

　AとBの婚姻が認められるか否かは、通則法24条の婚姻の成立の問題であり、まず、婚姻の実質的成立要件は、通則法24条1項に従い、ABの本国法が配分的に適用される。Aについては甲国法が準拠法となるようにみえるが、Aの本国法たる甲国国際私法によれば、外国における婚姻の場合は挙行地法によりうるものとされているため、通則法41条本文により本件では甲国国際私法から日本法への反致が成立し、日本法が準拠法となる。そして、18歳のAは日本法上婚姻適齢に達している。Bについては本国法である日本法が準拠法として指定され、20歳のBも日本法上の婚姻適齢の要件を満たしている。よって、AB間の婚姻は認められる。

(2) **問題 2**

　本問の相続については，通則法36条の問題であり，被相続人Cの本国法である甲国法が準拠法となるようにみえる。しかし，甲国国際私法は相続分割主義を採用しており，不動産相続については所在地法である日本法を，動産相続についてはCの住所地法である日本法を指定しているため，通則法41条本文に従い，動産・不動産相続ともに日本法への反致が成立し，日本法が準拠法となる。また，公正証書遺言という意思表示自体の有効性の問題が通則法37条1項により遺言当時のCの本国法である甲国法によることはさておき，遺言の実質的内容をなす遺贈の問題は通則法36条に従い甲国法によるが，通則法41条の下で甲国国際私法から日本法への反致が認められ，日本民法上Dには遺留分が認められる。

(3) **問題 3**

　離婚の準拠法は，通則法27条本文に従いEFの同一本国法たる甲国法が準拠法として指定される。また，通則法41条ただし書に従い，離婚の場合には反致が否定されるため，本件離婚の準拠法は甲国法となる。

6　例題の検討

　例題1(1)については，通則法41条本文が定める反致の成立要件に該当するか否かを検討することで結論が得られよう。

　例題1(2)については，通則法41条を前提に，部分反致を認めるべきか否かが問題となる。

　例題1(3)については，通則法41条ただし書の趣旨を検討することで結論が得られよう。

　例題2は，隠れた反致について問うものである。養子縁組の実質的成立要件の準拠法の指定については，他の項目（No.18〔養親子関係〕）を読んだ上で，検討した方がよいであろう。

例題

1
(1) 問題1において、甲国の国際私法が婚姻の成立は各当事者の本国法によるという規定のみを持っている場合にはどうなるか。
(2) 問題2において、Cの住所が甲国にあった場合には、どうなるか。
(3) 問題3において、甲国国際私法が、離婚はEの住所地法によるとしている場合にはどうなるか。

2 甲国人女性Gは、語学教師として来日し、以来30年間わが国で生活している。Gは日本に永住しようとする者としての在留資格を取得し、今後も日本に永住する意向を示しており、甲国への帰国予定はない。Gは、出生以来日本に居住する日本人の未成年者Hを養子にしたいと考え、日本の家庭裁判所に養子縁組の審判を申し立てた。Hおよびその両親もGの申出を受諾するに至っている。この場合に養子縁組の実質的成立要件の準拠法は何か。なお、甲国法上は、養親または養子になろうとする者のいずれかの住所が自国に存在する場合には、自国の裁判所に裁判管轄権が認められるとの裁判管轄規則のみが存在し、準拠法選択規則は存在しない。そして、自国の裁判所に裁判管轄権が認められる場合には、常に法廷地法たる自国法が適用されるとのことである。

［北澤安紀］

No. 25 公　序

問題

1　在日甲国人女Aと乙国人男Bが乙国で婚姻し，生活を営んでいたが，ABの夫婦関係が破綻したため，Aは単身で日本に戻り，日本において離婚をしたいと考えた。この夫婦の離婚は認められるか。なお，甲国法によれば離婚は認められているが，乙国法では離婚は認められていない。

2　カジノにおける賭博を公認している甲国において，日本人Cが甲国人D所有のカジノで賭博をし，賭博債務を負って日本に帰国した。そこでDが，甲国法上認められている債務返済の請求を日本でCに対して提起した。Dの支払請求は認められるか。

3　日本在住の甲国人女Eは，乙国人男Fとの間で子G（乙国籍）をもうけたので，EFの婚姻届を提出し受理されたが，その後夫婦関係は破綻し，親権者をFとする協議離婚届を提出し，受理された。3年後，Eは，甲国人男Hと婚姻した。その後Fは，刑事事件を起こし実刑判決を受け，服役中である。EとHはGを自宅で監護している。Eは，Fの同意もある書面を添付して，自らを親権者とするよう親権者変更を申し立てた。なお，甲国法によれば親権者は子の福祉に従って父か母かを裁判所が決めることになるが，乙国法によれば親権者は常に父である。この親権者変更の申立ては認められるか。

論 点

① 公序則発動の要件
② 公序則発動の効果
③ 先決問題と公序
④ 懲罰的損害賠償と公序

解 説

1 公序則の意義

(1) 公序則が必要である理由

　国際私法では，①法性決定，②連結点の確定を通じて③準拠法が決まれば，最終段階として，それを事件に適用することになる。準拠法が外国法になる場合，その適用による婚姻の成立や損害賠償などの結果が我々にとって受け容れられるものであれば問題ない。しかし，世界には様々な法が存在し，その内容が日本法と比べて異質であると（例えば，婚姻の成立について幼児婚），その適用結果は日本では到底受け容れられないという事態が生じうる。このような日本の法秩序が壊されてしまう事態に備えて42条は，公序のタイトルで，「外国法によるべき場合において，その規定の適用が公の秩序又は善良の風俗に反するときは，これを適用しない。」と規定する（なお，扶養義務の準拠法に関する法律8条および遺言の方式の準拠法に関する法律8条にも公序の規定があるが，一般に通則法42条と同趣旨であると解されているので，ここでは特に触れない）。
　42条の公序のような一般条項の必要性は，準拠法選択規則が，当事者の国籍や目的物の所在地など純粋に場所的な要素だけを使って準拠法を決定する方法を基本的に採用していることと関係する。この方法は，事件の最密接関係地法を，その内容の調査という面倒な作業抜きで決定できる理想的な利点を持つ。しかし，これでは，準拠外国法の内容は世界で様々であるところ，法の適用が法廷地国の法秩序を破壊する可能性に対応できない。つまり，選択対象となる法の内容を見ないで準拠法を決める点で，暗闇への跳躍と呼ばれる危険が

ある。かと言って，この危険の回避を準拠法選択の最初から組み入れようとすると，純粋に場所的な要素だけでストレートに準拠法が決まる大きな利点が失われる。そこで，この利点を理想として最大限活かすとすると，この方法を基本に据えた上で，かつ，公序則による緊急事態回避の可能性を最後に付加することが，どうしても必要である，ということなのである（道垣内・総論252頁等）。

(2) 公序の概念

公序の概念については次のような基本的対立があり，その理解を通して公序の内容がある程度明らかになる（山田143頁，溜池208頁，215頁等参照）。

(a) 国家的公序か普遍的公序か？

この対立は，公序は，国家（法廷地国。すなわち日本）が自国の立場から決定する概念か（国家的公序の考え），それとも，国家を超越した文明諸国一般に共通する概念か（普遍的公序の考え），ということである。公序の概念が立脚する基盤は，国家（すなわち日本）であるか，それとも文明諸国一般という，国家より上位に想定できるまとまりであるか，という問題であるとも言える。このうち前者の国家的公序の考えが通説・判例である。その理由は，①国際社会の現状においては，人々の私法的生活関係は国家単位で営まれている，②何が文明諸国一般を通じての公序であるかを決めるのは困難である，等である。

(b) 国家的公序であるとして，国内的公序か国際的公序か？

この対立は，公序の概念が立脚する基盤が国家（すなわち法廷地国である日本）であるとして，それは，国内の実質法上の公序（民90条参照）と同じ概念であるか（国内的公序の考え），それとも国内的公序と異なる国際私法上の概念であるか（国際的公序の考え）である。このうち国際的公序の考えが通説・判例である。その理由は，国内的公序の考えであると，日本の強行規定と異なる外国法はすべて公序違反になってしまい，国際私法が外国法の適用を予定していることが無意味になってしまうからである。例えば，**婚姻年齢**を定める民法731条は強行規定であるが，国内的公序の考え方であると，婚姻年齢を男18歳，女16歳と定めていない外国法はすべて通則法42条の公序違反になる。これでは，国際的な私法生活関係について人々の交流の安定・発展のために，国際私法が

婚姻の成立を各当事者の本国法に任せて（24条1項），例えば本国法上の婚姻年齢が15歳である15歳の外国人女性については日本としても婚姻を認めるべきという，準拠法選択の本来の目的が達成できないのである。

(c) 国際私法上の公序の概念＝国家的かつ国際的公序

このように，国際私法上の公序の概念は，国家的かつ国際的公序ということになる。国際私法は，国際的私法生活関係について，世界の人々の国際的な交流の安定・発展のためには，**法廷地法主義**という自国価値観の安易な押しつけは慎むべきであり，**内外法平等**の観点から，当該生活関係に最も密接な関係のある地の法を，場所的要素を手がかりに選択することが最善であるとの立場に立っている。そこには，自国法と内容的に異なる外国法も尊重し，自国法と異なる結果も寛容することこそが人々の国際的な交流の安定・発展に役立つとの高い意識がある。このようなことが国際私法の基本理念であるとすると，国際私法上の公序は，当事者が外国人であるとか行為地が外国であるとかの事件の国際的要素を可能な限り好意的に考慮してもなお維持されるべき，日本の私法秩序の基本原則・基本観念であるということになる。

(3) 公序則発動の基本姿勢

公序違反か否かを検討するときの基本姿勢として，通説は，公序違反を認めるのはやむにやまれぬ場合に限られるべきであって，公序則の発動は厳に慎むべきであると説く（道垣内・総論254頁等）。前述のように，国際私法が，自国価値観の安易な押しつけを慎んで，内外法平等の観点から最密接関係地法を準拠法とし，それが外国法である場合には自国法と異なる結果も受け容れるという基本に基づいていることを根拠とする。公序則発動を安易に認めると，単位法律関係ごとに綿密な理由付けを行って最密接関係地法を精選している国際私法の各論規則の本来の働きや努力が無にされてしまう，というのである。

これに対して，裁判実務は，公序則発動に謙抑的なスタンスに立っているとは必ずしも言えず，通説から批判されることもある。積極的な発動姿勢をとることもある裁判実務に理論付けを与えることを実質的な目的として，公序則の積極的活用を説く学説もある（松岡〔高杉補訂〕56頁等）。これは**機能的公序論**と呼ばれ，事案の解決に最も適切な法を選択するために，硬直的な国際私法規

則の機械的適用から生じる妥当でない結果を回避する手段として公序則を位置づける。しかし，通説は，これを公序則の濫用であると批判する。

2 公序則発動の要件

公序則を定める42条の要件を分解すると，(1)「外国法によるべき場合において」，(2)「その規定の適用が」(3)「公の秩序又は善良の風俗に反するとき」ということになる。

(1) 「外国法によるべき場合において」

この要件は，①法性決定，②連結点の確定を通じて決まる③準拠法が，外国法であることである。日本法が準拠法になる場合，国家的公序の概念では，公序則発動は問題にならない。「外国法によるべき場合」には，通則法の各条文の適用によって準拠法が外国法に決まる場合だけでなく，解釈上の条理に基づく法選択規則によって準拠法が外国法に決まる場合も含まれる（**特許権の効力の準拠法を条理によって特許権登録国法〔米国法〕とした上で，その適用が公序に反するとした最判平成14・9・26民集56巻7号1551頁，No.12参照**）。

(2) 「その規定の適用が」公序に反すること

この要件は，外国法の規定の内容を抽象的に日本の公序に照らして公序違反を判断するのでなく，外国法の規定を実際の事件に具体的に適用した結果を日本の公序に照らし合わせて公序違反を判断することを求めるものである。判例も，「外国法の規定内容そのものが我が国の公序良俗に反するからといって直ちにその適用が排除されるのではなく，個別具体的な事案の解決に当たって外国法の規定を適用した結果が我が国の公序良俗に反する場合に限り，その適用が排除される」と述べる（最判平成10・3・12民集52巻2号342頁）。

このことは，外国法の規定を実際の事件に具体的に適用した結果が日本法の規定の適用の結果と異なることを，暗黙の前提にするであろう（この前提が満たされた次に，日本法規定の適用結果と異なるこの外国法規定の適用結果が，国際的公序の意味における「公の秩序又は善良の風俗に反する」か否か〔後述(3)〕が検討されることになる）。この前提が満たされるためには，(a)外国法と日本法の規定の内容

が異なり，かつ，(b)外国法と日本法の規定のそれぞれを具体的な事件に適用した結果が異なること，が必要である。

(a) **外国法と日本法の内容が異なること**

これについては，外国法の条文だけでなく，その解釈も含めて，それが日本法の規定と同じか否かが検討されなければならない。この点，父による養育の事実によって認知を認めるため強制認知の訴えを必要としない中華民国民法の規定に関して，同法の他の規定も含めた解釈により，日本民法787条との抵触はなく公序違反にならないと判断したと考えられる判例がある（最判昭和44・10・21民集23巻10号1834頁）。

(b) **外国法と日本法の適用結果が異なること**

これについて注意すべきは，外国法の規定が日本法の規定と異なり内容的にどれだけ異質・不当であっても，具体的な事件に適用した双方の結果が同じであれば公序違反にならないことである。例えば，離婚に際して親権者を父と法定し母が親権者になる余地のない外国法であっても，具体的事件において母が子の扶養の能力も意思も有さず，いずれも有する父が親権者にふさわしいため日本民法819条2項でも父が親権者になるのであれば，適用結果は同じであり，公序違反にならない。また，**一夫多妻制を認める外国法が準拠法**になって，それに基づく婚姻が今まさに日本で行われる場合でも，妻が夫の第一夫人であって現在，一夫一婦の状態である婚姻が行われているにすぎないのであれば，日本民法732条が禁止する重婚の状態はなく，公序違反にならないであろう。

以上の(a)(b)のチェックは，あくまで前提的なものである（外国法の適用結果が日本法の適用結果〔国内的公序〕と異なればすぐに国際私法上の公序違反になるのでないことは，前述1(2)(b)で確認したとおりである）。重要なのは，次に述べるように，この前提が整った上で，外国法規定の適用結果が**国際的公序**の意味における「公の秩序又は善良の風俗」に反するか否かの判断である。

(3) **外国法規定の適用結果が「公の秩序又は善良の風俗に反するとき」**

(a) **公序則発動判断の基本枠組み**

42条によれば，公序則発動の判断に際して，外国法の規定の適用結果が照

らし合わされる対象は「公の秩序又は善良の風俗」である。この文言は，国内的公序を表す民法90条と同じであるが，同条と異なり**国際的公序**の概念を表すと解釈されることに注意しなければならない（前述1(2)(b)参照）。

　外国法規定の適用結果がどのようなものであれば日本の国際的公序に反するかの判断が最終的になされるが，これが公序則発動の要件の中で最も重要かつ核心的な部分である。この基準が一律に決まるなら問題ないが，公序違反の判断は必然的に，当事者の国籍・常居所，行為地などの場所的要素のほか，具体的な事件に係る単位法律関係の実質法的判断に必要な一切の事情を考慮することを伴うため，公序違反性の判断基準は明確には立てられない（山田144頁等）。ただし，そのような中で，学説を中心に**公序の判断枠組み**として説かれることが多いのは，公序違反は，①外国法規定の**適用結果の不当性**と②事件と日本との**内国関連性**，の相関関係で判断されるということである（道垣内・総論250頁等。なお，注釈国際私法(2)336頁以下〔河野俊行〕の分析も示唆に富む）。

(b)　外国法規定の適用結果の不当性

　これは，準拠外国法の規定を具体的な事件に適用した結果が，日本の法秩序を害する大きさのことを言う。例えば，離婚に際して，母が子の扶養の意思も能力も有して圧倒的に子の**親権者**としてふさわしいのに，いずれも有さず子に暴力をふるう父が子の親権者になるという外国法規定の適用結果が，日本における子の福祉の理念を害する程度はかなりの大きさであろう。**適用結果の不当性**の判断には，外国法規定が日本法規定と異なる程度の大きさ（**異質性**）や具体的な事件の諸事情のほか，当該問題に関する立法の背景（日本法とは相容れない宗教・経済政策等が背景にあると外国法の異質性が際立ってくる）や立法の技術性（一定の範囲で元々立法上幅がありうる時効の年数等については，不当性は大きくなりにくい）等も影響を及ぼす。

(c)　内国関連性

　これは，事案と日本との間の**場所的関連性**である。当事者（必要な場合にはその家族等の関係者も）の国籍・常居所，その取得の経緯（客観的に判明する限りで将来のものも考慮に入りうる），婚姻の挙行地・生活地，行為地，事故発生地，関係する物の所在地・取得地等により判断される。当事者の全員が日本生まれの日本育ちで日本に国籍・常居所を有し，問題となっている行為も日本で行われ

たような場合，内国関連性は大きくなる。これに対して，これらが外国でのものである場合，内国関連性は小さくなる。

(d) **適用結果の不当性と内国関連性の相関関係**

この判断枠組みで言われる**相関関係**とは，適用結果の不当性が大きければ内国関連性は小さくても公序違反になることがある一方で，内国関連性が大きければ適用結果の不当性は小さくても公序違反になることがある（道垣内・総論 270 頁等）ことである。例えば，甲国法では**異教徒間の婚姻**（早川吉尚・百選 20 頁）は無効であるところ，日本人女が甲国で甲国人男と知り合って双方とも婚姻の意思のもと甲国で生活しているが，この婚姻は異教徒間のものであるとする。日本で届け出られたこの婚姻の有効性が問題になった場合，異教徒間の婚姻であることだけで婚姻を認めない甲国法（24 条 1 項）の適用結果の不当性は大きいため，当事者が外国に常居所を有していること等から内国関連性は小さいときであっても日本では公序違反になることがありうる。他方で，日本に常居所を有する日本人 2 名が旅行先の乙国で知り合い，そこで 2 人の間で金銭消費貸借契約を乙国法（消滅時効は 11 年）を準拠法として締結し（7 条），日本に帰国したとする。貸金の支払が支払期限から 10 年 6 か月後（日本民法 167 条 1 項では消滅時効は 10 年）に求められた場合，この貸金債権は消滅していないという乙国法適用結果の不当性は大きいとは言えないけれども，内国関連性が大きいために公序違反になることがありうる（公序に関する裁判事例については，中西ほか 117 頁等参照）。

3 公序則発動の効果

(1) 「これを適用しない」

外国法の規定の適用が公序に反する場合の効果として 42 条が明文で定める効果は，外国法の当該規定を適用しないことである。適用が排除されるのは，公序に違反する当該外国法規定に原則として限られる。例えば，**親権者**（32 条）を父に法定する外国法の規定の適用が公序に反するためにその規定が排除されて親権者が母になるとしても，母が行使する親権の内容に関するこの外国法中の規定までもが必然的に排除されることにはならない。

(2) 外国法適用排除後の処理

　42条は，離婚や親権者指定等の事件の準拠外国法の適用が公序違反になる場合の効果として，その外国法規定を適用しないと定めるにとどまる。このため，その適用がなくなった後，元々の離婚や親権者指定等を解決する法は何かが問題になる。外国法適用排除後の処理はどうすべきかという問題であるが（早川眞一郎・百選30頁等），大きく，(a)適用される法がなくなったため空白が生じるので，それを他の法で埋める必要があると考える説（**欠缺肯定説**）と，(b)空白は生じないと考える説（**欠缺否認説**）に分かれる。

(a) 欠缺肯定説

　欠缺肯定説の主流は，空白は**法廷地実質法**で埋められるという**内国法適用説**である。つまり，日本の民商法等の規定が適用される。例えば，**離婚禁止の外国法の適用が排除された場合**，離婚の成立は日本民法763条以下が適用されて解決されることになる。裁判実務の大勢および有力な学説がこれを採用する。

　欠缺肯定説には他に少数説として，次に密接な関係を有する地を探してそれを適用すべきという**補充的連結説**もある。例えば，離婚に際して父を子の親権者と法定する外国法（32条により子〔父〕の〔同一〕本国法）の適用が排除された場合，同条が定める次順位である子の常居所地法を適用するというのである。

(b) 欠缺否認説

　欠缺否認説は，外国法規定の適用が公序に反して排除されるということは，日本の私法秩序の根本原則・基本的法観念に照らし合わせた実質法的判断（例えば，離婚は認められるべきであるとか親権者は母であるべきである等）がすでに存在することに着目する。つまり，事件はすでに決着していて，それには公序違反の判断と一体で日本の不文の**渉外実質法**が適用されているため，そもそも法の空白は生じていないと説く。学説上の多数説である（池原262頁等）。

(c) 諸説の検討

　欠缺否認説は内国法適用説に対して，離婚の許否等の二者択一の判断でなく，損害賠償の額のような程度の判断の場合，アンバランスな結果になるおそれがあると批判する。例えば，外国法が認める損害賠償の額が日本法の規定が

認める額（例えば2000万円）に比べてわずかに少ない場合（1800万円）は公序に反せず1800万円しか認められないのに，それが著しく低い場合（100万円）には公序に反して法廷地法としての日本法の規定が認める2000万円が賠償額になるという**逆転現象**が生じる，というのである（道垣内・総論274頁等）。これに対して，欠缺否認説には，不文の渉外実質法の内容は不明確で，裁判官の恣意が入るおそれがあるとの批判がある（神前禎・渉外判例百選〔第3版〕37頁が分かりやすい）。また，補充的連結説に対しては，①段階的連結でない場合，次順位が明確でない，②次順位の法も公序違反になる場合，さらに次の順位の法を決める作業をするのは二度手間である，との批判がある。

　理論面を重視すると，欠缺否認説に軍配が上がる。しかし，日本法の規定は事件の国際的要素を考慮に入れた解釈・適用にも対応できるとすれば，逆転現象は耐えがたいものとして頻繁には生じないとも言える。この点と**明確性を重視**すると，実務にも受け容れられやすい内国法適用説に軍配が上がる。

4　先決問題と公序

　公序違反性が本問題でなく**先決問題**について問題になった場合，公序違反はほとんど問題にならないと言われる（山田146頁等）。例えば，本問題が，子が嫡出子か否かであって，先決問題が甲国の**一夫多妻制**の後妻（子の母）と甲国人夫との婚姻は有効か否かである場合，後者で扱われる婚姻は公序違反にならず，子の嫡出性は認められるべき，ということになる。その理由としては，内国関連性が小さいことが多いから（池原259頁等），というものもあれば，適用結果の不当性が間接的になるから（櫻田137頁等），というものもある。

5　懲罰的損害賠償と公序

　懲罰的損害賠償制度には様々なものがあるが，悪性の強い行為をした加害者に対して，実際に生じた損害の賠償に加えて，さらに多額の賠償金の支払を命ずることにより，加害者に制裁を加え，かつ，将来における同様の行為を抑止しようとするタイプがよく知られる（No. 30解説2(4)(C)，横山潤・百選224頁等）。このタイプの懲罰的損害賠償が不法行為の準拠法によって認められている場合，一般論としては，公序違反が問題になりうる。このような損害賠償は，実

損害の賠償を目的とする日本の不法行為の損害賠償制度の基本原則・理念と相容れないことを強調する見解に立てば（最判平成9・7・11民集51巻6号2573頁参照），**適用結果の不当性**は大きく，事案との関係で**内国関連性**を見る必要はあるが，総合考慮において42条の公序に反することがほとんどであろう。ただし，不法行為の準拠法には22条2項が存在し，被害者は日本法で認められる損害賠償でなければ請求することができない。懲罰的損害賠償は日本法により認められる損害賠償でないとすると，42条の公序違反を問うまでもなく，懲罰的損害賠償請求はできないことになる（No. 10 解説 **5**(2)，No. 11 解説 **1**(7)参照）。

なお，22条による日本法の**累積的適用**がある不法行為には，42条の公序は次のような場合に存在意味を持つ。例えば，日本法よりも極端に狭い範囲でしか不法行為の成立を認めない外国法や，日本法よりも極端に少ない賠償額しか認めない外国法の場合（福岡高判平成 21・2・10 判時 2043 号 89 頁参照）である。

6 解答例

(1) 問題 1

　離婚の準拠法は，27条本文・25条の同一常居所地法（Aが日本に帰ってからまだ日が浅い場合）または最密接関係地法である乙国法になる。乙国法は離婚を認めていないので，これを適用した結果は「ABの離婚は認められない」になる。ここで，本件の具体的事情（乙国で婚姻し生活をしていた在日甲国人女Aと乙国人男Bについて，夫婦関係が破綻したためAは日本に戻っている）の下で，ABの離婚が認められない結果は日本の公序（42条）に反するか。①Aを破綻した婚姻に縛り付けて人生の再スタートのチャンスを奪う結果は不当であって，②婚姻締結地・婚姻生活地およびBの本国（・常居所地）は乙国にあるものの，Aは外国人であっても在日でありこれから日本に居住予定であるから内国関連性は必ずしも小さくないことを強調すれば，ABの離婚が認められないことは公序に反し，離婚は認められるとの結論がありうる。

(2) **問題 2**

 Dの請求は，CD間の賭博契約（植松真生・百選28頁等）に基づく債務の履行である。この契約の準拠法が甲国法であるとすると（CD間で7条の準拠法選択があるか，なくても8条により最密接関係地法が甲国法である場合。なお，11条6項1号ただし書・2号ただし書に当たらないことが前提），Dの請求は認められる結果になる。しかし，日本法ではCD間の賭博契約は無効である（民90条）と考えるとDの請求は認められず，外国法と日本法の適用結果が異なるため，公序（通則法42条）が問題になる。①賭博の一般的禁止は日本の法秩序の基本理念であり，②Cは日本人であって，かつ日本に常居所を有すると思われるので内国関連性も小さくない，と考えれば，甲国法の適用は公序に反することになる。しかし，①日本でも競馬等，国家公認の賭博があり賭博禁止は基本理念とは言えず，また，②賭博は甲国で行われたことからすると内国関連性は大きくない，と考えれば，甲国法の適用は公序に反しないとの結論もありうる。

(3) **問題 3**

 親権者変更の準拠法は32条によるべきところ（東京家審平成22・7・15家月63巻5号58頁等参照），子Gの本国法（父Fの本国法と同一）である甲国法が準拠法になる。甲国法では親権者は常に父であるので，Gの親権者はFであってEへの変更は認められないとの結果になる。他方で，Fが服役中で現実に親権者としての義務を果たせず，かつFもEが親権者になることに同意していることからすれば，日本法では民法819条6項によって，子の福祉のために親権者をEに変更すべきとの結果になると考えられる。ここで，甲国法適用の結果は公序（42条）に反しないかが問題になる。①Fが親権者としての義務を現実に果たせず，Fも親権者変更に同意している場合に親権者をEに変更できないことは，子の福祉を中心に考慮する日本の社会通念に反する程度が大きく，また②EFG（そしてHも）は日本に在住しているから内国関連性は大きいと考えられる。とすると，甲国法の適用結果は公序に反することになる。

7 例題の検討

例題1で問われている，JがIの財産について相続権を主張できるかは36条により甲国法（被相続人Iの本国法）が準拠法になる。甲国法によれば，配偶者に相続権が認められる。ここで先決問題としてのIJ間の同性婚は有効かは，通説・判例（最判平成12・1・27民集54巻1号1頁）に従って法廷地国際私法によれば，24条1項により（注釈国際私法(2)10頁〔横溝大〕等），IJの本国法である甲国法によって判断される。甲国法によればIJ間の同性婚は有効であるが，この結果は日本の公序（42条）に反しないか。①同性婚の有効性は先決問題であること，②その有効性は法秩序の基本に深く関わるものの，Iはすでに死亡し，同性婚の実行自体が日本の法秩序に与える影響はもう大きくないこと，③IJは日本に長く居住しているが共に甲国人であって，同性婚は甲国で行われたという甲国との関連性を総合的に考慮すれば，IJの同性婚は公序に反せず，Jは相続権を主張できるとの結論がありうる。

例題2は，不法行為（生産物責任）の準拠法が甲国法であること（18条本文。甲国への輸出なので通常予見可能性あり。なお，20条・21条に該当しないことが前提）が出発点になる。甲国法に基づく懲罰的損害賠償の請求については，42条の公序の検討に取りかかりそうになるが，不法行為には22条があることを忘れてはならない。不法行為の効果については22条2項により，日本法の累積的適用があるため，通説と言われる見解によれば，懲罰的損害賠償が日本の民法等に定められていない以上，この請求は認められない。

▶▶▶ 例　題

1　ともに日本に長く居住している甲国人である男Iと男Jが，甲国へ一時帰国した上，同国で認められている同性婚を行った。IJが，日本の企業の技術者として，再来日して生活していたところ，Iが交通事故により死亡した。JはIの財産について相続権を主張できるか。なお，甲国法では配偶者（有効な婚姻の相手方のことをいう）に相続権が認められる。

2 甲国へ自動車を輸出した日本のK社が，適切な危険の説明をせず，故意に欠陥を隠匿したとして，乗用車の事故により損害を被った甲国の輸入会社L社により，不法行為に基づく損害賠償請求を日本で受けた。損害が甲国で発生したので，甲国法により，懲罰的損害賠償の請求も受けている。この請求は認められるか。

［多田　望］

PART 4

国際民事手続法

No. 26 国際裁判管轄1（財産関係事件総説等）

問題

　甲国の国営企業である航空会社Aは，甲国内において航空旅客運送事業に従事していた。日本人のBは甲国に長期出張中であったが，甲国内を航空機で移動しようと，A社との間で航空運送契約を締結した。ところが，Bが搭乗した航空機が甲国内で墜落してしまい，Bは死亡してしまった。日本国内に住所を有しているBの配偶者のCおよびBC間の子であるDが，A社を被告として，わが国の裁判所に損害賠償の訴えを提起した。なお，AB間の旅客運送契約に紛争解決に関する条項は置かれていないものとする。

(1) CDの訴えに対し，A社は国営企業としてわが国の裁判権を免除されると主張した。この主張は認められるか。

(2) Bの航空券は，Bの勤務先の会社が，A社がわが国に有する営業所から購入したものであったとする。この点を根拠として，CDの本件訴えについてわが国の国際裁判管轄を肯定することはできるか。

(3) Bの航空券は，A社が運営するウェブサイトからBが甲国内で購入したものであったとする。このウェブサイトが日本語のものであった場合，この点を根拠として，CDの本件訴えについてわが国の国際裁判管轄を肯定することができるか。

(4) A社は，日本には営業所がないが，甲国とわが国との間の国際線の運行も行っており，わが国にある空港に，運行に用いる備品を一部保管している。この点を根拠として，CDの本件訴えについてわが国の国際裁判管轄を肯定することはできるか。

論　点

① 外国国家等の裁判権免除
② 営業所所在地の管轄権
③ 事業活動地の管轄権
④ 財産所在地の管轄権
⑤ 特別の事情による訴えの却下

解　説

1　国際裁判管轄と裁判権免除

(1)　概　観

　問題では，いずれも，日本の裁判所での訴えの提起が可能かどうかが問われている。日本での訴え提起が認められるかどうかという問いには，実は2つのレベルの問題が含まれている。すなわち，①そもそも日本の裁判所が主権の一態様である裁判権を行使することが可能なのか（いわゆる，**裁判権免除**〔**主権免除**〕の問題），また②裁判権の行使が認められたとして，それを具体的な事件に対して行使することが許されるのか（いわゆる国際裁判管轄の問題）との問題である。数年前までこれらの問題については，明文規定がなく，学説や判例によって示された基準によらざるをえなかった。現在では，裁判権免除については平成21年に「**外国等に対する我が国の民事裁判権に関する法律**」（平成22年施行，以下「**対外国民事裁判権法**」という），また国際裁判管轄については平成23年に民事訴訟法の改正（平成24年施行）によって，それぞれ明文の規定が置かれるに至った。

(2)　対外国民事裁判権法

　上に書いたように，裁判権の行使は国の主権の一部である司法権の行使の一態様であるため，例えば，外国国家やそれに準ずる法人・自然人については，外国の国家主権の尊重等の観点から原則として裁判権を行使することができな

い。この問題を裁判権免除（あるいは主権免除）という。しかし，外国国家等について，いかなる場合であっても日本で裁判をすることができないというのでは，本来日本で裁判を受けることのできる原告に対して権利保護の道を閉ざすこととなり，バランスを欠くことになる。そこで，どのような場合に本来裁判権を免除されるべき当事者に対して，日本の裁判権を行使することが認められるのかが問題となる。問題(1)で問われるのはこの裁判権免除の可否である。この点について，一定の基準を示すのが対外国民事裁判権法である。

　対外国民事裁判権法によると，まず，国およびその政府機関，連邦国家の州，その他の主権的な権能を行使する権限を付与された団体，およびそれらの代表者を「外国等」とし（2条），これらの者は原則として日本の民事裁判権から免除されるとする（4条）。しかし，この原則に対しては，広範な例外が認められており，外国等の同意等がある場合（5条～7条），商業的取引（8条），労働契約（9条），人身または有体物への侵害（10条），動産・不動産の所有権・占有権・用益権（11条），知的財産権の存否や侵害（13条），仲裁合意（16条）などについては，日本の裁判権からの免除を受けることができない。

　特にこのうち，商業的取引については，どのような基準によって判断すべきか見解が分かれうるところである。対外国民事裁判権法8条1項では，「民事又は商事に係る物品の売買，役務の調達，金銭の貸借その他の事項についての契約又は取引（労働契約を除く。）をいう」とされているが，具体的な基準は必ずしも明確ではない。この点，外国等の行為の目的を基準とするのではなく，行為の性質に着目して，問題となる契約または取引がその性質上私人でも行うことが可能かどうかという観点から判断すべきとするのが多数説である（本間＝中野＝酒井22頁，道垣内正人「外国等に対する我が国の民事裁判権」ジュリ1387号〔2009〕65頁）。

2　国際裁判管轄

(1)　総　　説

　いくら裁判権の行使が認められるとしても，日本と全く無関係な事件についてまで日本の裁判所で審理をする必要はない。また，仮に日本に原告が住んで

いるとしても，日本との関連が非常に希薄な事件について外国に住んでいる被告を日本の裁判所に呼び出すのは被告にとって酷である。裁判権の行使が認められることを前提として，どのような場合に日本の裁判所での訴えの提起を認めるべきか，という問題が国際裁判管轄の問題である。

　事件の種類に関係なく認められる一般的な国際裁判管轄は，被告の住所に基づく管轄である（民訴3条の2）。自然人についてはその住所が日本にある場合（同条1項），法人についてはその主たる事務所等が日本にある場合（同条3項）に日本の国際裁判管轄が認められる。それに対して，事件の種類に応じて認められる特別な国際裁判管轄は，民事訴訟法3条の3および3条の4に規定される。また，一定の要件を満たせば，当事者が管轄について合意することも認められ（民訴3条の7），関連する請求についての併合管轄も認められる（同3条の6）。日本の裁判所にのみ国際裁判管轄が認められる専属管轄を規定する民事訴訟法3条の5（日本法人の組織等に関する訴え〔1項〕，登記・登録に関する訴え〔2項〕，知的財産権のうち設定の登録により発生するものの存否・効力に関する訴え〔3項〕）についても注意が必要である。また，専属管轄の場合（合意に基づく専属管轄も含む）を除き，日本の裁判所に国際裁判管轄が認められる際には，原則として，必ず，当該訴えを日本の裁判所で審理することが適切かどうかを確認する必要がある（民訴3条の9：特別の事情の判断）。民事訴訟法の規定のこのような構造は，明文規定のなかった時代の学説・判例を踏襲するものである。

(2)　**営業所所在地管轄**

　法人に対して，事件の種類とは無関係に常に日本の国際裁判管轄が認められるのは，上でみたように，法人の主たる事務所・営業所（いわゆる本店）が日本に所在する場合（民訴3条の2第3項）であるが，一定の場合には単なる事務所や営業所等（いわゆる支店）しか日本にない場合でも，日本の国際裁判管轄が認められる場合がある。これが営業所所在地管轄（同3条の3第4号）であり，問題(2)で問われている点である。同号によると，主たる事務所・営業所が日本にない法人であっても，①日本に事務所・営業所を有しており，かつ，②訴えが「その事務所又は営業所における業務」に関連していれば，日本に当該訴えについての国際裁判管轄が認められる。その趣旨は，業務の中心となってい

る事務所等はその業務については住所に準ずる本拠地とみることができることや，証拠収集の便宜などと説明される（佐藤達文＝小林康彦編著・一問一答平成23年民事訴訟法等改正〔商事法務，2012〕51頁）。なお，日本所在の営業所等が行っている業務であれば，日本での業務でなくても本号は適用される。

問題は，何をもって事務所・営業所における業務と判断するのか，という点である。立法時の議論では，日本に所在する事務所・営業所自身が実際に行うか行った業務（具体的業務関連性）でなければならないとする見解と，日本に所在する事務所・営業所が行うことが可能であった業務（抽象的業務関連性）でも構わないとする見解とで対立がみられ，この点を明確にしないまま立法化された。現在のところ，学説では具体的業務関連性を要求する見解が多数説と言えよう（佐藤＝小林編著・前掲52頁，櫻田362頁，横山334頁）。

(3) 事業活動地管轄

さらに，日本に何ら営業所も事務所も有していない場合であっても，日本で何らかの事業を行っている限り，日本の国際裁判管轄が認められる可能性がある。事業活動地管轄（民訴3条の3第5号）と言われる管轄原因であり，問題(3)で問われている点である。同号によると，①日本において事業を行っており，かつ②当該訴えが「その者の日本における業務」に関する場合，当該訴えについての日本の国際裁判管轄が認められる。本号の趣旨は，営業所設置の有無にかかわらず，日本において継続して業務を行っている者については，日本の裁判所の国際裁判管轄を認めることが相当であるため，と説明される（佐藤＝小林編著・前掲54頁）。また，4号と異なり，5号では日本での業務との関連性が求められる。

1つ目の要件である，どのような活動をもって日本において行われる事業と考えられるのか，については，事案ごとの事実関係において，様々な事情を総合的に勘案すべきとされる（佐藤＝小林編著・前掲54頁）。また，2つ目の要件である日本における業務と訴えとの関連性については，4号と同じく，抽象的業務関連性で足りるのか，具体的業務関連性が要求されるのか問題となろう。

(4) 財産所在地の国際裁判管轄

　また，法人や自然人が日本に何らかの財産を有している場合，その財産の所在を根拠として日本の国際裁判管轄が認められることがある。いわゆる財産所在地の国際裁判管轄であり，問題(4)に関連する管轄原因である。民事訴訟法3条の3第3号では，（ア）請求の目的が日本国内にあるとき，もしくは，（イ）金銭の支払を請求している場合に①被告の日本所在財産が差押え可能でありかつ②当該財産の価額が著しく低くない場合に，日本の国際裁判管轄が認められる。このような管轄原因が認められるのは，前段については請求の目的が日本に所在している場合に日本の国際裁判管轄を認めることは被告にとって不意打ちとはならないため，後段については被告の財産に対して債務名義を得て強制執行する便宜を考慮したためであるとされる（佐藤＝小林編著・前掲44頁〜45頁）。価額が著しく低くないとの要件については，個別具体的な判断が求められ，訴額との均衡が求められるわけではない。

(5) 特別の事情の考慮

　民事訴訟法3条の9には，特別の事情による訴えの却下に関する規定がある。この規定は，専属管轄を除くすべての管轄原因について，日本の国際裁判管轄が認められる場合に，日本での審理や裁判手続の遂行が，当事者間の衡平や適正かつ迅速な審理の実現を妨げることとなる特別の事情があるか否かを検討し，そのような特別の事情があれば訴えの全部または一部を却下することを認めるものである。このような規定が設けられた趣旨は，国内土地管轄では，裁判所に裁量移送が認められているが，国際的にはそのような制度がないためであると説明される（佐藤＝小林編著・前掲157頁）。特別の事情に基づく訴えの却下という理論枠組みができたのは，国際裁判管轄に関する明文規定を欠く中で裁判所が積み重ねてきた判例理論の中であることに鑑みれば，現行法の下では，通則法42条の公序条項同様謙抑的な利用が求められよう（櫻田373頁）。

(6) 国際航空運送契約における特別な管轄規定

　国際航空運送については，民事訴訟法3条の3以下以外に，2003年に発効

した「国際航空運送についてのある規則の統一に関する条約」(以下「モントリオール条約」という)にも国際裁判管轄の規定が置かれている。モントリオール条約33条によると「①損害賠償についての訴えは，原告の選択により，いずれか一の締約国の領域において，運送人の住所地，運送人の主たる営業所若しくはその契約を締結した営業所の所在地の裁判所又は到達地の裁判所のいずれかに提起しなければならない。②旅客の死亡又は傷害から生じた損害についての損害賠償の訴えは，①に規定する裁判所のほか，事故の発生の時に旅客が主要かつ恒常的な居住地を有していた締約国の領域における裁判所に提起することができる。ただし，関係する運送人が，自己の航空機により又は商業上の合意に基づき他の運送人が所有する航空機により当該締約国の領域との間で旅客の航空運送を行っており，及び当該関係する運送人が，自己又は商業上の合意の下にある他の運送人が賃借し又は所有する施設を利用して，当該締約国の領域内で旅客の航空運送業務を遂行している場合に限る。」とされる。

　モントリオール条約上国際航空運送とされるのは，「出発地及び到達地が，二の締約国の領域内にある運送又は一の締約国の領域内にあり，かつ，予定寄航地が他の国（この条約の締約国であるかないかを問わない。）の領域内にある運送」(1条2項)である。なお，例えば，成田－シカゴ間の往復チケットを購入しているような場合には，出発地および到達地は成田であり，予定寄航地がシカゴとなる。1条の定める定義に当てはまる航空運送については，同条約33条1項により，(ア)運送人の住所地，(イ)運送人の主たる営業所地，(ウ)契約締結営業所所在地，(エ)到達地のいずれかでの国際裁判管轄が認められる。さらに旅客の死亡傷害については，33条2項により(オ)事故発生時の旅客の主要居住地（ただし，運送人が当該地との間で旅客の航空運送業務を遂行している場合に限る）にも国際裁判管轄が認められる。

3　解答例

(1)　A社は国営企業として，日本でCDからの損害賠償の訴えについて裁判権免除を受けられるか。このような裁判権免除の可否については，対外国民事裁判権法により判断されることとなる。対外国民事裁判権法4条は外国等について原則として日本の裁判権からの免除を定める。具体的には，同法2条1号

において，裁判権が免除されうる「外国等」について，「国及びその政府の機関」を挙げており，国営企業であるA社も対象となりそうである。また，A社は自ら裁判権の免除を主張しており，同法5条～7条に基づく裁判権に服することについての同意等も存在しない。しかし，同法8条では当該外国以外の国もしくは当該外国以外の国の法人等との商業的取引については裁判権の免除を受けることができないとする。裁判権の免除を受けることのできない「商業的取引」に当たるか否かについては，当該行為の目的に鑑みて判断すべきとの見解もあるが，行為の性質からみて，国にしかできないものであるか否かを基準とする方が，客観的判断が可能であり，適切である。本問において，A社は航空旅客運送事業に従事しており，当該事業は国にしかできない性質の事業ではなく，商業的取引に当たると解される。

したがって，A社は，対外国民事裁判権法4条により，裁判権の免除を受けることはできない。

(2) Bの航空券を，Bの勤務先の会社が，A社が日本に有する営業所から購入した場合，日本の国際裁判管轄は認められるか。

まず，A社は甲国の国営企業であり，おそらく主たる事務所もしくは営業所は甲国内にあるものと考えられる。したがって，民事訴訟法3条の2第3項に基づく国際裁判管轄が日本に認められることはない。それでは，3条の3第4号の営業所所在地管轄はどうか。同号によると，日本に事務所・営業所を有する法人に対しては，その事務所・営業所の業務に関連する訴えについて，日本の裁判所の国際裁判管轄が認められることとなる。本問では，Bの航空券について，Bの勤務先会社がA社の日本営業所から購入した。この点，日本での業務について，日本での営業所の業務範囲に含まれていれば，問題とされる請求の関連する業務自体が日本の営業所でなされたかどうかは問わない，すなわち抽象的業務関連性でも構わないとする見解と，問題とされる請求の関連する業務自体が日本の営業所でなされていなければならない，すなわち具体的業務関連性を必要とする見解とに分かれる。しかし本問においては，A社の日本営業所とBの勤務先会社の間で締結された航空運送契約に起因するBの損害にかかる賠償請求であり，いずれの見解によっても業務関連性が肯定されることとなろう。

したがって，Bの死亡等の損害の賠償を求める訴えについては，A社の日本営業所の業務に関するものといえ，民事訴訟法3条の3第4号に基づき日本の裁判所の国際裁判管轄が肯定される。また，この場合，3条の9の特別の事情の有無が問題となるが，A社は航空旅客運送事業を営む国営企業であり，日本に営業所を有していることに鑑みれば，当事者間の衡平や適正かつ迅速な審理の遂行という観点から，日本の国際裁判管轄を否定すべき特別の事情は存在しないものと解するべきである。

(3) A社の営業所が日本にはなく，A社が運営するウェブサイトからBが航空券を甲国内で購入したものである場合，果たしてCDの本件訴えについて日本の国際裁判管轄を肯定することはできるか。

まず，A社の主たる営業所や事業所が甲国にあると思われること，およびそのために民事訴訟法3条の2第3項に基づく国際裁判管轄が日本に認められないであろうことは問題(2)と同じである。また，日本に営業所も有していないということから，民事訴訟法3条の3第4号に基づく国際裁判管轄も認められる余地はない。しかし，A社が運営するウェブサイトからBがチケットを購入したことおよび当該ウェブサイトが日本語であったことから，3条の3第5号に基づく国際裁判管轄は認められないか。

この点，①A社が日本語のウェブサイトで航空券を販売していることが日本において事業を行うことに当たるか，また，②当該訴えがA社の日本における業務に関するものであるかが問題となる。このような場合については，当該ウェブサイトが日本語で記載されているか，ウェブサイトを通じて日本から申込みをすることが可能かどうか，購入した製品の日本への送付が可能かどうか，当該事業者と日本の法人や個人との取引実績等を総合的に勘案し，判断すべきである。本件においては，A社のウェブサイトは日本語で提供されているが，日本からの申込みが可能であったかどうかや購入したチケットを日本に送付することが可能であったかどうかは不明である。さらに，当該訴えと日本における業務との関連性については，民事訴訟法3条の3第4号と同じく，抽象的業務関連性で足りるのか（当該訴えが日本における業務範囲に入る可能性があればよい），具体的業務関連性が必要か（当該訴えが日本においてなされた業務自体から生じたものでなければならない）が問題となる。この点，そもそも日本にお

ける業務に基づく管轄であることから，当該訴えが日本においてなされた業務自体から生じたものでなければならないと考えるべきであろう。とすれば，本問においてBがA社のウェブサイトから購入した場所は甲国であり，ウェブサイトが日本語で提供されていた，という事情のみから事業関連管轄は認められないと考えるべきであろう。

(4) A社が日本に営業所がないが日本の空港に運行に用いる備品を一部保管している場合，そのことを根拠としてCDの訴えについて日本の国際裁判管轄を肯定することはできるか。この点，民事訴訟法3条の3第3号に定める財産の所在に基づく国際裁判管轄の成否が問題となる。

運行に用いる備品の一部は，3条の3第3号に言う請求の目的もしくは金銭の支払を請求する場合の差し押さえることのできる被告の財産に当たるか。まず，CDはBの死亡による損害賠償を請求しており，当該財産は請求の目的には当たらない。しかし，本件は金銭の支払を請求しているため，後段に当たる可能性がある。まず，差押え可能性についての判断は何を基準にすべきか。この点，財産所在地に国際裁判管轄を認める趣旨が日本国内で強制執行をする便宜を考慮したためであるとされることに鑑みれば，日本国内で強制執行の対象となりうる財産を基準とすべきであり，日本の民事執行法を基準として考えるべきであろう。民事執行法によると原則として動産は差押え可能であるが，例外として131条に定める動産については差押えが禁止される。本件において問題とされる運行に用いる備品の一部は，民事執行法131条が定める例外のいずれにも該当せず，差押え可能な財産と考えられる。それでは，財産の価額が著しく低い場合に本件は該当するか。この点，財産の価額が著しく低い場合とは，上述した民事訴訟法3条の3第3号の趣旨から，訴額と財産の価値との均衡を要求するわけではなく，強制執行をして債権を回収するに足りる価値を有するか否かとの観点から判断されるべきであると考える。そうだとすれば，本件で問題とされる飛行機の運行に用いる備品の一部にはそれなりの価値が認められそうであり，財産の価額が著しく低い場合には該当しないと考える。したがって，本問で問題とされる財産所在地に基づく国際裁判管轄は日本に認められる。また，民事訴訟法3条の9についても，日本との間の国際線の運行を行っていることに鑑みれば，当事者間の衡平，裁判の適正・迅速，証拠収集の便

宜いずれの点においても日本での訴えを却下すべき特別の事情は認められないと解すべきである。

4 例題の検討

本問では，Bの乗った飛行機は甲国の国内便であったが，日本と甲国間で運行される国際便であった場合で，かつ甲国がモントリオール条約の締約国であればモントリオール条約に従った処理が求められる。例題ではこの場合の処理を問うている。

問題で，Bは甲国から日本に帰国するため，A航空会社の運行する甲国発日本着の片道チケットを甲国内のA社の営業所で購入したところ，当該飛行機が墜落してBが死亡したとする。甲国も日本もモントリオール条約の締約国である場合，Bの遺族であるCDが日本でA社を被告として損害賠償の訴えを提起することができるか。

［長田真里］

No.27 国際裁判管轄2（契約履行地管轄等）

問題

　日本法人であるA社が，ある電子部品を甲国法人であるB社から購入した。A社が当該電子部品を組み込んだ製品をわが国において販売したところ，当初売上げは好調であったが，その後故障が相次ぎ売上げは急速に落ち込んでしまった。A社は，乙国法人であるC社が製造した当該電子部品には製造上の欠陥があり，C社がうたい，AB社間の契約においても条件とされていた耐久性を有していないとし，A社が販売した製品の故障が相次いだのはそのためであると主張している。なお，B社およびC社はわが国に営業所も代表者も置いておらず，わが国には一切の財産を有していない。また，AB社間の売買契約においては，準拠法や紛争解決に関する条項は置かれていない。

(1)　A社はB社に対し，瑕疵担保責任および債務不履行を理由として損害賠償の支払を求める訴えをわが国の裁判所に提起した。AB社間の売買契約において，当該電子部品はわが国にあるA社の事業所に納品すべきものと指定されていた場合，この点を根拠として，A社の訴えについてわが国の国際裁判管轄を肯定することはできるか。

(2)　A社はC社に対し，製造物責任および不法行為を理由として損害賠償の支払を求める訴えをわが国の裁判所に提起した。A社のC社に対する訴えについて，わが国が不法行為地に当たることを理由としてわが国の国際裁判管轄を肯定することができるのはどのような場合か。

(3)　A社がB社のみに対して訴えを提起した場合には当該訴えについてはわが国の国際裁判管轄は肯定され，他方，A社がC社のみに対して訴えを提起した場合には当該訴えについてはわが国の国際裁判管轄は否定されるものとする。この場合，A社がB社およびC社の双方を被告として損害賠償の支払を求める訴えを提起した場合には，C社に対する訴えについてもわが国の国際裁判管轄を認めるべきであろうか。

論点

① 契約債務履行地の管轄
② 不法行為地の管轄
③ 管轄原因事実の証明
④ 併合請求の管轄

解説

1 契約債務履行地の管轄

問題(1)では，AB間で売買契約が締結されており，当該売買契約の不履行ないしは瑕疵担保責任に基づき，A社がB社に対して損害賠償を請求する訴訟を日本で提起したという状況が問われている。民事訴訟法3条の3第1号ではこのように契約上の債務の履行が問題とされている場合について，特別な国際裁判管轄の規定を用意しており，**債務履行地管轄**と呼ばれる。

3条の3第1号には以下の特徴が見られる。(1)契約上の債務のみを対象としていること，(2)契約において問題となる債務の履行地が合意されているか，もしくは契約の準拠法が指定されている場合にのみ管轄が認められること，の2点である。このように債務履行地管轄の認められる範囲を制限したことの趣旨は，以下のとおりである。すなわち，まず，契約上の債務のみを対象とすることについては，例えば不法行為に基づく損害賠償債務の履行地は当該不法行為の準拠法によって決まるところ，そこでの訴えの提起は不法行為時における被告の予見可能性を欠くこと（佐藤達文＝小林康彦編著・一問一答平成23年民事訴訟法等改正〔商事法務，2012〕41頁）や，不法行為債務については別に不法行為地に基づく国際裁判管轄が認められていることなどが指摘される（本間＝中野＝酒井49頁）。また，債務履行地の管轄を債務履行地もしくは契約準拠法が合意されている場合に限定することについては，いずれかが合意されている場合には，債務の履行地での訴え提起につき当事者の予見可能性が確保できるが，いずれも合意されていない場合には，客観的に定まる契約の準拠法により履行地が確定されることになり，当事者の予見可能性を欠く場所での訴訟を認める

結果になってしまう（本間＝中野＝酒井49頁〜50頁）との指摘がなされる。

また，履行地管轄が認められる債務が契約上のものでなければならないことから，以下の点にも注意が必要である。例えば，債務不履行に基づく損害賠償が求められている場合，債務履行地管轄が認められる債務は，不履行が問題とされている「契約上の」債務であって，損害賠償債務ではない。また，問題(1)で問われている瑕疵担保責任のように，その性質が契約責任か否か争いとなりうる責任については，国際裁判管轄を決定する上では国際民事訴訟法上独自に法的性質を決定すべきである。瑕疵担保責任はそもそも何らかの物の引渡しを前提として問題とされることに鑑みれば「その他契約上の債務に関する請求」に含まれると解すべきであろう。

2　不法行為地の管轄

問題(2)は不法行為に基づく損害賠償を請求している場合に認められる特別管轄に関する問いである。不法行為が行われた場合に，当該不法行為がなされた場所もしくは結果が発生した場所での訴え提起が認められるのは，当事者の予見可能性の点からも妥当と言え，この点を明文化したのが民事訴訟法3条の3第8号である。

同号によると，不法行為に関しては，不法行為の結果が発生した地にも不法行為の原因行為が行われた地にも国際裁判管轄が認められる。ただし，いわゆる隔地的不法行為（不法行為の結果発生地と原因行為地とが異なる場合）については，結果発生地での結果発生について予見可能性がなければそこでの国際裁判管轄は認められない。ここで要求される予見可能性は，加害者本人が予見可能であったかどうかを問題とするのではなく，あくまでも客観的に通常予見可能性を問題とすべきである（本間＝中野＝酒井61頁）ことは，通則法17条の場合と同じである。また，結果発生地での管轄が認められるためには，その結果とは不法行為から直接的かつ一次的に生じたものでなければならないとされる（本間＝中野＝酒井61頁）。

準拠法決定に際して通則法は一般不法行為と生産物責任，名誉・信用毀損とを区別しているが，国際裁判管轄上はこれらの問題はすべて不法行為地管轄で処理されることに注意が必要である。また，法文上は必ずしも明らかではない

が，すでに生じた不法行為だけではなく，将来生じる可能性のある不法行為について差止めを請求する場合にも，民事訴訟法3条の3第8号は利用可能である。

3 管轄原因事実の証明

以上みた債務履行地管轄と不法行為地管轄に共通する問題が存在する。これらの管轄原因は，契約が存在することや不法行為が存在すること（あるいは存在するおそれがあること）を前提として，その債務の履行地や不法行為の結果発生地あるいは行為が行われた地での管轄を認めるが，この前提自体が本案で争われている場合の処理である。

国際裁判管轄の存否については職権調査事項とされ，管轄を基礎づける事実については一般的には職権探知とされる（本間＝中野＝酒井75頁）。しかし，不法行為を構成する事実のように，管轄原因を構成する事実とも本案の請求原因事実ともなりうる事実が争われている場合について，判例は「原則として，被告が我が国においてした行為により原告の法益について損害が生じたとの客観的事実関係」の証明が必要であるとした（最判平成13・6・8民集55巻4号727頁，客観的事実関係証明説）。客観的事実関係証明説は，証明が必要となる事実を客観的事実関係（具体的には(i)原告の被侵害利益の存在，(ii)被侵害利益に対する被告の行為，(iii)損害の発生，(iv)被告の行為と損害発生との間の事実的因果関係）に制限する代わりに，これら事実については本案審理におけると同程度の証明を要求する。これに対して，学説上は，不法行為があったことにつき一応の証明を必要とすれば足りる（一応の証明説），とする見解等も有力である。また，判例は契約債務履行地管轄についても，契約が締結されたことについて客観的事実関係の証明を要求するが，学説上は特に批判が多い（中西ほか161頁～162頁）。

4 併合請求の管轄

問題となる請求それ自体や訴えられている被告自身については日本に国際裁判管轄が認められる余地がない場合でも，関連する請求との関連で日本での国際裁判管轄が認められる場合がある。**併合請求の管轄**（民訴3条の6）であり，問題(3)で問われている点である。

民事訴訟法3条の6によると，同一原告被告間である請求につき日本に国際裁判管轄が認められない場合でも，他の請求で日本に国際裁判管轄が認められるものがあり，かつ，その請求と当該請求との密接関連性が認められる場合には，当該請求についても管轄が認められる（客観的併合）。他方，原告もしくは被告が複数存在する場合には，請求間に密接関連性があるだけでは足りず，訴訟の目的である権利・義務が同一であるか，同一の事実上および法律上の原因に基づいていることが必要とされる（主観的併合）。請求間に密接関連性を要求するのは被告に過度な負担となる場合や審理の長期化を防ぐためであるとされる（佐藤＝小林編著・前掲118頁）。密接関連性の判断は事案ごとにされるが，日本での同一手続で審理するのが適当かどうかという観点から判断すべきとの指摘（本間＝中野＝酒井66頁）もある。

　主観的併合に際して求められる権利・義務の同一性については，例えば主たる債務者に対する債務履行請求と連帯保証人に対する保証債務の履行請求の場合が例として挙げられる（佐藤＝小林編著・前掲119頁）。また，同じく主観的併合の場合の同一の事実上および法律上の原因に基づいていることとは，各請求を理由づける原因事実がその主要部分において同一であるのみならず，法的根拠も基本的に同一である場合をいうとされ，同一の不法行為により損害を被った被害者からの複数の加害者への損害賠償請求が例として挙げられる（佐藤＝小林編著・前掲119頁）。

5　専属管轄

　また，本問では特に問われていないが，国際裁判管轄の規定が新設された折に，日本に国際裁判管轄が専属する場合についての規定が置かれた。民事訴訟法3条の5である。同条では，日本法を設立準拠法とする法人に対する当該法人の組織内部関係に関する訴え（1項），登記または登録をすべき地が日本にある場合の登記や登録に関する訴え（2項）および設定の登録により発生する知的財産権が日本で登録された場合につき当該知的財産権の存否・効力に関する訴え（3項）について，それぞれ日本の裁判所の専属管轄を規定する。これらに基づき日本に国際裁判管轄が認められる場合には，3条の9に基づく特別の事情は一切考慮されない。また，どの管轄原因にも共通する点であるが，専属

管轄について定める3条の5は，条文上は，日本の裁判所に専属するとだけ規定するが，外国特許権の存否や効力に関する訴え，外国法を設立準拠法とする法人の組織等に関する訴え，外国に所在する土地の登記等に関する訴えについては，当該外国に専属管轄が認められ，日本での国際裁判管轄が排除されることにも注意が必要である。

6 解答例

(1) A社がB社に対して，瑕疵担保責任および債務不履行を理由として損害賠償の支払を求める訴えを日本の裁判所に提起した場合，日本の国際裁判管轄は認められるか。

まず，B社は日本に営業所も代表者も置いておらず，一切の財産を有していないとされていることから，民事訴訟法3条の2，3条の3第3号・4号に基づく国際裁判管轄が日本に認められることはない。また，民事訴訟法3条の3第5号については認められる余地がありそうであるが，本文からB社が継続反復的に業務を日本で行っていたかどうかは不明であり，仮にB社が日本において継続的に業務を行っていたと認められる場合は，同号に基づく国際裁判管轄が認められる余地がある。

さらに，A社とB社とは問題の電子部品に関して直接の契約関係を結んでおり，A社が当該契約に関する瑕疵担保責任と債務不履行とをB社に対して問うていることから民事訴訟法3条の3第1号に基づく管轄は認められないか。ここで瑕疵担保責任の法的性質が問題となるが，瑕疵担保責任とは売買契約において売主の物の引渡義務に付随して認められるものであり，国際民事訴訟法上は「その他契約上の債務の履行に関する請求」に含まれると解すべきであろう。ここで民事訴訟法3条の3第1号に基づき日本に国際裁判管轄があるか否かを判断するために考慮しなければならないのは，契約上その不履行が問題とされ，また，隠れた瑕疵があるとされたB社のA社への引渡債務である。問題文によると，AB社間の売買契約において当該電子部品は日本にあるA社の事業所に納品すべきものと規定されていたとされる。したがって，AB社間には当該物の引渡債務について契約において定められた履行地が存在しており，その履行地は日本であるため，民事訴訟法3条の3第1号に基づき，日本

の裁判所に本件訴えについての国際裁判管轄は認められる。

　なお，この場合，民事訴訟法3条の9に基づき，訴えを却下すべき特別の事情があるか，について検討する必要があるところ，問題となる電子部品を組み込んだ製品は日本においてA社により販売されていたことから証拠は日本にあると思われ，事案の性質からみても特に日本での訴えを却下すべき特別の事情は見当たらない。さらに応訴による被告の負担の程度については，問題文の事情からは不明であるが，日本の裁判所で審理・裁判をすることが当事者間の衡平を害するとまでの事情は読み取れない。したがって，訴えを却下すべき特別の事情は存在しないと考えられる。

　(2)　A社はC社に対して，製造物責任および不法行為に基づく損害賠償請求を日本の裁判所で提起している。この請求につき，どのような場合に，不法行為地が日本にあることを根拠として，日本の裁判所の国際裁判管轄は認められるか。

　国際裁判管轄の決定上は，製造物責任も不法行為責任も等しく不法行為地管轄の対象と考えられている。民事訴訟法3条の3第8号によると，不法行為に関する訴えについては，不法行為があった地が日本にあるときに日本の国際裁判管轄が認められるとされ，不法行為地とは具体的には，加害行為が行われた場所と結果の発生地のいずれをも指すと考えられている。

　本件においては，A社の主張によればC社が製造した電子部品に製造上の欠陥があり，C社がうたっている耐久性を有していないと主張している。この場合，加害行為とは欠陥ある製品の製造行為であると考えられる。C社が問題の電子部品を製造した場所は本文からは明らかではないが，日本に営業所等を有していないとされている以上，少なくとも日本でないことは明らかである。

　それでは結果の発生地はどうか。本問において，A社が主張している損害は電子部品の欠陥によりそれを組み込んだ製品の故障が相次ぎ，そのために製品の売上げが落ち込んだことである。民事訴訟法3条の3第8号が対象とする結果発生地の問題となる「結果」とは，不法行為から直接的かつ一次的に生じたものでなければならないと考えられるところ，本問での売上げの減少はC社の不法行為から直接的かつ一次的に生じたものといえるか。この点，問題とはなりうるが，C社の製造した製品は部品にすぎず，何らかの製品に組み込ん

で使われることが想定されているところ，欠陥のある部品を組み込んだ製品の売上げが部品の欠陥のために減少しているという結果は，欠陥ある製品の製造から直接的かつ一次的に生じたものといえよう。また，この結果は，日本における販売に関して生じており，結果の発生地は日本であるといえる。

しかし，本問のように，加害行為地と結果発生地とが異なるいわゆる隔地的不法行為の場合，結果発生地にしかすぎない場所での無条件の国際裁判管轄発生は認められない。特に製造物責任の場合，行為者の予測を超える場所での応訴を強いられることになりかねないからである。本問では電子部品の販売者であるＢ社は日本での製品化と販売について予見可能であったと考えられるが，製造者であるＣ社に対して，客観的かつ合理的に，日本での製品化と販売について予見可能であったか否かについては不明である。したがって，Ｃ社が，自らが製造した電子部品を組み込んだ製品が日本で作られ販売されることについて，客観的にみて予見可能であったといえる状況があれば，日本が不法行為の結果発生地として，日本での国際裁判管轄が認められることになる。

(3) Ａ社がＢ社のみに対して訴えを提起した場合には日本の国際裁判管轄が認められ，Ｃ社のみに対して訴えを提起した場合には日本の国際裁判管轄が認められないとの前提の下で，Ａ社がＢ社とＣ社の双方を被告として損害賠償の支払を求める訴えを提起したならば，Ｃ社に対する訴えについて日本の国際裁判管轄が認められるべきか。

この場合，民事訴訟法3条の6に基づく併合請求管轄が認められないかが問題となる。同条に基づき，本問におけるような主観的併合が認められるためには，訴訟の目的である義務が共同被告間で共通であるか，もしくは同一の事実上および法律上の原因に基づかなければならない（民訴3条の6ただし書）。ところが，本件では，Ｂ社とＣ社に対して求められている損害賠償義務はＢＣに共通するものではない。また，Ｃ社が欠陥のある製品を作ったことを原因としているため，同一の事実上の原因に基づいてはいるが，法律上の原因は異なっている。したがって，本問で主観的併合に基づく国際裁判管轄がＣ社について認められることはない。

7　例題の検討

例題1は専属管轄に関する民事訴訟法3条の5の処理が問題となるケースである。上に書いたように、この規定は日本の裁判所の専属管轄だけではなく外国裁判所の専属管轄とも考えられることから、日本の裁判所の管轄を排除する機能も有していることを念頭に置きながら解答を考えるべきである。

例題2は不法行為管轄における管轄原因事実が争われている場合の処理を問う問題である。学説の有力説である一応の証明説と判例の立場である客観的事実関係証明説の双方に念のため触れながら、いずれの立場をとるか明らかにした上でどのような点について、どの程度までの証明を必要とするのか、丁寧に説明することが問われる。

　例　題

1　日本に住む日本人Dはある画期的な発明をしたとして、米国と日本で特許を申請し、認められた。ところが同じく日本に住む日本人Eが、当該特許の対象となった発明は、すでにEがフランスで特許権を取得後、インターネットを通じて公知したものであり、日本の特許法29条1項1号に違反するため無効であると主張し、日本で無効審判を提起しようとしている。日本特許・米国特許いずれについても日本での無効審判の訴えは認められるか。

2　問題(2)の訴えに対して、C社は当該電子部品に製造上の欠陥はなく、したがってわが国は不法行為地には当たらないとして国際裁判管轄の存否を争っている。C社のこのような主張はどのような場合に認められるか。

［長田真里］

No. 28 国際裁判管轄3（管轄合意等）

問題

1　日本会社Aは，ワインの製造販売を業とする甲国会社Bとの間で，特定品質の瓶詰高級ワインの売買契約を締結した。契約上，ワインの引渡しは横浜で行うこととされていたが，裁判管轄地については両者間で意見が対立し，第三国である乙国を専属管轄地とする条項が採用された。しかし，横浜に到着したワインをA社が検査したところ，契約上定められた品質を大きく下回ることが明らかになったため，A社は，日本の裁判所で，B社に対し，債務不履行を理由とする損害賠償請求訴訟を提起した。

(1)　B社は，契約中の専属管轄条項を援用して，日本に国際裁判管轄はないとの抗弁を提出した。これに対してA社は，乙国と本件契約には何ら実質的関連性がない上，損害額は300万円に満たない少額であり，乙国での訴訟はいずれの当事者にとっても見合わないから，当該管轄条項は無効であると主張している。このA社の主張は認められるか。

(2)　乙国法上，本件管轄条項の効力が否定され，乙国裁判所の国際裁判管轄が認められない場合，日本の裁判所は国際裁判管轄を有するか。

(3)　B社は，日本に国際裁判管轄はないとの抗弁を提出した上で，口頭弁論に出廷し，ワインの品質低下は運送人の過失によるものであり，B社の債務不履行責任に関するA社の主張は理由がないと主張した。この場合，日本の裁判所は，B社の応訴があったとして国際裁判管轄を肯定するべきか。

2　丙国法に準拠して設立され，丙国にしか拠点をもたないC社は，日本市場への進出を目論み，自社製品が有望かどうかを調査させるため，日本に居住する日本人Dを雇い入れた。CD間の雇用契約中には管轄条項があり，本件雇用契約に関する一切の訴えは，丙国裁判所に提起するべきものとされていた。

　Dは1年にわたって日本で調査を実施していたが，自社の財政状況が急速に悪化したことから，C社は日本市場への進出を断念し，Dを解雇した。Dはこの解雇の有効性を争い，労働契約上の地位を有することの確認および賃金の支払を求めて，C社を被告とする訴えを日本の裁判所に提起した。これに対してC社が，雇用契約中の管轄合意の効力を主張して訴えの却下を求める場合，日本の裁判所は国際裁判管轄を有するか。

論　点

① 国際裁判管轄の合意
② 応訴による国際裁判管轄
③ 国際裁判管轄の決定と消費者・労働者の保護
④ 保全命令事件の国際裁判管轄

解　説

1　国際裁判管轄の合意

　民事訴訟法3条の7第1項は，法廷地に関する当事者の予見可能性を確保するという見地から，**国際裁判管轄の合意**を認めている。問題1(1)の事例のように，合意される管轄地は，必ずしも当事者間の紛争に密接に関係したものである必要はなく，単に中立的だとか特定類型の紛争解決につき実績があるといった理由で選択される管轄地も少なくない。

　国際裁判管轄の合意は，当事者の裁判を受ける権利に直接的影響を及ぼす。そのため，当事者が予期しない不利益を受けることのないよう，「一定の法律関係に基づく訴え」に関する合意であることが求められるとともに，書面性の要件によって意思の確実化や明確化が図られている（民訴3条の7第2項：ただし，電磁的記録による合意も書面によったものとみなされる〔同3項〕）。私人である仲裁人に紛争の裁断的解決を委ねる仲裁合意は，商取引契約中の一条項として合意され，紛争解決地を固定し，当事者の予見可能性を高めるという点で，国際裁判管轄合意と類似した機能を営む。そのため，合意の有効性要件について，ほぼ同様の規律が見られる（仲裁2条1項・13条2項・4項参照）。

　外国裁判所の専属管轄が合意されたが，その裁判所が法廷地国法上管轄権をもたない場合や，内乱・天災などで裁判ができない場合には，日本での裁判を認める必要がある。そのため，問題1(2)の事例のように，合意された裁判所が「法律上又は事実上裁判権を行うことができないとき」は，管轄合意を援用できない（民訴3条の7第4項）。また，専属管轄規定（民訴3条の5）の趣旨は，公益的必要性から，特定国以外での訴訟を許さないことにあるから，これに反

する国際裁判管轄合意の効力は否定される（民訴3条の10）。

　日本の裁判所の専属管轄が合意された場合，法廷地に関する当事者の予見可能性を重視する見地から，「**特別の事情**」による訴えの却下は認められない（民訴3条の9括弧書）。もっとも，最判昭和50・11・28民集29巻10号1554頁（高橋宏司・百選200頁）は，外国裁判所の専属管轄を定めた合意が，「はなはだしく不合理で公序法に違反するとき」は無効になりうるとしており，このような解釈の余地は今後とも残りうる（本間＝中野＝酒井71頁）。問題1(1)では，この点も議論になりえよう。

2　応訴による国際裁判管轄

　管轄権のない国で訴えが提起された場合でも，被告が**応訴**した場合には，これによって国際裁判管轄を認めてよい。これは，法廷地国の管轄権について，当事者間に黙示の合意と同視できる状況が認められることに基づく（本間＝中野＝酒井74頁）。そのため，被告が，無管轄の抗弁を提出しないで応訴したことが要求される（民訴3条の8）。問題1(3)はこの点に関する理解を問う。

3　国際裁判管轄の決定と消費者・労働者の保護

(1)　消費者契約・個別労働関係民事紛争に関する国際裁判管轄

　消費者契約紛争や個別労働関係民事紛争の国際裁判管轄を決定するについては，弱者保護の要請が強く働く。そのため，民訴法3条の4第1項・2項は，民訴法3条の2や3条の3が定める管轄権に加え，**消費者**はその住所，**労働者**は労働契約における労務提供地（それが定まっていない場合は雇入れ事業所所在地）において，事業者に対する訴えを提起できるとした。問題2では，その適用が問題となっている。これに対して，事業者が原告として消費者・労働者を訴える場合には，債務履行地や不法行為地，被告財産所在地といった各種の管轄原因を定めた民訴法3条の3が適用されないため（民訴3条の4第3項），被告である消費者・労働者の住所（民訴3条の2第1項）で提訴するしか選択肢はない。

(2) 国際裁判管轄の合意と消費者・労働者の保護

　消費者契約や個別労働契約については，弱者保護の見地から準拠法選択の合意に制約が課されるのと同様に（No.9 解説 1），国際裁判管轄の合意も無制限ではありえない。そのため，問題 2 で問われるように，民訴法 3 条の 7 第 5 項・6 項は，「将来において生ずる」消費者契約紛争および個別労働関係民事紛争を対象とする国際裁判管轄の合意は，以下の場合にのみ有効とした。すなわち，
① 消費者契約については契約締結時の消費者の住所地国の裁判所，個別労働契約については，契約終了時にその時点の労務提供地国の裁判所の管轄が合意された場合。
② 消費者・労働者が合意された国で訴えを提起したか，事業者が訴えを提起した場合に消費者・労働者が合意を援用した場合。専属管轄の合意は，この場合を除き，付加的な管轄の合意としての効力しか認められない。

　これに対して，紛争発生後に国際裁判管轄が合意された場合には，弱者側も合意の内容・効果について十分な認識を有していたと考えられるから，その効力は認められてよい。また，消費者契約の準拠法決定については，いわゆる**能動的消費者**の場合に保護が否定されるが（No.9 解説 4），国際裁判管轄の決定に関してはこのような制限はない。

4　保全命令事件の国際裁判管轄

　民事保全法 11 条は，「**保全命令**の申立ては，日本の裁判所に本案の訴えを提起することができるとき，又は仮に差し押さえるべき物若しくは係争物が日本国内にあるときに限り，することができる」という。これは，保全訴訟と本案訴訟との密接な関係（保全訴訟の本案付随性）を考慮し，本案訴訟の管轄が認められる国に保全訴訟の国際裁判管轄も肯定するとともに，保全命令の執行の実効性を重視する見地から，差押目的物または係争物の所在地に国際裁判管轄を肯定したものである。本案訴訟につき，外国裁判所の専属管轄の合意や外国を仲裁地とする**仲裁合意**があっても，日本に差押目的物や係争物がある限り，保全命令の国際裁判管轄を認めることに問題はない（旭川地決平成 8・2・9 判時

1610号106頁，的場朝子・百選204頁)。

5 解答例

(1) 問題1(1)

　本問においては，売買契約中に置かれた専属的国際裁判管轄合意の有効性が問題となる。A社は，乙国と本件契約との実質的関連性の欠如を主張するが，民訴法3条の7は，当事者や紛争と合意された管轄地との関連性を要求しておらず，実務上も，中立的第三国として，紛争に無関係な国の管轄権が合意されることは少なくない。したがって，この主張は失当である。

　また，A社は，損害額が僅少であって，合意管轄地国での訴訟がそれに見合わないことを理由に，本件管轄合意の効力を否定しようとする。このような無効原因は民訴法3条の7には規定されておらず，管轄合意については「特別の事情」判断の余地も認められないが（民訴3条の9括弧書），昭和50年最高裁判決にいう，合意が「はなはだしく不合理で公序法に違反するとき」に該当するとの主張はできないではない。しかし，損害額の僅少さを理由に管轄合意の効力を否定することは法的安定性を著しく害するため，公序に違反するとの結論を正当化することは難しいであろう。

(2) 問題1(2)

　合意管轄地国の法によれば国際裁判管轄が認められない場合，日本で管轄合意の効力を認めると，いずれの国でも当事者が裁判を受けられないという不当な結果（国際的な裁判拒絶）を招く。そのため民訴法3条の7第4項は，合意された裁判所が「法律上又は事実上裁判権を行うことができないとき」は，管轄合意を援用できないという。これによると，本問においてもB社は管轄合意を援用できず，法定管轄原因があれば，日本に国際裁判管轄が認められることになる。

(3) 問題1(3)

　本問において，被告B社は口頭弁論に出廷し，本案について弁論を行って

いるが，それに先立ち，日本の裁判所に国際裁判管轄がないと主張していたのであるから，民訴法3条の8にいう「日本の裁判所が管轄権を有しない旨の抗弁を提出しないで」応訴したという要件に該当しない。したがって，応訴管轄の成立を認めることはできない。

(4) 問題2

本問においては，まず，雇用契約中に置かれた丙国裁判所の専属管轄条項の効力が問題となる。これは，将来の個別労働関係民事紛争に関する管轄合意に該当するが，民訴法3条の7第6項は，労務提供地国を管轄地とする「労働契約の終了の時にされた合意」であるか（1号），労働者が管轄合意を援用した場合（2号）にのみ，合意の効力を認めている。本件管轄合意は，労働契約終了時の合意ではなく，また事業者であるC社が援用していることから，その効力を認めることはできない。

それでは，日本の裁判所に国際裁判管轄は認められるか。民訴法3条の4第2項によると，個別労働関係民事紛争に関する労働者からの事業主に対する訴えについては，「労働契約における労務の提供の地」に国際裁判管轄が認められる。Dの訴えは，個別労働関係民事紛争に関する労働者から事業主に対する訴えに該当し，本件雇用契約は，DがC社のために日本市場で調査を行うことを内容とするものであったから，日本は労働契約における労務提供地に該当すると見てよい。したがって，Dの訴えにつき，日本の裁判所は国際裁判管轄を有する。

6 例題の検討

例題1は，消費者契約紛争の国際裁判管轄に関する理解を問う問題である。そこでは，まず，消費者契約中の国際裁判管轄合意の効力が問題になる。これは将来の紛争に関する管轄合意であり，消費者Fの住所を管轄地とするものではなく，また，事業者E社がこれを援用していることから，民訴法3条の7第5項の1号・2号には該当せず，その効力を認めることはできない。

他方，消費者契約に関する消費者から事業者に対する訴えについて，民訴法3条の4第1項は，訴え提起時または消費者契約締結時における消費者の住所

地国に国際裁判管轄を認めており，日本は消費者Fの住所地に該当することから，本件訴えについて，日本の裁判所は国際裁判管轄を有するといえる。

例題2は，保全命令の国際裁判管轄と合意管轄・仲裁条項の関係を問う問題である。民事保全法11条によれば，日本の裁判所は，仮差押目的物が日本国内に所在する場合に国際裁判管轄を有する。本件のH社所有船舶は，ここでいう日本に所在する仮差押目的物に該当するため，小問(1)の事例では日本に国際裁判管轄を認めることができ，H社の主張は認められない。

小問(2)では，外国を仲裁地とする仲裁合意と保全命令との関係が問題となる。仲裁合意は，紛争解決地の固定による当事者の予測可能性の確保という点で，国際裁判管轄の合意と類似した機能を営むものであり，この場合にも，本案審理が丁国での仲裁に委ねられることを除けば，小問(1)における専属管轄合意の扱いと異なるところはない。

1 丁国法に準拠して設立され，丁国にしか拠点をもたないE社は，ソフトウェアの開発とダウンロード販売を主な業務内容としている。わが国に住所を有するFは，パソコンを用いて趣味の絵画を楽しもうと，E社の提示する条件に同意して代金を支払い，E社が作成したソフトウェア（お絵かきソフト）をダウンロードして使用する権利を得た（本件使用許諾契約）。ところが，E社が作成したソフトウェアにはバグが多く，使用に耐えなかったため，Fは，E社を被告としてわが国の裁判所に訴えを提起し，支払った代金の返還を求めた。この訴えについて，わが国の裁判所は国際裁判管轄を有するか。なお，本件使用許諾契約中には，当該ソフトウェアの使用に関するあらゆる訴えについて，丁国の裁判所が専属的国際裁判管轄を有する旨の条項が置かれている。

2 甲国の船舶修理会社G社は，乙国の船会社H社との間で締結した請負契約に基づき，H社所有船舶の修理を行った。しかし，修理に不備があるとして，H社が代金の一部の支払を拒んだことから，G社は，H社に対する代金債権を被保全債権として，日本のP港に入港していたH社の保有船舶に対する仮差押命令を，日

本の裁判所で申し立てた。
(1) H社は，GH社間の請負契約中には，甲国を専属管轄地とする管轄条項が置かれているから，本件仮差押命令手続について，日本の裁判所は国際裁判管轄を有しないと主張している。この主張は認められるか。
(2) GH社間の請負契約中に，丁国を仲裁地とする仲裁条項が置かれている場合はどうか。

［中野俊一郎］

身分関係事件の国際裁判管轄

問題

1 甲国籍を有する男Aと日本国籍を有する女Bとは、Aの日本留学中に知り合い、日本で婚姻して生活を営んでいた。5年前にAの仕事の関係でABは甲国での生活を始めたが、Bは甲国での生活に馴染めず、2年前にBはAの同意を得て、単身わが国に帰国し、別居生活を開始した。

(1) BはAとの離婚を希望するようになり、Aに対して離婚を求める訴えをわが国の裁判所に提起した。わが国の裁判所はこの訴えについて国際裁判管轄を有するか。

(2) AB間に子Cがおり、BがAの同意を得てCを連れてわが国に帰国していたとする。上記(1)において、Bが、Cの親権者をBとする旨も求めた場合、親権者指定についての国際裁判管轄についてはどのように判断すべきか。

2 ともに乙国籍を有する夫Dと妻Eは、わが国において婚姻生活を営んでいる。DEが、Eの妹Fの子である3歳のG（FGともに乙国籍）を養子にしたいと考えた。DEがGを養子とする旨の判断を求めて裁判所に申し立てた場合、わが国の裁判所はこれについて国際裁判管轄を有するか。なお、FGは乙国で暮らしているものとする。

論点

① (1) 離婚の国際裁判管轄
　(2) 離婚の際の親権者指定の国際裁判管轄
② 養子縁組の国際裁判管轄

解 説

1　身分関係事件の国際裁判管轄総論

　身分関係は社会における基本的な法律関係であり，公益にかかわる側面が大きい。また，法律関係の存否や内容を明確にするだけでは解決せず，法律関係の内容の具体化や調整が必要とされることも多い。そこで日本法においては身分関係事件については財産関係事件とは区別し，職権探知の原則の下で，類型ごとに処理方法を定めている。大別すると，(1)婚姻無効，離婚，認知といった人事訴訟事件，(2)親権者指定，養子縁組，遺産分割といった民事生活関係を保護し監督するという観点から裁判所に広範な裁量が認められている家事事件とがある（本間＝中野＝酒井77頁）。

　国際裁判管轄について，人事訴訟事件を対象とする人事訴訟法や，家事事件を対象とする家事事件手続法においては，明文の規定は置かれていなかった。そのため，次に述べる離婚に関する最高裁判決を基礎として，条理に基づきルールが形成されてきている。

　なお，2016年の国会に提出された「人事訴訟法等の一部を改正する法律案」は，人事訴訟法や家事事件手続法に国際裁判管轄に関する規定を置くものである。以下では，この法案による改正が成立した後の内容を，「改正人事訴訟法」「改正家事事件手続法」として適宜紹介することとする。

2　離婚事件の国際裁判管轄

(1)　最高裁昭和39年判決と平成8年判決

　離婚事件に関しては，昭和39年と平成8年に最高裁判決が下されている。

昭和 39 年最高裁判決（最大判昭和 39・3・25 民集 18 巻 3 号 486 頁）は，外国人同士の離婚事件について，日本に国際裁判管轄を認める要件として，被告の住所地が日本であることを原則とし，例外として「原告が遺棄された場合，被告が行方不明である場合その他これに準ずる場合」には原告の住所地である日本に国際裁判管轄が認められるというルール（以下「昭和 39 年ルール」という）を提示した。

平成 8 年最高裁判決（最判平成 8・6・24 民集 50 巻 7 号 1451 頁）は，被告住所地が重要な要素であるとはしつつ，原告の住所などから日本との関連性が認められる場合にも管轄を認める必要があるとする。そして，管轄の有無は「当事者間の公平や裁判の適正・迅速の理念により条理」に従って，原告が被告の住所地国で訴えることに法律上・事実上の障害がないかといった原告の権利保護にも配慮して決すべきとした。

平成 8 年判決が昭和 39 年判決を「事案を異にする」として退けていることから，この 2 つの判決の関係が議論されている。この点，平成 8 年判決が日本在住日本人から外国在住外国人に対する離婚訴訟であったことから，昭和 39 年判決は外国人同士の事案について，平成 8 年判決は日本人を当事者とする事案についての基準を示したものとする見解もある。しかし，平成 8 年判決の事案は，被告が居住する国ではすでに離婚判決が確定しているが，この外国判決は日本法が要求する承認要件を満たさないために日本では承認されず婚姻が継続したままであり，原告は日本で訴訟を起こすしかないという特殊な事情の下でなされた，いわゆる**緊急管轄**といわれる例外的処理であるとするのが一般的である（本間＝中野＝酒井 81 頁）。とすると，昭和 39 年ルールは今もなお妥当しているということになる。

(2) **昭和 39 年ルールに残された課題**

昭和 39 年ルールが基準となるとしても，このルールには次のような問題点や課題がある。

(a) 第 1 に，例外としての原告住所地管轄の認定基準が明確でないという問題である。

「遺棄」については，遺棄が日本で行われる必要があるとするものもあるが，

外国で遺棄された一方配偶者が日本に帰国してきたような場合にも，被告の新住所地国や旧婚姻住所地での離婚訴訟を原告に強いるのは酷であるとして「遺棄」に含むとする見解がある（本間＝中野＝酒井79頁）。「行方不明」はどの程度の期間を必要とするのか，3年以上とする見解もあるが定説はない（岡野祐子・百選〔初版〕179頁）。

　また，「その他これに準ずる場合」とはどのような場合か。この点，身分関係事件の応訴管轄について，人事訴訟法が当事者による任意処分を制限している（人訴19条・20条参照）ことや法廷地漁りのおそれを理由に，一般的にはこれを否定しつつ，被告が異議なく応訴したことを「その他これに準ずる場合」として考慮することは認めるとする見解もある（木棚＝松岡＝渡辺312頁，松岡編・入門321頁〔北坂尚洋〕）。

　(b)　第2に，当事者が日本人である場合には国籍を理由とする日本の国際裁判管轄，いわゆる**本国管轄**を認めるかという問題である。昭和39年ルールは外国人同士の離婚事件に対して出されたものであったため，この点は明らかにならなかったのである。

　昭和39年ルールが出された当時は，①自国民保護の必要性②離婚事件には当事者の本国法が準拠法とされているのだから国際裁判管轄の平面でも本国を基準とすべきとして，これを認める見解が一般的であった。現在では，管轄については被告保護を中心とした訴訟法的見地から検討すべきであるとして，本国管轄には否定的見解が強く（松岡編・入門321頁〔北坂〕，出口352頁），裁判例でも当事者の日本国籍を有するということだけで管轄を認めたものは少ない（小林秀之＝村上正子・国際民事訴訟法〔弘文堂，2009〕173頁，本間＝中野＝酒井80頁）。しかし，戸籍記載の訂正がある場合に例外的に外国在住の日本人のためには管轄を認める必要性があることが指摘される（木棚＝松岡＝渡辺310頁）。また，後述の新たなルール形成の試みにおいて，原告住所地管轄を認める要件として日本国籍を考慮するものも見られる（本間＝中野＝酒井81頁）。

(3)　**新たなルール形成の試み**

　昭和39年判決以降の裁判例では，昭和39年ルールの例外の適用により日本の管轄を認めた事例が非常に多く見られたことから（本間＝中野＝酒井79頁），

新たなルールを形成する動きもある。

　まず，婚姻との結びつきの強い地として**夫婦の婚姻生活地（住所地）**を管轄の要素として取り込む動きである。この見解は平成15年の人事訴訟法制定により廃止された人事訴訟手続法（明治31年法律第13号）1条1項がこれを国内の土地管轄原因としていたことや，**離婚及び別居の承認に関するハーグ条約2条**を参照する（岡野・前掲179頁）。

　もっとも，婚姻住所地を管轄要素とするだけでは，設問のように**夫婦の一方が婚姻住所地を離れ日本に渡っているような事例**で，日本に国際裁判管轄を認めることは困難である。そこで，夫婦の双方が日本国籍を持つ場合や，内国人原告が一定期間継続して内国に居住する場合には，原告の内国住所を管轄原因として認める見解もある（本間＝中野＝酒井81頁）。

　以上の議論を踏まえて，改正人事訴訟法3条の2は，人事に関する訴えに関する国際裁判管轄について一般に，1号から7号のいずれかに該当する場合には日本の国際裁判管轄が認められるとした。夫婦間の離婚訴訟についていえば，被告の住所等が日本にあるとき（1号），夫婦がともに日本国籍を有するとき（5号），夫婦の最後の共通の住所が日本にあるとき（6号），そして日本国内に住所を有する原告からの訴えであって「日本の裁判所が審理及び裁判をすることが当事者間の衡平を図り，又は適正かつ迅速な審理の実現を確保することとなる特別の事情があると認められるとき」（7号）のいずれかに該当する場合ということになる。また，7号において国際裁判管轄を認めるべき場合としては，被告が「行方不明であるとき」や外国「判決が日本国で効力を有しないとき」が例示されており，上で紹介した2つの最高裁判決の影響が見てとれよう。

3　親子関係事件の国際裁判管轄

(1)　親子関係存否に関する事件

　親子関係事件のうち，嫡出否認，認知，親子関係存在確認訴訟といった親子関係存否に関する事件は，原告被告が対立する構造をとり，日本法上も人事訴訟法で規律されている。そこで，離婚事件に関する**昭和39年ルール**によると

するものが多い。しかし，**子の利益保護**という観点からは，子が申し立てる場合には**子の住所地**をも管轄原因として認めるべきとする見解もある（中西ほか345頁，本間＝中野＝酒井82頁）。

(2) **養子縁組事件**

養子縁組の成立に関する事件は，原告被告対立構造ではなく，日本法上，子の福祉を実現するために裁判所が**保護・監督的な見地**から関わるために，家事非訟事件とされている。国際裁判管轄決定の場面でも**子の福祉**を重視し，裁判所が適切な介入をなしうるよう，子の生活状況の調査に最も適した地として**子の住所地**，さらに養親となる者の適格性を判断するのに適した地として**親の住所地**，その双方に管轄を認めるべきであろう（松岡編・入門328頁〔北坂〕，本間＝中野＝酒井85頁）。改正家事事件手続法においても，養子縁組の許可や特別養子縁組の成立については，養親となるべき者または養子となるべき者が日本国内に住所を有するときは，日本の国際裁判管轄を肯定している（3条の5）。

(3) **子の親権者指定・変更等に関する事件**

子の親権者指定・変更に関する事件では，子の福祉を実現するために裁判所が**保護監督のために関わる必要がある**として，事件本人である**子の住所地**がわが国にある場合に管轄を認めるべきとされている（松岡編・入門329頁〔北坂〕，木棚＝松岡＝渡辺316頁）。改正家事事件手続法も同様の規定を置いている（3条の8）。

子の親権者指定は，離婚裁判と同時に申し立てられることが多い。そこで，離婚事件につき日本の国際裁判管轄が認められた場合には，夫婦間の子の親権者指定についての管轄も日本に認められることになるのかが問題となる。親権者指定の問題も離婚と一括して処理する必要があるとして肯定する見解と，子の福祉を重視し，子の親権者指定の管轄は離婚の管轄とは別個に考えるべきとして否定する見解が対立している（中西ほか327頁，松岡編・入門331頁〔北坂〕）。この点について改正人事訴訟法は，日本の裁判所が離婚訴訟について国際裁判管轄を有する場合には，子の監護者の指定その他の子の監護に関する処分および親権者の指定についても国際裁判管轄を有するとし，肯定説の立場を採用し

ている（3条の4第1項）。

4　扶養関係事件の国際裁判管轄

　扶養関係事件については，**扶養権利者の利益保護**という観点から，扶養権利者の生活状態や扶養料の額の調査等に適しているということを理由に，**扶養権利者の住所地**にも管轄を認めるべきとの見解も有力である（松岡編・入門336頁〔北坂〕，中西ほか382頁）。改正家事事件手続法は，同様の配慮から，扶養義務者であって申立人でないもの又は扶養権利者のいずれかの住所等が日本国内にあるときには，日本の国際裁判管轄を肯定している（3条の10）。

5　相続関係事件の国際裁判管轄

　相続関係事件のうち，民事訴訟法が適用される，相続権，遺留分，遺贈に関する訴えや，相続財産の負担に関する訴え等については，**相続開始時の被相続人の住所**が日本にある場合には，日本に管轄が認められると規定されている（民訴3条の3第12号・13号）。被相続人の住所地には相続財産や利害関係人，関係書類が所在することが多いことから，当事者にとって便宜であり，相続債権者の予測可能性もあると考えられたためである（本間＝中野＝酒井63頁，中西ほか397頁）。また，財産関係事件一般の管轄ルールも適用されるので，相続対象とされる不動産が日本にある場合には財産所在地管轄（民訴3条の3第3号）により日本の国際裁判管轄が認められる（松岡編・入門338頁〔北坂〕）。

　他方，**遺産分割，相続財産管理人の選任，相続放棄**といった日本法上家事事件とされる類型については，**明文規定がないために条理**によるとされている（中西ほか397頁）。学説では事件類型ごとに管轄が検討されているが，相続開始時の被相続人の住所地，あるいは財産所在地が日本である場合に管轄を認める見解が多いとされる（松岡編・入門338頁〔北坂〕）。被相続人が外国在住で日本に財産を持たない日本人である場合に，本国管轄として日本の管轄を認めるかについても議論があり，日本に居住する相続人が在外遺産を統一的に処理する必要性があるとする見解は，日本の管轄を肯定する（中西ほか396頁）。

　改正家事事件手続法は，相続に関する審判事件一般について被相続人の住所等が日本国内にあった場合に国際裁判管轄を肯定する（3条の11第1項・2項）。

ほか，相続財産に関する一定の審判事件について相続財産が日本国内にあるときに国際裁判管轄を肯定している（同条3項）。同法はさらに遺産分割に関する審判事件について国際裁判管轄の合意も認めている（同条4項・5項）。

6 解答例

(1) **問題1(1)**

わが国には離婚についての国際裁判管轄を直接定める規定はないため，条理により定めることになる。前掲昭和39年最高裁判決によれば，原則として被告の住所地が日本にある場合，例外として，①原告が遺棄された場合，②被告が行方不明である場合，③その他これに準ずる場合には原告の住所地が日本にある場合に，わが国の国際裁判管轄が認められるとされる（昭和39年ルール）。

本件に昭和39年ルールを当てはめてみると，まず被告であるAは5年前から甲国に住んでいることから，住所は甲国である。よって原則には当てはまらず，わが国の管轄は認められない。

次に，原告Bは2年前から日本に居住し日本に住所を有していると思われるため，例外を検討する。①の遺棄の要件であるが，原告であるBはAの同意を得て自らの意思で来日していると思われ，遺棄には当てはまらない。②の行方不明の要件であるが，本件で被告であるAには特に行方不明と思われる事情もなく，該当しない。最後に，③の「その他これに準ずる場合」であるが，本件において外国在住の被告に応訴させることを正当化するような事情は特に見当たらない。

よって，わが国の裁判所はこの訴えについて国際裁判管轄を有しない。

（注）ここでは昭和39年ルールをそのまま適用したが，近時の有力説のように，原告の日本国籍や，原告の一定期間長期の日本居住を要件に原告住所地管轄を認める場合には，管轄は肯定される可能性がある。

(2) **問題1(2)**

わが国には子の親権者決定についての国際裁判管轄を直接定める規定はないため，条理により定めることになる。この点，子の親権者決定事件において

は，裁判所が子の福祉の観点から後見的に関わることが重要であることから，子の身辺の調査に最も適した地である子の住所地が日本にある場合に日本の国際裁判管轄を認めるべきである。

本件では，子であるCは2年前にBとともに来日しており，住所は日本であるといえる。

よって，子の親権者指定については，わが国の国際裁判管轄は認められることになる。

(3) **問題2**

わが国には養子縁組の成立についての国際裁判管轄を直接定める規定はないため，条理により定めることになる。この点，養子縁組の成立の場面においては，子の福祉の実現のためにわが国裁判所が適切に介入しうるように，子の住所地または養親となる者の住所地が日本である場合に，わが国の国際裁判管轄を認めるべきである。

本件では，養子となるGは乙国で暮らしており，住所は乙国であると考えてよい。よって，養子の住所地管轄は認められない。

しかし，養親となるDとEはわが国において婚姻生活を営んでおり，DとEの住所は日本である。よって，養親の住所地管轄が認められる。

したがって，DEがGを養子とする旨の判断を求めて裁判所に申し立てた場合，わが国の裁判所は国際裁判管轄を有する。

7　例題の検討

例題1については，身分関係事件の応訴管轄を否定する見解に立てば，Aの異議のない応訴は意味を持たないことになり，管轄は認められないことになる。これに対し，昭和39年ルールの「その他これに準ずる場合」に，被告の異議のない応訴を含めることを認める見解に立てば，Aの異議のない応訴により管轄が認められることになろう。

例題2については，昭和39年ルールに当てはめていくと，本問同様，原則部分にも例外部分にも当てはまらないことになるであろう。しかし，この例題では本問とは異なり，最後の婚姻住所地は日本である。とすれば，「婚姻住所

地」を基準とする見解に立てば，わが国裁判所の国際裁判管轄が認められる可能性が出てくるであろう。

例題3については，本問とは異なり，子がわが国にいない事例である。離婚と同時になされる子の親権者指定について，わが国が離婚について管轄を有していれば，子の親権者指定の管轄も一緒にわが国に認められることになるかが問題となる。

この点，子の福祉の観点から離婚の管轄とは別個に考えるべきとする見解からは，子の親権者指定の管轄を別途考えることが求められる。そして子の親権者指定について，子の福祉の観点から子の住所地国に管轄を認めるべきとするのであれば，子Cが甲国に住所を持つ本件ではわが国の管轄は認められないことになろう。

他方，離婚訴訟との同時的統一的判断の必要性から，子の親権者決定の管轄は離婚の管轄地にも認められるとする見解からは，離婚についてわが国が管轄を有する以上，わが国はこの親権者指定にも管轄を有することとなろう。

例題4については，昭和39年ルールに準じて考える場合，相手方であるAは甲国在住であり，また昭和39年ルールの例外に当たる事情も特に見当たらないため，国際裁判管轄は認められないことになるだろう。しかし，扶養権利者の住所地にも管轄を認めるという見解に立てば，扶養権利者たるCは日本に住所を有していることから，管轄が認められることになる。

例題5については，まず，日本の土地建物については，民訴法3条の3第3号により財産所在地としてわが国の国際裁判管轄が認められる。

次に，甲国の土地建物については，民訴法3条の3第3号では認められないため，民訴法3条の3第12号を検討することになる。被相続人たるHは相続開始時には日本に住んでいたことから，「相続開始時の被相続人の住所地」が日本にあるとして日本の管轄が認められることになる。

▶▶▶ 例題

1 問題1(1)において，BからのAとの離婚を求める訴えに対し，その後Aが

異議を唱えることなく応訴した場合，わが国の裁判所はこの訴えについて国際裁判管轄を有するか。

2　問題1(1)に関し，5年前にAが甲国に移住した際にBは仕事の都合で甲国には渡らず，そのことについてAも了承していたという事例であった場合，わが国の裁判所はこの訴えについて国際裁判管轄を有するか。

3　問題1(2)に関し，Bは単身わが国に帰国しており，子CはAのもとで生活していたという事例であった場合，わが国の裁判所は親権者指定についての国際裁判管轄を有するか。離婚についてはわが国が国際裁判管轄を有するものとする。

4　問題1(2)に関し，日本において離婚と親権者をBとする判決が下された後，数年たって，CはAに対して扶養料支払を求める訴えをわが国の裁判所に提起した。わが国の裁判所はこの訴えについて国際裁判管轄を有するか。

5　甲国人Hは30年にわたり日本に住み事業を営んでいたが，日本に土地建物を残して死亡した。この土地建物をめぐって，Hの妻I（日本国籍）とHの非嫡出子であるJ（甲国籍）との間に争いが生じた場合，わが国の裁判所はこの相続権をめぐる訴訟について国際裁判管轄を有するか。訴訟の対象が，甲国に残した土地建物であった場合はどうか。

［釜谷真史＝神前　禎］

No.30 外国判決の承認・執行

問 題

1　日本に主たる営業所を有するA株式会社は、その製造した機械を、甲国に主たる営業所を有するB社に販売した。B社の社員Cは、その機械を使って作業中に怪我をしたので、甲国の裁判所に、B社およびA社に対し損害賠償を求める訴えを提起した。この訴えにかかる訴状は、Cの弁護士からわが国のA社に直接郵送されている。甲国の裁判所は、B社およびA社に対し、填補賠償として30万ドル、懲罰的損害賠償として100万ドルの支払を命じる判決を下し確定した（甲国判決）。Cはこの判決をわが国において執行したいと考えている。

　本件甲国判決のわが国における承認・執行についてはどのような点が問題となるか。なお、甲国は「民事又は商事に関する裁判上及び裁判外の文書の外国における送達及び告知に関する条約」（以下、送達条約）の締約国であるものとする。

2　日本と乙国との二重国籍を有する女Dと、乙国籍を有する男Eとは、Dが乙国に居住していた際に知り合い、交際するようになった。その後DEは乙国において婚姻し、5年前にDの妊娠を機に生活の拠点を日本に移して以来日本において婚姻生活を営んでいた。ところが、DE間にFが出生した直後から、Eは日本に居住している日本人女Gと親しくなり、DEは不仲となってしまった。EはDとの離婚を望んだが、Dが離婚に同意しなかったため、Eは単身乙国に帰国し、そこでDに対して離婚訴訟を提起した。Dは代理人弁護士を通じて応訴し、乙国の国際裁判管轄の存在を争ったが、乙国裁判所は、DEがともに乙国籍を有することを理由に国際裁判管轄を肯定し、①DとEとを離婚する、②Fの監護権者をEとする、③DはFをEに引き渡さなければならない、旨の判決を下した（乙国判決）。

　本件乙国判決のわが国における承認・執行についてはどのような点が問題となるか。

論点

① 承認対象性
② 間接管轄
③ 送達
④ 公序
⑤ 相互の保証

解説

1 外国判決の承認・執行

外国判決の**承認**とは一般に，外国判決が判決国以外の国において効力を有するものとされることをいう（最判昭和58・6・7民集37巻5号611頁参照）。そして，外国判決の効力を認めるということは，その判決が当該外国において有する効果を認めることであるとされる（最判平成9・7・11民集51巻6号2530頁〔以下，最判平成9・7・11①〕参照）。日本では外国判決は，民事訴訟法118条の要件を満たせば承認される。同条の要件は，①**承認対象性**（柱書），②**間接管轄**（1号），③**送達**（2号），④**公序**（3号），⑤**相互の保証**（4号）である。①〜⑤の充足は，外国判決の執行でも必要である（民執24条3項〔**No. 29**に登場する「人事訴訟法等の一部を改正する法律」が成立すれば5項。以下の〔 〕内の項数について同じ〕）。要件の審査には，**実質的再審査の禁止**が妥当する（民執24条2項〔4項〕。外国判決の承認にも妥当すると解釈されている）。外国判決の承認には特別の手続・方式は必要でないが（**自動承認制度**），外国判決の執行には**執行判決**（同22条6号・24条1項・4項〔6項〕）という特別の手続が必要である。

2 承認要件

(1) 承認対象性

承認・執行の対象は，外国裁判所の**確定判決**である（民訴118条柱書，民執24条3項〔5項〕）。「**判決**」とは，私法上の法律関係について当事者双方の**手続的**

保障の下に終局的にされた裁判をいう（最判平成10・4・28民集52巻3号853頁参照）。承認・執行は民事紛争の実効的解決を目的とするから，日本法で民事事件となるものについて外国がした裁判であれば対象として問題なく，名称や手続，形式は日本のものと同じである必要はない。執行の対象となる判決（民執24条3項〔5項〕）は，給付を命じる内容を含んでいる必要がさらにある。**判決に記載のない利息**も，判決国法上，判決が支払を命じる金員に付随して発生し執行できるものであれば，執行の対象になる（前出最判平成9・7・11①参照）。なお「**確定**」は，判決国法上，通常の不服申立方法が尽きた状態をいう。

(2) **間接管轄**

(a) **趣 旨**

民訴法118条1号は承認要件として，「法令又は条約により外国裁判所の裁判権が認められること」を定める。主に問題になるのは，外国裁判所が国際裁判管轄を有していたかという**間接管轄**の有無である。これは，当該民事紛争を解決するフォーラムとして判決国が正当であったか否かにとって重要である。なぜなら，裁判の適正・衡平・迅速の観点から，当事者双方がアクセスしやすく，事件解決に十分な関心がある国で審理がなされたことは，外国判決の正当性を高め，承認・執行に値するとの判断の基礎になるからである。

(b) **判断基準**

間接管轄の有無は，上述の趣旨から，承認国（日本）の視点で判断されるが，日本にはその判断基準を定めた規定はない。よって，解釈によるが（以下について，多田望・百選219頁等)，直接管轄と間接管轄は同じものを別の角度から見たものにすぎず，表裏一体である等の理由から，両者の基準は同一であるとの見解（鏡像理論。通説と言われる）がある。これによれば，財産関係事件では，直接管轄を定める民訴法3条の2以下等の「日本」を「判決国」に読み替えて事件に当てはめ，間接管轄の有無を判断することになる（澤木＝道垣内330頁等）。これに対して，①直接管轄は**行為規範性**が強い一方で間接管轄は**評価規範性**が強く，両者の働く場面は異なること，②離婚判決等については，間接管轄の基準を緩めて法律関係の国際的な安定を図る必要もありうること等を理由に，両者の基準は同一である必要はないとの見解がある。判例は，「間接管

轄の有無については，基本的に我が国の民訴法の定める国際裁判管轄に関する規定に準拠しつつ，個々の事案における具体的事情に即して，外国裁判所の判決を我が国が承認するのが適当か否かという観点から，条理に照らして判断すべき」（最判平成 26・4・24 民集 68 巻 4 号 329 頁）と述べ，後者の見解を採用するとみられる（廣瀬孝「判解」曹時 67 巻 9 号〔2015〕339 頁等）。これによれば，財産関係事件では民訴法 3 条の 2 以下等に準拠しつつも，これらを緩く解釈して間接管轄を広く認めることが可能になる（狭く解釈することも否定されない）。

(3) 送　　達

⒜　趣　旨

　民訴法 118 条 2 号は，「敗訴の被告が訴訟の開始に必要な呼出し若しくは命令の送達（公示送達その他これに類する送達を除く。）を受けたこと又はこれを受けなかったが応訴したこと」を，承認要件とする。被告が知らないうちに外国で訴訟があって下された被告敗訴の判決は被告に不意打ちとなるので，被告が外国訴訟で防御する最低限度のチャンスが与えられていたこと（**手続保障**）を，承認に値する判決の基礎とする趣旨である。この要件は，まず，①敗訴被告が呼出し等の**送達**を受けた場合に満たされる。ただし，公示送達等の擬制的な送達はこれを満たさない（同号括弧書）。他方で，①に該当しなくても（また公示送達等でも），②敗訴被告が外国で**応訴**した場合にも満たされる。

⒝　「送達」における条約遵守性と了知・防御可能性

　「送達」に関しては，前出最判平成 10・4・28 が示した，①**条約遵守性**と②**了知・防御可能性**が重要である。①は，日本と判決国との間に国際司法共助条約があれば，その送達方法が遵守されていることであり，訴訟手続の明確と安定を根拠とする。②は，「送達」は（ⅰ）被告が現実に訴訟手続の開始を了知でき，かつ，（ⅱ）その防御権の行使に支障のないことであり，実質的な手続保障を根拠とする。②（ⅰ）では，送達された訴状等に日本語訳があるか等が，②（ⅱ）では，受達から訴訟開始までに弁護士依頼の十分な時間があったか等が問題になる。

⒞　直接郵送の問題点

　米国等には，訴状等を原告が被告に**直接郵送**するという方法がある。直接郵

送される訴状等には，日本語への翻訳文はまず付いていない。このような直接郵送は2号の「送達」に該当するか（長田真里・百選220頁等参照）。

問題を解くカギは，前出最判平成10・4・28に従えば，①条約遵守性と②了知・防御可能性である。まず，①について，日本や米国が加盟する送達条約では，相手国が拒否宣言をしていない場合は直接郵送も可能であるところ（10条a号），日本は拒否宣言をしていない。そうであっても（i）直接郵送は条約上の適式な送達に該当しないとの説もあるが，現在では，（ii）日本が拒否宣言をしていないことを素直に受けて，直接郵送は条約上有効な送達方法であるとする説が有力である。他方で，（iii）国際取引の現場における当事者間の衡平等を理由に，翻訳文の有無や時間的余裕等を個別に検討して直接郵送の条約上の有効性を判断すべきとする説もある。（i）説であれば，①条約遵守性は認められず，この時点で2号の「送達」に該当しない。（ii）説であれば，①条約遵守性が認められ，②了知・防御可能性のチェックに進むことになる。（iii）説であれば，個別に判断して被告の語学力が十分で時間的余裕がある等の事情があると①条約遵守性が認められ，②了知・防御可能性のチェックに進む。

次に，②了知・防御可能性では，［i］翻訳文がなければ一律に②を否定する説（手続の安定等を理由にする）と，［ii］翻訳文の有無，被告の語学力，時間的余裕等を個別に検討して判断する説（国際取引の現場における当事者間の実質的な衡平等を理由にする）に大きく分かれる。いずれが有力か，現在のところ判然としない（下級審裁判例は前出最判平成10・4・28以前であるため①②の区別が必ずしも意識されていないが，［i］説と考えられるもの，［ii］説ともとれるものに分かれる）。①（ii）説は，②で［i］説と［ii］説に分かれる。①（iii）説は②［ii］説の先取りになっており，結局，同じ基準で①と②を判断することになる。

(d) 「応訴」による「送達」不備の治癒

「送達」がない場合でも，被告が外国訴訟で「応訴」していれば2号の要件は満たされる。応訴とは，被告が防御の機会を与えられ，かつ，外国裁判所で防御のための方法をとったことである（前出最判平成10・4・28）。被告（代理人も含む）が外国訴訟で何らかの防御をしたのであれば，その判決を承認しても被告に不意打ちにはならないであろう。よって，管轄違いの抗弁を提出したにとどまる場合も「応訴」になる（この点で，承認要件としての「応訴」は，直接管

轄に関して民訴3条の8が定める「応訴」よりも広いことに注意)。

(4) 公　序

(a) 趣　旨

　外国判決の承認には,「判決の内容及び訴訟手続が日本における公の秩序又は善良の風俗に反しないこと」(民訴118条3号)が必要である。世界には様々な法制度があり,日本法の立場からは受け容れがたい判決(例えば,麻薬のような禁制品の取引に係る代金支払を命じる判決)をする国もありうる。このような外国判決については,たとえフォーラムの正当性(同条1号)や最低限度の手続保障(同条2号)の点で承認に値する判決としての基礎があっても,承認を拒否して**日本の法秩序を守る**ことができるようにしているのが3号である。

　同号は,準拠法選択において外国法の適用排除を認める公序条項(通則法42条)と同趣旨であり,その公序概念もまた,**国家的かつ国際的公序**(No.25解説1(2)参照)である。よって,外国判決が日本の法制度での判決と,内容や訴訟手続に関して単に異なるだけで承認拒否されるべきでない。あくまで外国判決が日本の法秩序の基本原則ないし基本理念と相容れない場合に限り,公序に反することになる(最判平成9・7・11民集51巻6号2573頁〔以下,最判平成9・7・11②〕,最決平成19・3・23民集61巻2号619頁等参照)。そして,外国判決が公序に反するか否かは,①その承認・執行の結果が日本の法秩序を害するであろう大きさと,②事件と日本との間の関連性,の**相関関係**で判断される(横山393頁等。なお,公序要件審査の基準時について,釜谷真史・百選222頁等参照)。

(b) 実体的公序と手続的公序

　民訴法118条3号は,**公序**として,①判決の「内容」に関する公序(**実体的公序**)と②判決の「訴訟手続」に関する公序(**手続的公序**)の2つを定める。外国判決は,①その内容に現れている事件の実体的判断が日本の公序に反しないことだけでなく,②その判決を成立させた外国での訴訟手続自体に,日本の法秩序の観点から見て許されるべきでない違反がないことが,承認要件になっているのである。例えば,①判決の内容は日本の公序から見て何ら問題がなくても,②訴訟手続が正当な理由なく非公開でされた場合や判決が裁判官を買収して得られたものであるような場合,**手続的公序**の違反が認められうる。

①実体的公序違反の事例には、**懲罰的損害賠償**を命ずる米国判決（後述(C)参照）や、日本人夫婦の受精卵により米国人女性が米国で**代理出産**した子と当該夫婦との間の実親子関係を確認する米国判決は公序に反するとした事例（前出最決平成19・3・23）等がある。②手続的公序違反の事例には、**偽造公文書**に基づいて詐取された韓国の婚姻確認審判（横浜地判平成元・3・24判時1332号109頁）等がある。

(C) 懲罰的損害賠償判決と公序

懲罰的損害賠償（No.25解説5、横山潤・百選224頁等参照）を命じる外国判決については、民事判決とはいえないこと等を理由に**承認対象性**（2(1)参照）を否定する見解もあるが、この賠償も私人間の紛争に関して私人間で支払われるべきこと等から、**承認対象性**を認めるのが多数説である。後者によれば、公序違反性が問題になる。①懲罰的損害賠償は加害者への制裁と一般予防を目的とし、実損害の賠償を目的とする日本の不法行為の損害賠償制度の基本原則・基本理念と相容れないので、その判決は公序に反するとの見解（多数説。前出最判平成9・7・11②も採用）、②日本にも実損害を超える賠償を認める制度等は存在するので、日本の基本原則等と相容れないとまでは必ずしもいえず、許容できる懲罰的損害賠償の部分は承認すべきとの見解等がある。

(5) 相互の保証

民訴法118条4号の「相互の保証があること」は、判決国が日本の同様の判決を承認するならば、日本も当該外国の判決を承認することが公平であるとの考えに基づく。**相互の保証**は、判決国における外国判決承認の基準が日本のものと重要な点で異ならないときに認められ（前出最判昭和58・6・7）、双方の基準が実質的に同等であれば足りる。国際的私法生活関係の発展のために当事者の権利保護を可能な限り図る趣旨である。相互の保証は、日本と判決国との間に承認・執行に関する条約がある場合にも、もちろん認められる（なお4号については、私人の力ではいかんともしがたいこと〔外国法の改正や条約の締結〕に基づくものであること等から、削除論が有力である〔吉川英一郎・百選229頁等〕）。

3 身分関係上の形成判決と非訟事件裁判

　身分関係上の形成判決と非訟事件裁判には，民訴法118条（執行では民執24条も）の適用があるか否か（2(1)の**承認対象性**）に関係して，どのような承認要件が必要かの問題がある（従前の議論として，松岡編・入門324頁以下〔北坂尚洋〕等）。

(1) 身分関係上の形成判決

　現在では，外国裁判所による身分関係上の**形成判決**（特に離婚判決）も「判決」性（2(1)参照）ありとして，**118条全面適用説**が一般的である。改正人事訴訟法も，外国裁判所の**人事訴訟事件判決**について，118条の適用を維持するとの前提に立つ。

(2) 身分関係上の非訟事件裁判

　外国裁判所による身分関係上の**非訟事件裁判**の承認・執行については，民訴法118条と民事執行法24条の直接的な適用はないとする見解が多数説であり，これに従う裁判例も多い（京都家審平成6・3・31判時1545号81頁，東京高判平成5・11・15高民集46巻3号98頁等）。この場合，その承認・執行には民訴法118条1号（**間接管轄**）と3号（**公序**）が類推適用されるとの考えが少なくないが，争訟性のある類型の非訟事件には2号（**送達**）も類推適用されるとの見解も有力である。近時は，**118条全面適用説**も見られる（河野俊行・百選233頁等）。

　改正家事事件手続法では，79条の2が「外国裁判所の**家事事件**についての確定した裁判の効力」と題して，「外国裁判所の家事事件についての確定した裁判（これに準ずる公的機関の判断を含む。）については，その性質に反しない限り，民事訴訟法第118条の規定を準用する。」と定める。よって，上記の議論が「性質に反しない限り」での「準用」という解釈論として維持されることになる。また，執行力のある外国家事事件裁判については，改正民執法22条6号が「判決」性を認める文言を挿入する。そして，同法24条5項が執行判決のために，改正家事事件手続法79条の2の定める承認要件の充足を規定する。

4 解答例

(1) 問題 1

　まず，甲国判決の懲罰的損害賠償として100万ドルの支払を命じる部分については，承認対象性（民訴118条柱書）が問題になりうる（2(4)(c)参照）。

　次に，間接管轄（同条1号）については，まず前提としてその基準が問題になる（2(2)(b)参照）。これに関して自説を展開した後で，具体的に設問に当てはめることになる。鏡像理論では，B社への訴えについて被告の主たる営業所所在地（民訴3条の2第3項参照），A社への訴えについて主観的併合（同3条の6参照）や不法行為地（同3条の3第8号参照）の管轄原因が甲国にあり，かつ，特別の事情（同3条の9参照）もないと考えられる。基準は異なってよいとの有力説・判例でも，上記規定に準拠しつつ，設問の事実に即して，甲国判決を承認するのが適当か否かという観点から条理に照らしてみて，特に甲国の管轄は否定されないであろう。

　送達については，直接郵送が民訴法118条2号を満たすか否かが問題になる。前出最判平成10・4・28が示した①条約遵守性と②了知・防御可能性に照らして考えると，まず①で（ⅱ）直接郵送は送達条約上，有効な送達方法であるとの説に立つならば，次に②が問題となる。[ⅰ]翻訳文の有無で決する説か，[ⅱ]個別具体的に考える説かの検討をした上で，日本語への翻訳文があったか否か，A社の甲国言語の能力等について場合分けをすることになるであろう。

　甲国判決の懲罰的損害賠償を命じる部分については，承認対象性を認める多数説に立つと，公序（民訴118条3号）が問題になる（2(4)(c)参照）。甲国の懲罰的損害賠償制度が加害者への制裁・一般予防を目的とするものであれば，公序違反であると一般に考える見解等について検討することになる。なお内国関連性は，被告A社が日本で活動する株式会社で，機械は日本で製造されたものであることから，十分にあると考えられよう。

　相互の保証（民訴118条4号）は，設問では特に問題は見られない。

(2) 問題2

　乙国判決①は離婚判決であり，近時では民事訴訟法118条の全面適用説が通説である（改正人訴法もこれを前提にする。3(1)参照）。乙国判決②は監護権者指定という非訟事件に関するところ，同条1号・3号の類推適用説等がある（改正家事79条の2では，性質に反しない限りで民訴118条が準用される。3(2)参照）。乙国判決③は子の引渡しという非訟事件の給付請求に係るところ，民執法24条を類推適用して民訴法118条1号・3号の具備のみを必要とする説等がある（改正民執22条6号では判決性が認められ，同24条5項により，性質に反しない限りでの民訴118条の準用〔改正家事79条の2〕に従って執行が判断される）。

　以上を前提に，乙国判決①では，まず間接管轄（民訴118条1号）が問題になる。判断基準を定めた規定がないので解釈により，直接管轄の基準との関係（2(2)(b)参照）について自説の展開をする。鏡像理論でも基準は異なってよいとする説でもベースになるのは直接管轄の基準であり，昭和39年ルール等（No. 29解説2参照）を前提にしつつ（人訴29条1項参照。なお改正人訴法では，3条の2以下が直接管轄の規定であり基準になる），乙国の間接管轄を検討する。昭和39年ルールに基づくと，被告妻Dの住所は日本（5年前から現在までの生活の拠点）にあり，かつ，例外にあたる状況も認め難いので，乙国の間接管轄は認められないであろう。他方，基準は異なってよいとする説では，国籍に基づいて間接管轄を広く認める等の可能性がありうる（なお，改正人訴法によると，DE双方の乙国国籍〔同3条の2第5号参照〕に基づいて乙国の間接管轄の原因が認められるが，特別の事情〔同3条の5参照〕があるとも考えられうる。基準は異なってよいとする説では，特に裁判規範性の観点から特別の事情はないと考える可能性もありうる）。次に，送達（民訴118条2号）は，Dは乙国裁判所で弁護士を通じて乙国の管轄を争ったのみであるが，防御の機会を与えられ防御のための方法をとったので，「応訴」により同号の要件具備が認められる（2(3)(d)参照）。日本との関連が大きく離婚の結果について公序（3号）も問題にできるかもしれないが，相互の保証（4号）については設問上，特に問題は見られない。

　乙国判決②③については，まず間接管轄（民訴118条1号）の検討の骨組みは上記と同様であるが，子の福祉の観点から子Fの住所地（出生から現在までの居

住状況から日本）を中心に考えるのであれば（No. 29 解説 3 (2) 参照），乙国の間接管轄は否定されるであろう（改正人訴法では，離婚訴訟の管轄国に子の監護者の指定についての管轄も認められることになるが〔同 3 条の 4 第 1 項参照〕，特別の事情があればこの限りでない〔同 3 条の 5 参照〕。改正家事 3 条の 13・3 条の 14 も参照）。次に公序（民訴 118 条 3 号）については，母 D について F を監護する資格を疑わせる事情はないことからすると，日本との関連性が大きいことも考慮して，公序違反が問題になりうる（なお送達〔同条 2 号〕については，上記のとおり）。

5　例題の検討

内外判決の抵触（松岡編・入門 311 頁以下〔長田真里〕，古田啓昌・百選 226 頁等）が問題になる。内外判決の確定の前後に関係なく外国判決は常に公序（民訴 118 条 3 号）に反するとした裁判例（大阪地判昭和 52・12・22 判タ 361 号 127 頁）があるが，批判が少なくない。諸説あるが，外国判決が先に確定して承認要件も具備する場合，当該判決は日本で効力を有するため，日本判決が民訴法 338 条 1 項 10 号により再審で取り消されうるとの説によれば，先確定の甲国判決が承認要件を具備すると，日本判決が再審で取り消されうる（なお，同項ただし書に注意）。

▶▶▶　例　題

問題 1 において，甲国での訴訟係属中に A 社が C に対して日本の裁判所に債務不存在確認の訴えを提起し，甲国判決確定後に，日本の裁判所が A 社勝訴の判決（日本判決）を下した（確定）とする。甲国判決と日本判決の効力は，それぞれどのように考えるべきか。

［多田　望］

事項索引

▶ あ行

遺棄 …………………………………… 291
遺言 …………………………………… 194
　　——の方式 ………………………… 194
遺産管理　→相続財産の管理・清算
遺産分割 ……………………………… 295
異質性 ………………………………… 251
慰謝料 ………………………………… 153
異則主義 ……………………………… 53
一般条項 ……………………………… 246
一般留保条項 ………………………… 89
一夫多妻制 ……………………… 250, 254
一方的要件 …………………………… 134
移動中の物（res in transitu）……… 54
ウィーン売買条約 …………………… 68
氏 ………………………………… 141, 181
営業所所在地管轄 …………………… 264
応訴 …………………………… 283, 303, 304
親子関係事件 ………………………… 293
親子関係存否 ………………………… 293
親子関係の存否確認 ………………… 164
親子間の法律関係 …………………… 180
　　——と行為能力 ………………… 183
親の住所地 …………………………… 294

▶ か行

外外重国籍者 …………………… 213, 217
外国等に対する我が国の民事裁判権に関する法律 ……………………………… 262
外国判決 ……………………………… 301
外国法 ………………………………… 246
外国法上の夫婦財産制 ……………… 143
外国法人
　　——の監督 ……………………… 39
　　——の権利享有 ………………… 39
　　——の認許 ……………………… 38
改正人事訴訟法 ……………………… 307

加害行為地法 ………………………… 88
隔地的不法行為 ……………………… 87
隔地的法律行為 ……………………… 74
確定判決 ……………………………… 301
隠れた反致 …………………………… 240
家事事件 ……………………………… 307
管轄原因事実の証明 ………………… 275
管轄違いの抗弁 ……………………… 304
間接管轄 …………………… 26, 301, 302, 307
間接指定主義 ………………………… 224
間接的効果 …………………………… 25
間接反致 ……………………………… 241
間接保有証券 ………………………… 55
旗国法 ………………………………… 54
擬似外国会社 ………………………… 40
偽造公文書 …………………………… 306
機能的公序論 ………………………… 248
客観的連結 ……………………… 64, 80
狭義の反致 …………………………… 236
協議離婚 ……………………………… 150
　　——における意思確認 ………… 208
強行規定 ……………………………… 81
鏡像理論 ……………………………… 302
緊急管轄 …………………………… 14, 291
近親婚の禁止 ………………………… 136
暗闇への跳躍 ………………………… 246
形成判決 ……………………………… 307
結果発生地法 ………………………… 87
原因行為準拠法 ……………………… 123
原因事実発生地法 ………………… 87, 93
欠缺否認説 …………………………… 253
原則管轄 ……………………………… 24
行為規範性 …………………………… 302
行為地 ………………………………… 6
行為能力 …………………………… 4, 183
工業所有権の保護に関するパリ条約 …… 111
後見 …………………………………… 16
　　——と親権 …………………… 17, 181

後見開始の審判 ………………………… 13
公序 ……………… 88, 102, 246, 301, 305, 307
　――の判断枠組み ……………………… 251
公序則 …………………………………… 246
　――発動の効果 ………………………… 252
　――発動の要件 ………………………… 249
公法説 …………………………………… 181
国際裁判管轄 …………………………… 262
　――と国際航空運送契約 ……………… 266
　――の合意 ……………………………… 282
　財産所在地の―― ……………………… 266
国際私法自体(独自)説 ………………… 202
国際的公序 ………………… 247, 250, 251, 305
国際的な子の奪取の民事上の側面に関する
　条約の実施に関する法律 ……………… 184
国際的な子の奪取の民事上の側面に関する
　ハーグ条約　→ハーグ子奪取条約
国内的公序 ………………………… 247, 250
国家的公序 ………………………… 247, 305
子
　――の住所地 …………………………… 294
　――の親権者指定・変更 ……………… 294
　――の福祉 ……………………………… 294
　――の扶養 ……………………………… 181
　――の利益保護 ………………………… 294
個別財産準拠法説(相続財産の構成) … 192
個別準拠法 ……………………………… 205
　――は総括準拠法を破る ……………… 190
個別労働関係民事紛争 ………………… 283
婚姻 ……………………………………… 209
　――の一般的効力 ……………………… 141
　――の財産的効力(夫婦財産制) …… 142
　――の実質的成立要件 ………………… 134
　――の成立 ……………………………… 134
　――の方式 ……………………………… 136
　――の無効・取消し …………………… 137
　異教徒間の―― ………………………… 252
婚姻障害 ………………………………… 134
婚姻年齢(適齢) ………………… 135, 247
婚姻費用の分担 ………………………… 141

▶ さ 行

債権・債務関係 ………………………… 122
債権質 …………………………………… 125
債権者代位権 …………………………… 126
債権者取消権 …………………………… 126
債権準拠法説 …………………………… 127
債権譲渡 ………………………………… 123
債権譲渡説 ……………………………… 125
債権的法律行為 ………………………… 57
再婚禁止期間 …………………………… 135
裁判権免除(主権免除) ………………… 262
最密接関係地法 …………………… 149, 218
　――の推定 ……………………………… 67
　――への客観的連結 …………………… 66
債務履行地管轄 ………………………… 273
事業活動地管轄 ………………………… 265
事後的な準拠法変更 ………… 69, 91, 102
事実主義(ゲルマン主義) …………… 162
市場地法 ………………………………… 100
質権対象債権準拠法説 ………………… 125
執行 ……………………………………… 301
執行判決 ………………………………… 301
実質的再審査の禁止 …………………… 301
失踪の宣告 ……………………………… 23
実体的公序 ……………………………… 305
自動承認制度 …………………………… 301
仕向地法 ………………………………… 54
氏名公法理論 …………………………… 181
謝罪広告 ………………………………… 104
重国籍者の本国法 ………………… 213, 217
重婚禁止 ………………………………… 136
授権行為 ………………………………… 46
受動債権準拠法説 ……………………… 128
取得時効 ………………………………… 58
準拠法 …………………………………… 246
　――の事後的変更 ……………………… 93
　――単一の原則 ………………………… 66
準国際私法 ……………………………… 224
準正 ……………………………………… 165
渉外実質法 ……………………………… 253

商標権侵害	118
常居所（概念）	212
証拠方法の制限	208
譲渡契約等債権行為	115
譲渡対象債権準拠法説	123
承認	301
承認対象性	301, 306, 307
承認要件	301
消費者	79, 83
消費者契約	79
——の方式	81
消費者契約紛争	283
消滅時効	252
条約遵守性（送達）	303, 304
条理	295
昭和39年最高裁判決（離婚の国際裁判管轄）	291
職務発明	119
所在地の変更	55
所在地法主義	53
人格権説	181
親権・監護権	16, 180, 203
親権者	180, 251, 252
人際私法	226
人事訴訟事件判決	307
人事訴訟法等の一部を改正する法律	301
人的不統一法国	226
審判離婚	151
請求権競合	92
清算主義	193
生産物責任	99
性質決定	202
——の基準	202
成年擬制	5, 142
セーフガード条項	162, 164, 172
——と反致	239
絶対的強行規定	80
設立準拠法主義	34
善意の第三者	143
先決問題	206, 254
——と公序	254
専属管轄	276
選択的連結	73, 136, 150, 160
——と反致	239
船舶先取特権	59
相関関係	252, 305
相互の保証	301, 306
相殺	127
相続開始時の被相続人の住所	295
相続関係事件	295
相続財産	190
——の管理・清算	193
——の構成	190
相続財産管理人の選任	295
相続統一主義	192, 193
相続放棄	295
送達	301, 303, 307
送達条約	304
双方的要件	134
属地主義	110
組織再編	37

▶ た 行

代位対象債権準拠法説	127
対外国民事裁判権法	262
代行	151
第三者の同意	135, 164, 172
胎児認知	163
代理	44
代理出産	151, 306
単位法概念	202
段階的連結	141, 149, 182
——と反致	183, 238
担保物権	58
地域的不統一法国	224
知的財産権	110
——の帰属	118
——の消滅	118
——の属性	118
——の発生	118
知的財産権譲渡	115
嫡出親子関係（の成立）	159

事項索引　313

| 嫡出推定 …………………… 160
| 嫡出否認 …………………… 160
| 仲裁合意 …………………… 284
| 調停前置主義 ……………… 151
| 調停離婚 …………………… 151
| 懲罰的損害賠償 ……… 102, 254, 306
| 直接管轄 …………………… 26
| 直接指定主義 ……………… 224
| 直接的効果 ………………… 25
| 直接郵送 …………………… 303
| 著作権
|　　――の原始的帰属 ……… 118
|　　――の存続期間 ………… 118
| 著作権侵害 ………………… 114
| 抵触法上の合意 …………… 142
| 適用結果の不当性 ……… 251, 255
| 手続 ………………………… 208
| 手続的公序 ………………… 305
| 手続（的）保障 ………… 301, 303
| 転致 ………………………… 242
| 統一私法条約 ……………… 68
| 同一常居所地 ……………… 91
| 同一常居所地法 …………… 141
|　　当事者の―― …………… 149
| 同一本国法 ………… 141, 225, 227
|　　当事者の―― …………… 149
| 登記 ………………………… 143
| 当事者間の婚姻の合意 …… 135
| 当事者自治 …………… 64, 142
| 当事者による法選択 ……… 65
| 同性婚 ……………………… 209
| 同則主義 …………………… 53
| 特徴的給付の理論 ………… 67
| 特別の事情 ……………… 266, 283
| 特別留保条項 ……………… 89
| 独立原則 …………………… 111
| 特許権侵害 ………………… 112
| 特許権の効力 ……………… 249
| 取引保護（規定）………… 6

▶ な 行

| 内外重国籍者 ……………… 217
| 内外法人の区別 …………… 38
| 内外法平等 ………………… 248
| 内国関連性 ……………… 251, 255
| 内国取引保護 ……………… 143
| 内国法適用説 ……………… 253
| 内国民待遇原則 …………… 111
| 難民の本国法 ……………… 219
| 逃げ帰り離婚 ……………… 150
| 二重反致 …………………… 241
| 日本人条項 ………… 137, 150, 215
| 任意代理 …………………… 46
| 認知 ………………………… 162
| 認知主義（ローマ主義）… 162
| 能動的消費者 …………… 81, 284

▶ は 行

| ハーグ子奪取条約 ………… 184
| バイスタンダー …………… 101
| 配分的（結合的）連結主義 … 134
| 配分的適用説（相続財産の構成）…… 191
| 場所的関連性 ……………… 251
| 判決の国際的調和 ……… 207, 241
| 反致 ………………… 161, 183, 236
|　　隠れた―― ……………… 240
|　　間接―― ………………… 241
|　　狭義の―― ……………… 236
|　　セーフガード条項と―― … 239
|　　選択的連結と―― ……… 239
|　　段階的連結と―― ……… 238
|　　二重―― ………………… 241
|　　部分―― ………………… 237
| 非訟事件裁判 ……………… 307
| 非嫡出親子関係（の成立）… 162
| 118条全面適用説 ………… 307
| 評価規範性 ………………… 302
| 表見代理 …………………… 48
| 夫婦
|　　――の氏 ………………… 141

——の婚姻生活地（住所地）………… 293
夫婦間扶養 ……………………………… 141
夫婦共同養子縁組 ……………………… 170
夫婦財産契約 …………………………… 144
夫婦財産制の終了 ……………………… 152
夫婦財産の清算 ………………………… 152
附従の連結 ………………………… 92, 93
物権 ……………………………………… 52
——と相続 ………………………… 58, 204
物権準拠法（の適用範囲） …………… 57
物権変動 ………………………………… 56
物権類似の支配関係の変動 ……… 115, 116
不統一法国 ……………………………… 224
不当利得 ………………………………… 92
部分反致 ………………………………… 237
普遍的公序 ……………………………… 247
不法行為 …………………………… 87, 153
不法行為地の管轄 ……………………… 274
扶養関係事件 …………………………… 295
扶養義務の準拠法に関する法律 …… 142, 153
扶養権利者
　——の住所地 ………………………… 295
　——の利益保護 ……………………… 295
分解理論 ………………………………… 171
文学的及び美術的著作物の保護に関するベ
　ルヌ条約 ……………………………… 111
分割指定 ………………………………… 66
分裂国家に属する者の本国法 ………… 228
併合請求の管轄 ………………………… 275
便宜置籍船 ……………………………… 54
変更主義 ……………………… 142, 182, 217
法域 ………………………………………   7
包括相続主義 …………………………… 193
方式 ………………………… 73, 81, 136, 150, 208
　——の欠缺 …………………………… 137
法人 ……………………………………… 33
　——の権利能力 ……………………… 36
　——の行為能力 ……………………… 36
　——の従属法 ………………………… 34
　——の設立および消滅 ……………… 36
　——の内部的事項 …………………… 36

——の不法行為能力 …………………… 37
法人格否認 ……………………………… 37
法性決定 ………………………………… 246
法定代理 ………………………………… 45
法定担保物権 …………………………… 58
法廷地国際私法説 ……………………… 206
法廷地実質法 …………………………… 253
法廷地法 ………………………………… 208
法廷地法主義 …………………………… 248
法定夫婦財産制 ………………………… 144
法律関係本拠説 ………………………… 64
法律行為の方式　→方式
保護監督 ………………………………… 294
補充の連結説 …………………………… 253
保全命令 ………………………………… 284
本拠地法主義 …………………………… 34
本国管轄 ………………………………… 292
本国法主義
　——の原則 ……………………………   4
　——の根拠 ……………………………   4
本問題 …………………………………… 206

▶ ま 行

身分関係効力説 ………………………… 181
身分関係事件 …………………………… 290
身分的行為能力 …………………………   5
無権代理 ………………………………… 48
名誉毀損 ………………………………… 103
面会交流権 ……………………………… 181
黙示の法選択 …………………………… 65
目的物所在地法主義　→所在地法主義

▶ や 行

行方不明 ………………………………… 292
養子縁組 …………………………… 170, 294
幼児婚 …………………………………… 246
養親の本国法主義の根拠 ……………… 170

▶ ら 行

離縁 ……………………………………… 175
離婚 ……………………………………… 149

事項索引　315

——の際の親権者の決定	180	領事婚・宗教婚	136
——の実質	208	両性平等	141
——の方法	150	了知・防御可能性	303, 304
——に伴う財産給付	152	量的制限	142
離婚及び別居の承認に関するハーグ条約	293	累積（的）適用	88, 135, 255
		累積（的）適用説	127, 128, 190
離婚禁止	253	例外管轄	24
離婚原因	150	例外規定（条項）	91, 93, 102
離婚後の扶養	153	連結点	246
離婚事件	290	労働契約	79
離婚準拠法	152	労働者	79, 283
離婚判決の承認	153		

判例索引

大判大正 9・10・16 民録 26 輯 22 巻 1522 頁 ……………………………………… 54
東京高判昭和 28・9・11 高民集 6 巻 11 号 702 頁 ……………………………… 56
大阪地判昭和 36・6・30 下民集 12 巻 6 号 1552 頁 ……………………………… 93
東京地判昭和 37・7・20 下民集 13 巻 7 号 1482 頁 …………………………… 126
最大判昭和 39・3・25 民集 18 巻 3 号 486 頁 ……………………… 291, 292, 296
最判昭和 44・10・21 民集 23 巻 10 号 1834 頁 ………………………………… 250
秋田地決昭和 46・1・23 下民集 22 巻 1 = 2 号 52 頁 …………………………… 54
東京地判昭和 48・4・26 判時 721 号 66 頁 …………………………………… 206
水戸家審昭和 48・11・8 家月 26 巻 6 号 56 頁 ………………………………… 175
東京家審昭和 49・1・29 家月 27 巻 2 号 95 頁 ………………………………… 141
広島地判昭和 49・5・27 判時 761 号 101 頁 …………………………………… 93
最判昭和 50・7・15 民集 29 巻 6 号 1061 頁 …………………………………… 37
最判昭和 50・11・28 民集 29 巻 10 号 1554 頁 …………………………… 283, 285
大阪地判昭和 52・12・22 判タ 361 号 127 頁 ………………………………… 310
最判昭和 53・4・20 民集 32 巻 3 号 616 頁 ……………………………… 77, 126
東京高判昭和 54・7・3 判時 939 号 37 頁 …………………………………… 241
大阪高決昭和 55・8・28 家月 32 巻 10 号 90 頁 ……………………………… 141
東京家審昭和 55・9・22 家月 35 巻 6 号 120 頁 ……………………………… 141
最判昭和 58・6・7 民集 37 巻 5 号 611 頁 ……………………………… 301, 306
最判昭和 59・7・20 民集 38 巻 8 号 1051 頁 ………………………………… 153
大阪地判昭和 62・2・27 判時 1263 号 32 頁 ………………………………… 192
最判平成元・3・24 判時 1332 号 109 頁 …………………………………… 306
東京地判平成 2・12・7 判時 1424 号 84 頁 ………………………………… 227
水戸家審平成 3・3・4 家月 45 巻 12 号 57 頁 ……………………………… 220
東京地判平成 3・9・24 判時 1429 号 80 頁 …………………………………… 93
盛岡家審平成 3・12・16 家月 44 巻 9 号 89 頁 ………………………… 171, 172, 174
神戸家審平成 4・9・22 家月 45 巻 9 号 61 頁 ……………………………… 142
東京地決平成 4・12・15 判タ 811 号 229 頁 ………………………………… 59
高松高判平成 5・10・18 判タ 834 号 215 頁 ………………………………… 208
東京高判平成 5・11・15 高民集 46 巻 3 号 98 頁 …………………………… 307
神戸地判平成 6・2・22 判タ 851 号 282 頁 ………………………………… 215
最判平成 6・3・8 民集 48 巻 3 号 835 頁 ……………………………… 58, 204
京都家審平成 6・3・31 判時 1545 号 81 頁 ………………………………… 307
神戸家審平成 6・7・27 家月 47 巻 5 号 60 頁 ……………………………… 232
旭川地決平成 8・2・9 判時 1610 号 106 頁 ………………………………… 284
最判平成 8・6・24 民集 50 巻 7 号 1451 頁 ………………………………… 291
最判平成 9・7・1 民集 51 巻 6 号 2299 頁 ……………………………… 110, 113
最判平成 9・7・11 民集 51 巻 6 号 2573 頁 …………………… 255, 301, 302, 305, 306

千葉地判平成 9・7・24 判時 1639 号 86 頁 …………………………………………… 91
水戸家審平成 10・1・12 家月 50 巻 7 号 100 頁 ………………………………………… 160
最判平成 10・3・12 民集 52 巻 2 号 342 頁 ……………………………………………… 249
最判平成 10・4・28 民集 52 巻 3 号 853 頁 ……………………………… 302, 303, 304, 308
東京地判平成 10・7・16 判タ 1046 号 270 頁 …………………………………………… 90
熊本家審平成 10・7・28 家月 50 巻 12 号 48 頁 ………………………………………… 142
水戸家土浦支審平成 11・2・15 家月 51 巻 7 号 93 頁 ………………………………… 173
東京高判平成 12・1・27 判時 1711 号 131 頁 …………………………………………… 113
最判平成 12・1・27 民集 54 巻 1 号 1 頁 ……………………………… 163, 164, 206, 257
仙台高秋田支判平成 12・10・4 金判 1106 号 47 頁 …………………………………… 55
東京高判平成 12・12・20 金判 1133 号 24 頁 …………………………………………… 93
東京高判平成 13・5・30 判時 1797 号 111 頁 ……………………………………… 115, 118
最判平成 13・6・8 民集 55 巻 4 号 727 頁 ………………………………………………… 275
最判平成 14・9・26 民集 56 巻 7 号 1551 頁 ………………… 90, 110, 112, 113, 115, 117, 249
最判平成 14・10・29 民集 56 巻 8 号 1964 頁 …………………………………………… 54
最判平成 15・2・27 民集 57 巻 2 号 125 頁 ……………………………………………… 118
東京高判平成 15・5・28 判時 1831 号 135 頁 …………………………………………… 115
東京地判平成 15・10・16 判時 1874 号 23 頁 …………………………………………… 112
東京高判平成 16・1・29 判時 1848 号 25 頁 ……………………………………………… 119
新潟地判平成 16・3・26 訟務月報 50 巻 12 号 3444 頁 ………………………………… 90
東京地判平成 16・5・31 判時 1936 号 140 頁 ……………………………………… 114, 115
東京地判平成 18・7・11 判時 1933 号 68 頁 ……………………………………………… 118
大阪高決平成 18・7・31 家月 59 巻 6 号 44 頁 ………………………………………… 142
大阪高判平成 18・9・27 訟務月報 53 巻 5 号 1633 頁 ………………………………… 90
最判平成 18・10・17 民集 60 巻 8 号 2853 頁 …………………………………………… 119
最決平成 19・3・23 民集 61 巻 2 号 619 頁 ……………………………… 161, 305, 306
大阪家判平成 19・9・10 戸籍時報 630 号 2 頁 ………………………………………… 208
東京家判平成 19・9・11 判時 1995 号 114 頁 …………………………………………… 215
知財高判平成 20・3・27 平成 19 年 (ネ) 第 10095 号 …………………………………… 115
青森家十和田支審平成 20・3・28 家月 60 巻 12 号 63 頁 …………………………… 240
福岡高判平成 21・2・10 判時 2043 号 89 頁 ………………………………………… 92, 255
東京地判平成 21・4・30 判時 2061 号 83 頁 ………………………………………… 114, 115
大阪家判平成 21・6・4 戸籍時報 645 号 31 頁 ………………………………………… 208
東京地判平成 21・7・30 平成 20 年 (ワ) 第 10451 号 …………………………………… 90
東京地判平成 22・9・30 判時 2097 号 77 頁 ……………………………………………… 37
広島家判平成 22・10・21 民集 68 巻 1 号 20 頁 ………………………………………… 215
東京地判平成 23・3・28 判時 2138 号 48 頁 ……………………………………………… 57
広島高判平成 23・4・7 民集 68 巻 1 号 32 頁 …………………………………………… 215
知財高判平成 23・11・28 平成 23 年 (ネ) 第 10033 号 ………………………………… 90
東京地判平成 24・5・24 平成 21 年 (ワ) 第 25109 号 …………………………………… 92
東京地判平成 24・7・11 判時 2175 号 98 頁 ………………………………………… 114, 115

東京地判平成 25・4・26 平成 23 年 (ワ) 第 19406 号 …………………………………… 128
東京地判平成 25・10・28 判タ 1419 号 331 頁 …………………………………………… 90
東京地判平成 25・12・20 平成 24 年 (ワ) 第 268 号 ……………………………………… 115
水戸地判平成 26・3・20 判時 2236 号 135 頁 ……………………………………………… 60
最判平成 26・4・24 民集 68 巻 4 号 329 頁 ……………………………………………… 303
東京地判平成 26・7・8 判タ 1415 号 283 頁 ……………………………………………… 193
東京地判平成 27・3・31 平成 24 年 (ワ) 第 30809 号 …………………………………… 127

演習国際私法 CASE 30
30 Exercises on Private International Law

2016年10月20日　初版第1刷発行
2024年 5 月20日　初版第4刷発行

	櫻　田　嘉　章
編著者	佐　野　　　寛
	神　前　　　禎
発行者	江　草　貞　治
発行所	株式会社　有　斐　閣

郵便番号 101-0051
東京都千代田区神田神保町 2-17
https://www.yuhikaku.co.jp/

印刷・大日本法令印刷株式会社／製本・大口製本印刷株式会社
© 2016, Yoshiaki Sakurada, Hiroshi Sano, Tadashi Kanzaki.
Printed in Japan
落丁・乱丁本はお取替えいたします。
★定価はカバーに表示してあります。
ISBN 978-4-641-04676-4

[JCOPY] 本書の無断複写（コピー）は、著作権法上での例外を除き、禁じられています。複写される場合は、そのつど事前に（一社）出版者著作権管理機構（電話03-5244-5088、FAX03-5244-5089、e-mail:info@jcopy.or.jp）の許諾を得てください。

本書のコピー, スキャン, デジタル化等の無断複製は著作権法上での例外を除き禁じられています。本書を代行業者等の第三者に依頼してスキャンやデジタル化することは, たとえ個人や家庭内での利用でも著作権法違反です。